海洋科学研究的
国际法规制

李雅洁 著

上海人民出版社

国家社科基金重大项目"军民融合战略下海上通道安全法治保障研究"（18ZDA155）

南方海洋科学与工程广东省实验室（珠海）自主科研项目

"无人船舶和海洋无人设备相关法律问题研究"（SML–2020SP005）

河南科技大学博士科研启动基金项目资助

序　一

作为"海洋宪章"的《联合国海洋法公约》(以下简称《公约》)第十三部分对海洋科学研究活动进行规制,目的是实现各国按照《公约》促进和便利海洋科学研究的发展和进行。正如有评论者指出,海洋科学研究处于《公约》核心地位,是《公约》"一揽子方案"中的一项核心和重要问题。

在第一次海洋法大会之前,国际社会尚未对海洋科学研究予以足够的重视。此时期关涉海洋科学研究的习惯国际法处于零散状态。随着各国开展海洋开发和利用技术的日新月异,海洋的科学研究活动不再"风平浪静"。尤其是1982年《公约》赋予海洋科学研究为公海自由的拓展项之一,带来了与海洋科学研究活动相关的复杂问题,进而引发了海洋科学研究的国际争端。某种意义上,海洋科学研究与《公约》框架下其他制度相互影响、互相交织,形成了极为复杂的海洋活动图景。

作为重要的人类海洋活动之一,海洋科学研究的国际法规制问题引发学者的研究兴趣。目前,中外学者形成的海洋科学研究的国际法成果较多。其中,李雅洁博士以《海洋科学研究的国际法规制》为题,在中山大学攻读国际法博士学位,并在博士学位论文基础上完成了专著《海洋科学研究的国际法规制》。本书主要探讨海洋科学研究在国际法意义上的概念,《公约》下海洋科学研究的立法、争议海域海洋科学研究的规制、北极地区海洋科学研究,以及海洋科学研究的环境保护等问题。我在粗略研读李雅洁博士专著的基础上，认为与其他相关研究或成果相比较，本书具有至少以下三点引人关注。

其一，本书从细微入手，梳理和凝练了海洋科学研究在国际法意义上的概念。厘清海洋科学研究在国际法上的概念非常重要，这是深入研究海洋科学研究的原点。1982年《公约》框架下海洋科学研究的概念属于空白，引发了各国对此解释的多元性。本书对海洋科学研究之含义的挖掘是全方位的，触及《公约》审议过程中各国的相关提案和主张。同时，本书以条约解释的视角来阐释海洋科学研究的基本内涵。为了系统诠释海洋科学研究的国际法含义，本书还将其置于与相关概念进行比较的视野之下，以实现构建海洋科学研究概念的合理性体系。

其二，本书直面和跟踪海洋科学研究的前沿和热点问题，并大胆展开探讨。本书第三章专门探讨争议海域科学研究的规制问题。很显然，作为全球海洋治理的重要成果，1982年《公约》在敏感海洋问题上留下了立法空白，采取了"战略性模糊"的立法手段。但是，这也导致相关国际争端频生，同时为学者的深入研究提供了"机遇"。争议海域海洋科学研究的国际法问题构成海洋法"灰色地带"问题。本书不仅探讨了争议海域海洋科学研究的国际法基础，还触及争议海域海洋科学研究的国际法规制路径。上述问题不能依赖1982年《公约》的内容找到回应，只有通过特定研究方法和手段才能探究其法律深意。与此同时，本书第四章探讨了北极地区海洋科学研究的国际法热点问题。北极地区的国际法体系本身具有复杂性，其海洋科学研究问题则加剧了复杂性。这是因为，北极地区海洋科学研究不仅受1982年《公约》的调整，还受区域性国际法的制约。为此，本书针对此种情境提出了颇有见地的学术观点。比如，本书重视非国家行为体在北极海洋科学研究中的作用。近年来，非国家行为体的理论与实践日益引起学者的关注，本书在此领域进行了有效的探索。

其三，专著系统梳理了主要国家在海洋科学研究国际立法进程中的各类提案和主张，形成较为翔实丰富的立法材料。这些研究有助于人们理解海洋科学研究的国际立法背景、动机和艰辛。

以上三点肤浅的感受是我研习雅洁博士专著的心得。在我看来，大凡能够为学术成果作序的人，要么是学识渊博，要么是德高望重。当雅洁博士向我索序，作为她在华东政法大学进行博士后研究的合作导师，我内心诚惶诚恐，深知不配其位。以上浅薄之文字，与其算是为雅洁博士的专著作序，不如说是我学习海洋科学研究的国际法规制的一点心得。

我注意到雅洁博士在其博士学位论文"致谢"中写道，"纵有千古，横有八方"。我知道这是梁启超在《少年中国说》里的文字。在此，我更愿意在此两句之后添上"前途似海，来日方长"，以作共勉。作为海洋法中一项重要课题，海洋科学研究的学术研究远未到尽头，也不会穷尽。"追风赶月莫停留"，学术研究，一万年太久，只争朝夕。

马得懿

二零二四年十月

上海佘山玺樾

序 二

海洋在维护国家主权和安全中具有重要地位。海洋科学研究有助于了解海洋环境变化，预防和应对海洋灾害，并保障国家海洋权益和安全。海洋是全球经济的重要支柱，提供渔业、油气、矿产等丰富资源。海洋科学研究能够有助于提高这些资源的利用效率，促进经济的可持续发展。此外，海洋科学研究涉及多个学科领域，如物理、化学、生物、地质等，相关领域的技术创新和发展为人类社会带来更多可能性。海洋科学研究还可以帮助人们了解海洋生态系统的运行机制、制定有效的保护措施，以防止海洋污染和生态破坏。海洋科学研究有助于理解海洋与大气之间的相互作用、预测气候变化趋势，为应对气候变化提供科学依据。通过国际合作，各国可以共享海洋科学研究成果和资源，推动全球海洋科学的发展和进步。显然，海洋科学研究对于维护国家安全、促进经济发展、推动科技创新、保护生态环境、应对气候变化及促进国际合作都具有重要意义。

国家海洋战略与海洋科学研究之间也存在着密切而复杂的关系。一方面，国家海洋战略的制定和实施离不开海洋科学研究的支持；另一方面，海洋科学研究的发展为国家海洋战略的创新与发展提供了源源不断的动力。

党的二十大报告强调"发展海洋经济，保护海洋生态环境，加快建设海洋强国"，习近平总书记也明确指出要"推动海洋科技实现高水平自立自强,加强原创性、引领性科技攻关"。这些表述体现了党中央高度重视海洋科学研究,并将其作为实现海洋强国战略的重要组成部分,同时进一步强调了海洋科学研究在推动海洋经济可持续发展中的关键作用,明确了保护海洋生态环境的重要性。

当前,我国海洋科学研究正处于一个快速发展的阶段,不仅在研究对象和方法上有所拓展和深化,还在多学科交叉融合、科技协同发展等方面取得了显著成果。

海洋科学研究法律问题涉及国际法、国内法等不同层面。虽然1982年《公约》为海洋科学研究提供基本的法律框架,规定各国在领海、专属经济区和大陆架上进行海洋科学研究的权利和义务,但是国家管辖权与海洋环境保护、资源开发及新兴技术发展的关系等方面,仍然需要国际法、国内法予以明确和细化。

本书侧重于从国际法视角,综合运用数据分析、案例分析、文本分析等研究方法,围绕海洋科学研究基本概念的厘清,以《公约》对海洋科学研究的规制为基础,就争议海域海洋科学研究、北极地区海洋科学研究、海洋科学研究的环境保护等问题进行了针对性、系统性深入研究。因此一定意义上而言,本书的出版有填漏补缺的作用。

作者李雅洁女士系本人在中山大学培养的国际法学博士毕业生,本书是在雅洁同学攻读博士学位期间所撰写的博士毕业学位论文基础上经适当修改、完善而产生的学术成果,也是作者多年苦读的结晶。中山大学开展的与海洋相关的科学研究历史悠久、特色突出。进入21世纪,尤其是近年来,中山大学围绕海洋强国战略、"一带一路"倡议、粤港澳大湾区发展建设等重大国家政策,秉承服务"国际科学前沿、国家重大需求、地方经济发展"的发展策略，加快涉海相关学科群建设及人才培养。2024年恰逢中山大学走过百年历程。"白云山高，珠江水长"，希望本书作者能够以此书出版为契机，在海洋科学法律问题基础理论研究方面不断深耕，期待未来能够有更多优秀作品问世。是为序。

郭萍

中山大学法学院／涉外法治研究院教授、博导

南方海洋科学与工程广东省实验室（珠海）特聘研究员

二零二四年十月

目　录

表目录

图目录

中英文缩略语

英文缩写	英文名称	中文名称
MSR	Marine Scientific Research	海洋科学研究
WMO	World Meteorological Organization	世界气象组织
IOC-UNESCO	UNESCO's International Oceanographic Commission	联合国教科文组织政府间海洋学委员会
UNEP	UN Environment Programme	联合国环境规划署
ISC	International Science Council	国际科学理事会
ICES	International Council for the Exploration of the Sea	国际海洋考察理事会
IHO	International Hydrographic Organization	国际水道测量组织
IMO	The International Maritime Organization	国际海事组织
GESAMP	The Joint Group of Experts on the Scientific Aspects of Marine Environmental Protection	联合国海洋环境保护科学问题联合专家组
PICES	North Pacific Marine Science Organization	北太平洋海洋科学组织
CIESM	The Mediterranean Science Commission	地中海科学委员会
GTS	The Global Telecommunication System	全球电信系统
FAO	Food and Agriculture Organization of the United Nations	联合国粮农组织
ISA	International Seabed Authority	国际海底管理局
UNDP	United Nations Development Programme	联合国开发计划署

英文缩写	英文名称	中文名称
UNDRR	United Nations Office for Disaster Risk Reduction	联合国减少灾害风险办公室
IASC	The International Arctic Science Committee	国际北极科学委员会
SOPAC	The Pacific Islands Applied Geoscience Commission	南太平洋应用地球科学委员会
AC	Arctic Council	北极理事会
SCOR	The Scientific Committee on Oceanic Research	海洋科学研究委员会
WIOMS	Western Indian Ocean Marine Science Association	西印度洋海洋科学协会
GOOS	Global Ocean Observing System	全球海洋观测系统
OCG	The Observation Coordination Group	全球海洋观测系统的观测协调组
OLA	Office of Legal Affairs	联合国法律事务办公室
ICJ	International Court of Justice	国际法院
ITLOS	International Tribunal for the Law of the Sea	国际海洋法法庭
USV	Unmanned Surface Vessel	无人水面航行器
BBNJ	Marine Biological Diversity of Areas Beyond National Jurisdiction	国家管辖范围外区域海洋生物多样性
UUV	Unmanned Undersea Vehicles	无人水下航行器
UAV	Unmanned Aerial Vehicle	无人空中航行器
IRSO	The International Research Ship Operators	国际科考船运转协会
WOCE	The World Ocean Circulation Experiment	世界海洋环流实验
TOGA	The Tropical Ocean-Global Atmosphere Study	热带海洋—全球大气研究

导　论

一、研究背景

在当今世界百年未有之大变局下，进一步探讨与海洋科学研究相关的国际法规制意义重大。联合国教科文组织政府间海洋学委员会分别于 2017 年和 2020 年发布两版《全球海洋科学报告》(*Global Ocean Science Report*)，在报告中明确提出海洋科学是"重大学科"，全球已经建立 784 个海洋研究站，3800 多个 Argo 浮标，并可以通过多种途径建立海洋科学研究与政策的联系。[①] 例如，海洋科学研究的成果对可持续发展政策产生了影响，其成果还被广泛应用于多个社会管理部门。[②] 发达国家和世界上的海洋大国纷纷制定政策，加强对海洋科学研究的规划。美国实施《海洋变化：2015—2025 海洋科技十年计划》(*Sea Change: 2015—2025 Decadal Survey of Ocean Sciences*)，推动海洋重点领域的发展，提升海洋科技领域的综合

---

① 2017 年《全球海洋科学报告》，第 5 页。
② 2020 年《全球海洋科学报告》，第 5 页。

竞争力；^① 英国国家海洋学中心发布《导航未来Ⅴ》(*Navigating the Future* Ⅴ)的报告，通过科学研究的方式加强对海洋的开发与管理；欧盟联合研究中心发布《未来海洋能新兴技术：创新和改变规则者》(*New Technologies in the Ocean Energy Sector*)的报告，重视对海洋新兴科技领域的发展。^②

海洋科学研究是大国崛起的重要领域，为应对海洋问题，党和政府提出"海洋强国"的战略目标。海洋强国的战略思想和内涵体现在党和国家一系列重要会议及相关文件中。2004年《政府工作报告》明确"重视海洋资源开发与保护"；^③ 2013年7月30日，习近平总书记在主持中共中央政治局第八次集体学习时就推动海洋强国建设强调"要发展海洋科学技术，着力推动海洋科技向创新引领型转变"；^④ 2015年《政府工作报告》提出："保护海洋生态环境，提高海洋科技水平，强化海洋综合管理，加强海上力量建设，坚决维护国家海洋权益，妥善处理海上纠纷，积极拓展双边和多边海洋合作，向海洋强国的目标迈进。"^⑤ 随着党和政府不断强化海洋强

---

① 傅梦孜、王力：《海洋命运共同体：理念，实践与未来》，载《当代中国与世界》2022年第2期，第37—47页。

② 陈云伟、曹玲静、陶诚、张志强：《科技强国面向未来的科技战略布局特点分析》，载《世界科技研究与发展》2020年第1期，第5—37页。

③ 《2004年国务院政府工作报告》，载中华人民共和国中央人民政府官网，http://www.gov.cn/test/2006-02/16/content_201193.htm，最后访问于2022年10月22日。

④ 《习近平在中共中央政治局第八次集体学习时强调 进一步关心海洋认识海洋经略海洋 推动海洋强国建设不断取得新成就》，载共产党员网，https://news.12371.cn/2013/08/01/ARTI1375300197482676.shtml?from=groupmessage，最后访问于2023年9月15日。

⑤ 《政府工作报告（全文）》，载中华人民共和国中央人民政府网，https://www.gov.cn/guowuyuan/2015-03/16/content_2835101.htm，最后访问于2023年9月15日。

国战略，我国海洋强国建设的目标与内容更加具体明晰。一方面，应当在保护海洋生态环境的前提下，提高我国的海洋科技水平，而海洋科技水平的提高离不开海洋科学研究的支持。另一方面，应当在妥善处理海洋争端的同时拓展海洋合作，包括海洋科学研究的多边合作，逐步实现海洋强国的目标。2019 年 4 月 23 日，习近平总书记在会见中国人民解放军海军成立 70 周年多国海军活动的外方代表团团长时，提出构建海洋命运共同体理念。该理念是中国在海洋治理领域为世界贡献的中国智慧和中国方案，是新时期世界各国发展海洋关系、促进海洋科技交流与合作的重要指导。应在海洋强国战略背景及海洋命运共同体理念指导下，大力开展海洋研究活动，包括海洋法律法规、海洋环境保护研究、海域利用研究、海洋科技研究等。习近平总书记在党的二十大报告中强调，"发展海洋经济，保护海洋生态环境，加快建设海洋强国"。将海洋强国建设作为推动中国式现代化的有机组成和重要任务，是以习近平同志为核心的党中央对海洋强国建设作出的明确战略部署。

随着科技的不断发展，一些国家逐步加强对海洋科学研究的重视和支持，通过建造并利用科考船展开近、远海的科学研究。以地中海区域为例，土耳其的中东技术大学拥有三艘长度超过 12 米的科考船；意大利热那亚海军水文研究所有三艘长度小于 12 米或大于 12 米的科考船；意大利那不勒斯气象和海洋研究所有一艘长度超过 12 米的科考船；希腊雅典的海洋生物资源和内陆水域研究所有两艘长度超过 12 米的科考船。①

---

① 数据来源于地中海科学委员会，http://www.ciesm.org/online/institutes/IndexInstituts. htm，最后访问于 2023 年 8 月 2 日。

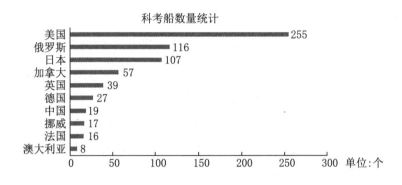

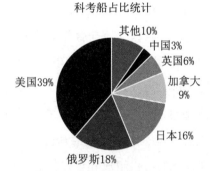

图 1 美、俄、日、英、中等国科考船数量与占比统计 ①

除地中海沿岸国家外，世界其他海洋科学研究综合实力强大的国家均有数艘海洋科考船，本书选取世界综合国力较强的国家，对其所拥有的科考船数量进行初步统计，如上图 1 所示。上图数据表明，美国的科考船数量远超其他国家，俄罗斯与日本的科考船数量位居前列。实际上，一个国家拥有科考船数量的多少在一定程度上反映了该国海洋科学研究综合实力的强弱。据统计图显示，中国目前仍需重视海洋科考船的建造，增加科考船的数量，推动海洋科学

---

① 该图由作者分析、绘制，数据来源于国际科考船运转协会，https://www.researchvessels.org/，最后访问于 2023 年 8 月 2 日。

研究的发展。

另有数据表明,全球共有 1081 艘船服务于海洋科学研究,其中三分之一以上的船舶由美国运维,有 23 个国家拥有定期进行环球航行的船只。在可考的 920 艘科考船中,有 24% 的科考船在近沿海区域工作,5% 的科考船在国际区域性海域作业,11% 的科考船在全球海域开展工作。[①] 随着各国科考船数量和科考航次需求不断增加,各国开展海洋科学研究的频次增长,科学研究的内容不断深入、范围不断扩大。以海洋科学研究综合实力强大的挪威为例,挪威常年在北极海域开展海洋科学研究活动,或与俄罗斯在巴伦支海附近开展渔业合作,对毛鳞鱼在非禁渔期的储量及其相关影响因素建立模型予以评估。[②]

进军大洋深处,需要海洋科学研究作为引领和科技支撑,亦需要法律进行"护航"。1982 年《公约》被视为海洋领域的"大宪章",其中 17 个部分连同 9 个附件共有 446 条规定,涵盖领海、毗连区、专属经济区、大陆架、"区域"、公海的海洋权益及海洋环保等方面的内容。其中第 13 部分专门对海洋科学研究作出规定,包括权利、责任及争端解决路径,同时对船舶研究及设施和装备研究进行规定,这些内容分布在第 255 条和第四节"海洋环境中科学研究设施或装备"的规定中。《公约》的通过有着积极意义,为各国海洋科学研究活动提供了指导原则,在一定程度上促进海洋科学研究领域国家间的交流与合作。但《公约》对海洋科学研究的相关规

---

① 2020 年《全球海洋科学报告》,第 16 页。

② Institute of Marine Research, *Barents Sea Capelin-Report of the Joint Russian-Norwegian Working Group on Arctic Fisheries*, available at https://www.hi.no/en/hi/nettrapporter/imr-pinro-en-2022-8, last visited on 27-09-2023.

定不全面或有缺失 ①，使得海洋科学研究的国际法规制问题争议不断。我国人大常委会于 1996 年 5 月 15 日批准了《公约》，同年 7 月，《公约》对我国生效。② 为履行《公约》规定的义务，1996 年 6 月 18 日，中华人民共和国国务院令第 199 号发布《中华人民共和国涉外海洋科学研究管理规定》，以加强对在中华人民共和国管辖海域内进行海洋科学研究活动的管理，促进海洋科学研究的国际交流与合作，维护国家安全和海洋权益。在此背景之下，一方面，通过对《公约》语境下海洋科学研究规制及其在其他国家的实施状况进行研究，有助于界定海洋科学研究的概念，确定海洋科学研究的内涵与外延。另一方面，对争议海域海洋科学研究、北极地区海洋科学研究的规制问题进行深入分析，并讨论其环境保护问题，有利于全面、深入地理解海洋科学研究的国际法规制问题，亦有利于有效化解争端，促进海洋科学研究的国际合作。

二、研究意义

海洋科学研究是实现海洋强国战略的重要路径之一，重视和探寻海洋科学研究的相关国际法规制，对于我国维护海洋权益、建设海洋强国、构建海洋命运共同体而言具有重要意义。

（一）理论意义

《公约》对海洋科学研究进行规制，却并未明确何谓海洋科学

① 张海文：《〈联合国海洋法公约〉开放签署四十周年：回顾与展望》，载《武大国际法评论》2022 年第 6 期，第 1—14 页。

② 《全国人民代表大会常务委员会关于批准〈联合国海洋法公约〉的决定》，1996 年 5 月 15 日颁布。

研究，导致其与军事测量、水文测量等概念存在混淆，本书试图对相关概念进行界定，在此基础上分析《公约》对海洋科学研究予以规制的实施效果，以期从国际法层面对《公约》规定的海洋科学研究获得全面的认知。此外，争议海域的海洋科学研究、北极地区的海洋科学研究，以及海洋科学研究的海洋环境保护问题尚待《公约》框架及相关国际法进一步规制。而争议海域海洋科学研究问题时有发生，尚未得到有效解决，理论界也鲜有关于此问题的专门研究，实务界常常以外交发言等方式表达不满或提出意见。事实上，该问题尚待进一步理论研究和解决。北极地区海洋科学研究之所以受到北极国家和非北极国家的重视，一方面是基于北极的重要战略位置，另一方面，随着气候变暖，北极航道的开通与运行实现常态化，而无论是开通航道还是谋求北极战略利益均需要科学研究提供保障和支持。如何推动北极地区海洋科学研究的开展成为国际社会关注的焦点。海洋环境的保护是海洋科学研究的基本目的，开展海洋科学研究，有利于我们进一步加深对海洋环境的认知，从而更好地保护海洋环境，但此过程可能带来环境污染问题，如何平衡海洋科学研究与海洋环境保护之间的法律关系是本书研究的重点之一。

我国的海洋强国战略为海洋科学研究，以及与海洋科学研究紧密相关的海洋科学考察船的研究活动提供了政策保障。在海洋法领域，胡果·格劳秀斯（Hugo de Groot）的海洋自由论与约翰·塞尔登（John Selden）的闭海论成为二战前海洋法领域的重要理论。格劳秀斯的海洋自由论以强权和统治为前提，其在《战争与和平法》(*The Rights of War and Peace*) 当中明确提出人类的权利应属于少数阶层，是为少数上层群体服务的，权源与基础亦应当为统治阶层。① 实际上，格劳秀斯的思想体系的内核不同程度地体现在威斯特伐利亚体系、雅尔塔体系及布雷顿森林体系所确立的国际秩序之中。海洋命运共同体理念不同于格劳秀斯的海洋自由论和塞尔登的闭海论。海洋命运共同体理念以"共商""共建""共享"为指导，逐步成为经略海洋、开发海洋的指导原则。世界各国在海洋安全、海洋资源开发利用、海洋经贸往来、海洋运输、海洋文化融合、海洋环境污染治理和海洋生态保护方面是一个命运相连的共同体。海洋命运共同体理念已然成为全球海洋治理的中国方案，在此方案意涵之下，一方面，探究争议海域海洋科学研究的规制问题有利于从海洋科学研究的角度阐释海洋命运共同体理念，将该方案具体化；另一方面，海洋命运共同体理念为争议海域海洋科学研究争议问题的解决提供了理论支持。

（二）实践意义

海洋科学研究是海洋强国战略的重要内容。从海洋科考船涉及的科考内容来看，其涉及海洋地理、海洋环境、海洋生物、海洋水文气象、海水养殖、海洋资源、海洋经济、海洋调查、海洋探索、海洋考古等方面。从国际法层面来看，如何推动国际合作、国际交流，以及在双边或多边条约机制下推进数据共享、优势互补、国际合作等问题是本书研究的重点。

本书在实践意义上分别对争议海域海洋科学研究的规制、北极地区海洋科学研究的规制，以及海洋科学研究的环境保护问题进行分析。一方面，本书的研究在一定程度上，为国际社会提供了关于

---

① ［法］卢梭：《社会契约论》，何兆武译，商务印书馆出版 2008 年版，第 6 页。

上述三个问题的探索路径，有利于海洋科学研究的开展，有利于促进地区与世界的和平；另一方面，本书的研究以国际法为视角，分析《公约》关于海洋科学研究的规定，同时借鉴其他地区性条约、协定与安排，全面分析海洋科学研究及其相关的三个具有实践价值的国际法规制问题，具有前瞻性和实践意义。

三、国内外研究现状

（一）国内研究现状

国内关于国际法视域下海洋科学研究规制问题的专门研究较少。本书对中国知网所收录的全部学术论文、学位论文及其他文章、资料等进行全面检索、统计和分析，发现最早与海洋科学研究相关的人文社科类文章发表于 1965 年。自 1965 年至今，以"海洋科学研究"为篇名的人文社科类文章仅有 29 篇，其中涉及国际法领域的学术文章仅有 13 篇①，社科类时评文章仅有 3 篇。本书从学科分布的角度对 29 篇人文社科文章进行分析，其可视化分析结果（如下图 2 所示）表明，国际法相关文章有 13 篇，占人文社科类海

---

① 上述 13 篇论文为陈振国：《〈联合国海洋法公约〉第十三讲　海洋科学研究》，载《海洋与海岸带开发》1988 年第 4 期，第 44—49 页；胡芹：《专属经济区海洋科学研究的同意制度》，载《华南师范大学学报（社会科学版）》1993 年第 2 期，第 114—117 页；邵津：《新的海洋科学研究国际法制度——导论、一般原则、领海、公海》，载《中外法学》1994 年第 5 期，第 36—40 页；邵津：《新的海洋科学研究国际法制度——专属经济区和大陆架、国际海底区域、结论》，载《中外法学》1995 年第 2 期，第 7—12 页；万彬华：《论专属经济区"海洋科学研究"和"军事测量"的法律问题》，载《西安政治学院学报》2007 年第 5 期，第 58—62 页；贺赞：《论专属经济区海洋科学研究制度的新发展》，载《广州大学学报（社会科学版）》2014 年第 7 期，第 51—55 页；张丽娜：《海洋科学研究中的适当顾及义务》，载《社会科学辑刊》2017 年第 5 期，第 （转下页）

洋科学研究文章总数的 43.33%，科学研究管理类文章有 5 篇，占人文社科类海洋科学研究文章总数的 16.67%。上述数据显示国际法学者产出的有关海洋科学研究的学术文章几乎占据人文社科类关于海洋科学研究的文章总量的一半。国际法视域下的海洋科学研究是值得关注的。

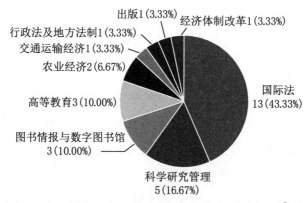

图 2　篇名含"海洋科学研究"的文章学科分布 ①

（接上页）105—111 页；张小勇、郑苗壮：《论国家管辖范围以外区域海洋遗传资源适用的法律制度——以海洋科学研究制度的可适用性为中心》，载《国际法研究》2018 年第 5 期，第 15—34 页；徐贺云：《我国涉外海洋科学研究管理实践和对法规修订的思考》，载《边界与海洋研究》2019 年第 4 期，第 50—60 页；余敏友、周昱圻：《专属经济区海洋科学研究与测量活动的国际法分析》，载《时代法学》2021 年第 3 期，第 11—19 页；张晏瑢、孙越：《论海洋命运共同体视野下的海洋科学研究相关规制》，载《中国海商法研究》2022 年第 2 期，第 72—81 页；罗刚：《海洋科学研究中无人船艇运用的国际法律规制》，载《大连海事大学学报（社会科学版）》2022 年第 6 期，第 31—37 页；陈海波：《"主管国际组织"与海洋科学研究国际法规则体系的发展》，载《交大法学》2023 年第 1 期，第 35—58 页。

① 通过在中国知网以篇名中出现"海洋科学研究"的文章进行检索，结果显示仅有 29 篇人文社科类文章，作者对其进行学科分类后发现仅有 14 篇国际法文章。图片来源于中国知网"海洋科学研究"检索结果的可视化分析，https://kns.cnki.net/kns8/Visual/Center，最后访问于 2023 年 9 月 17 日。

在这 13 篇学术论文中，"专属经济区""《公约》""军事测量""适当顾及"是高频词汇。其中 5 篇论文研究《公约》对专属经济区海洋科学研究的规制，其作者分别是北京大学邵津教授、武汉大学余敏友教授和周昱圻博士生（合作作者）、华南师范大学贺赞副教授、西安政治学院的学者万彬华以及华南师范大学的学者胡芹。其余 8 篇学术论文中的一篇，由上海社会科学院的学者陈振国于 1988 年发表在《海洋与海岸带开发》（现用刊名为《海洋开发与管理》）中，该文对《公约》第十三部分的内容进行了较为综合的文本分析。① 北京大学邵津教授在《新的海洋科学研究国际法制度——导论、一般原则、领海、公海》一文中对《公约》所规定的海洋科学研究的内容进行分析研究。② 余下 6 篇学术文章中与海洋科学研究一同出现在篇名中的关键词分别是"适当顾及义务""海洋命运共同体""无人船艇""涉外海洋科学研究管理""国家管辖范围外区域海洋遗传资源适用"及"主管国际组织"。

海南大学法学院张丽娜教授在《海洋科学研究中的适当顾及义务》一文中认为，公海海洋科学研究的适当顾及义务已经成为习惯国际法，研究者在履行适当顾及义务时应当兼具善意和诚信。③ 大连海事大学张晏瑆教授及孙越博士在《论海洋命运共同体视野下的海洋科学研究相关规制》中认为海洋科学研究是一个区域性、全球

---

① 陈振国：《〈联合国海洋法公约〉第十三讲　海洋科学研究》，载《海洋与海岸带开发》1988 年第 4 期，第 44—49 页。

② 邵津：《新的海洋科学研究国际法制度——导论、一般原则、领海、公海》，载《中外法学》1994 年第 5 期，第 36—40 页。

③ 张丽娜：《海洋科学研究中的适当顾及义务》，载《社会科学辑刊》2017 年第 5 期，第 105—111+209 页。

性的海洋治理问题，应当在海洋命运共同体理念的指导下发展海洋科学研究。① 学者徐贺云在《我国涉外海洋科学研究管理实践和对法规修订的思考》中提出我国经略海洋，需要以海洋科学研究为支撑走出国门，更多参与有关海洋科学研究的国际合作，一方面我国应当加强对相关海域的管控，另一方面我国应当营造开放、自由的海洋科学研究的国际环境。② 张小勇教授及学者郑苗壮在《论国家管辖范围以外区域海洋遗传资源适用的法律制度——以海洋科学研究制度的可适用性为中心》一文中指出，虽然人类共同继承财产原则能否适用于海洋科学研究活动值得商榷，但应当将《公约》规定的海洋科学研究制度适用于国家管辖外区域。③ 学者罗刚在《海洋科学研究中无人船艇运用的国际法律规制》中提出中国应当统筹推进国内立法与国际法治，规制海洋科学研究中无人船艇的运用。④ 学者陈海波在《"主管国际组织"对海洋科学研究国际法规则体系的发展》一文中从各主管国际组织的视角分析海洋科学研究，认为海洋科学研究的发展离不开国际组织的推动和引领，国际组织通过制定准则或方针推动海洋科学研究国际法规则体系的发展。⑤

---

① 张晏瑒、孙越：《论海洋命运共同体视野下的海洋科学研究相关规制》，载《中国海商法研究》2022 年第 2 期，第 72—81 页。

② 徐贺云：《我国涉外海洋科学研究管理实践和对法规修订的思考》，载《边界与海洋研究》2019 年第 4 期，第 50—60 页。

③ 张小勇、郑苗壮：《论国家管辖范围以外区域海洋遗传资源适用的法律制度——以海洋科学研究制度的可适用性为中心》，载《国际法研究》2018 年第 5 期，第 15—34 页。

④ 罗刚：《海洋科学研究中无人船艇运用的国际法律规制》，载《大连海事大学学报（社会科学版）》2022 年第 6 期，第 31—37 页。

⑤ 陈海波：《"主管国际组织"与海洋科学研究国际法规则体系的发展》，载《交大法学》2023 年第 1 期，第 35—58 页。

国内学者对海洋科学研究的关注是多方面的，不仅包括制度层面的探讨，还包括科学技术的发展给海洋科学研究带来的国际法挑战。值得指出的是，与海洋科学研究相关的国际法文章总量较少，这一领域中仍有较多值得进一步研究的问题。但总体上，国内人文社科的学者对海洋科学研究的关注是持续的。在《公约》通过后生效前的一段时间内，海洋科学研究相关的发文量有所上升，并达到一个小高峰，在《公约》生效后约3年时间内，发文量再次达到一个小高峰，此后仍有少量的人文社科学术论文关注海洋科学研究，近5年来，发文量有所上升（如图3所示）。近年来，随着我国海洋强国战略的提出及我国海洋科学技术的迅速发展，更多国际法学者开始关注海洋科学研究的国际法问题，发文量再度上升（如图4所示）。

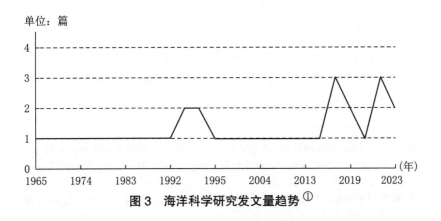

图3 海洋科学研究发文量趋势①

① 作者对中国知网人文社科视角下篇名中包含"海洋科学研究"的全部29篇文章进行分析；图片来源于中国知网"海洋科学研究"检索结果的可视化分析，https://kns.cnki.net/KVisual/ArticleAnalysis/index?，最后访问于2023年9月20日。

单位：篇

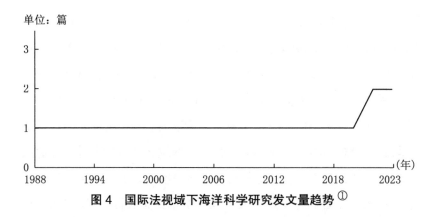

图4　国际法视域下海洋科学研究发文量趋势 [1]

从以上研究趋势可预见，未来一段时间内，学界将更加关注海洋科学研究。随着海洋强国战略的实施，我国将加强科考船的建造并重视海洋科学研究的发展，新技术、新设备被不断应用于海洋科学研究活动，国际法规则体系不断面临新的问题与挑战，需要国际法学者对之予以持续关注和深入研究。

从国际法的角度审视之，海洋科学研究是一个复杂的领域，具有诸多不确定与富有挑战的问题，主要体现在其概念与内涵的丰富性，以及科技持续发展并不断带来新的法律问题等方面。我国的国际法专家邵津 [2]、邹克渊 [3]、张海文 [4] 及金永明 [5]

[1] 作者对与海洋科学研究相关的国际法文章进行分析；图片来源于中国知网"海洋科学研究"检索结果的可视化分析，https://kns.cnki.net/kns8/Visual/Center，最后访问于 2023 年 9 月 19 日。

[2] 邵津：《新的海洋科学研究国际法制度——导论、一般原则、领海、公海》，载《中外法学》1994 年第 5 期，第 36—40 页。

[3] Zou Keyuan, *Governing Marine Scientific Research in China*, 34 Ocean Development and International Law 1 (2003), pp.1—28.

[4] 张海文主编：《〈联合国海洋法公约〉释义集》，海洋出版社 2006 年版，第 8—201 页。

[5] 金永明：《专属经济区内军事活动问题与国家实践》，载《法学》2008 年第 3 期，第 118—126 页。

等在论文中对海洋科学研究的相关问题进行专门研究。其他涉及海洋科学研究的著作包括:《国际海洋法》①《海洋法》②《〈联合国海洋法公约〉释义集》③《中国与国际海洋法:纪念〈联合国海洋法公约〉生效 10 周年》④《〈联合国海洋法公约〉与国家实践》⑤ 和《〈联合国海洋法公约〉若干制度评价与实施问题研究》⑥ 等。

1958 年《大陆架公约》第 5 条第 8 款规定在事实上将海洋科学研究分为两类:纯粹性海洋科学研究与应用性海洋科学研究。而何为纯粹性海洋科学研究,何为应用性海洋科学研究,并未得到进一步定义。海洋科学研究的概念与内涵存在较大争议。1982 年《公约》以专章的形式规定了海洋科学研究的原则、国际合作、发展与技术转让等内容,但仍然未确定海洋科学研究的内涵与定义。随着海洋科技的发展、广大发展中国家海权意识逐渐觉醒,以及《公约》在 168 个联合国成员 ⑦ 国家与地区的批准和生效,海洋科学研

① 刘楠来:《国际海洋法》,海洋出版社 1986 年版,第 34—160 页;张晏瑆:《国际海洋法》,清华大学出版社 2015 年版,第 140—290 页。
② 魏敏:《海洋法》,法律出版社 1987 年版,第 23—120 页。
③ 张海文主编:《〈联合国海洋法公约〉释义集》,海洋出版社 2006 年版,第 34—198 页。
④ 高健军:《中国与国际海洋法:纪念〈联合国海洋法公约〉生效 10 周年》,海洋出版社 2004 年版,第 78—83 页。
⑤ 薛桂芳:《〈联合国海洋法公约〉与国家实践》,海洋出版社 2011 年版,第 33—190 页。
⑥ 杨泽伟主编:《〈联合国海洋法公约〉若干制度评价与实施问题研究》,武汉大学出版社 2018 年版,第 45—240 页。
⑦ Chronological Lists of Ratifications of, Accessions and Successions to the Convention and the Related Agreements, available at https://www.un.org/Depts/los/reference_files/chronological_lists_of_ratifications.htm#The%20United%20Nations%20Convention%20on%20the%20Law%20of%20the%20Sea, last visited on 28-06-2023.

究已得到更多的重视。但由于《公约》本身对其定义缺失，实践中与其相关的各国法律规定也并不相同，因此在学术领域，仁者见仁智者见智。我国海洋法专家张海文认为海洋科学研究的概念与内涵十分丰富，军事测量与水文测量属于侧重某方面的专业性海洋科学研究，纯粹性海洋科学研究并不存在。[①] 海洋法专家金永明认为军事活动的内容应当属于海洋科学研究的范畴，因此应当对专属经济区内的军事活动进行有效管制。[②] 国际法专家王泽林认为专属经济区内的军事测量应当事先获得沿海国同意，但一些具体的制度和内容尚需通过习惯国际法或双边与多边条约进行完善。[③] 实际上，我国学者普遍认为海洋科学研究是一个综合性概念，包含军事测量与水文测量等在内的研究活动。综上所述，我国学者关于海洋科学研究与军事测量、军事活动、水文测量概念均有研究，但关于海洋科学研究定义的探讨与分析尚需进一步推进，无论海洋科学研究的内涵与外延如何确定，我国多数学者仍认为海洋科学研究不应区分应用性科学研究与纯粹性科学研究。

关于争议海域海洋科学研究的规制，《公约》在规范时有所缺位。国内学者关于争议海域内的海洋科学研究规制问题的讨论鲜有，有关争议海域的国际法问题的论著却良多。后者主要包括：（1）与专属经济区和大陆架划界问题相关的争议；（2）争议海域油

---

① 张海文：《沿海国海洋科学研究管辖权与军事测量的冲突问题》，载《中国海洋法学评论》2006 年第 2 期，第 22—31 页。

② 金永明：《专属经济区内军事活动问题与国家实践》，载《法学》2008 年第 3 期，第 118—126 页。

③ 王泽林：《论专属经济区内的外国军事活动》，载《法学杂志》2010 年第 3 期，第 123—125 页。

气资源的勘探开发国际法问题。总体上，国内关于争议海域海洋科学研究的探讨相对较少。学者叶泉在探讨争议海域的单边行动的边界时认为海洋科学研究是争议海域需要关注的一个实务性问题。[①]专家张丽娜对海洋科学研究的适当顾及义务进行探讨，她是国内学界为数不多的将海洋科学研究与适当顾及义务相结合进行专门研究的学者。[②]学者董世杰对有关争议海域的既有石油合同的相关法律问题进行专门研究，不过，研究对象是既有石油合同，而非海洋科学研究。[③]学者管松的专著中以单章介绍了争议海域内航行权与海洋环境管辖权的冲突与协调机制的选择，但并未涉及海洋科学研究的探讨。[④]总之，国内关于争议海域海洋科学研究的相关理论与探讨相对较少，但专家、学者已经逐渐关注到争议海域海洋科学研究中国际法问题的重要性。

北极地区是国际法学者较为关注的区域之一。关于北极地区的研究主要集中在航道开发与船舶航行[⑤]、海洋环境[⑥]、国际关系[⑦]，以

[①] 叶泉：《谁之权利？何种义务？——当事国在争议海域单边行动之边界探究》，载《当代法学》2021年第5期，第127—139页。

[②] 张丽娜：《海洋科学研究中的适当顾及义务》，载《社会科学辑刊》2017年第5期，第105—111页。

[③] 董世杰：《争议海域既有石油合同的法律问题研究》，武汉大学出版社2019年版。

[④] 管松：《争议海域内航行权与海洋环境管辖权冲突之协调机制研究》，厦门大学出版社2017年版。

[⑤] 戴宗翰：《由联合国海洋法公约检视北极航道法律争端——兼论中国应有之外交策略》，载《比较法研究》2013年第6期，第86—108页。

[⑥] 刘惠荣、陈奕彤、董跃：《北极环境治理的法律路径分析与展望》，载《中国海洋大学学报（社会科学版）》2011年第2期，第1—4页。

[⑦] 吴慧：《"北极争夺战"的国际法分析》，载《国际关系学院学报》2007年第5期，第36—42页。

及战略利益 ① 等方面。具体而言包括：（1）北极国家的极地政策与战略利益；（2）北极航道与航行规则；（3）气候变化以及环境保护问题；（4）北极理事会及非北极国家参与北极事务的相关问题。而专门探讨北极地区海洋科学研究的学术著作较为缺乏。专家王泽林较早对北极地区海洋科学研究的国际法问题进行专门研究，主要体现在其著作《极地科考与海洋科学研究问题》中。② 专家白佳玉通过对志愿船舶的研究提出中国的应对之策 ③，并持续关注与北极海洋科学研究相关的《斯匹次卑尔根群岛条约》（又称《斯瓦尔巴条约》，以下简称《斯约》）框架下的国际法问题。④ 学者卢芳华是较早关注并研究《斯约》的国内学者，其对该条约中关于海洋科学研究的规定进行了探讨。⑤

综上所述，首先，我国专家、学者开始重视海洋科学研究中与北极相关的国际法问题，从北极国家的政策、战略及国家利益层面展开研究。其次，我国专家、学者对北极地区的开发与保护尤为重视，包括北极航道开发、环境保护，以及气候变化等问题。最后，北极地区科学研究与合作是北极国家与非北极国家开展合作的重要

---

① 董跃：《论欧盟北极政策对北极法律秩序的潜在影响》，载《中国海洋大学学报（社会科学版）》2010 年第 3 期，第 18—22 页。

② 王泽林：《极地科考与海洋科学研究问题》，上海交通大学出版社 2015 年版，第 184—213 页。

③ 白佳玉、李恩庆、密晨曦：《志愿船的国际法律规制及中国应对》，载《边界与海洋研究》2019 年第 1 期，第 82—98 页。

④ 白佳玉：《〈斯匹次卑尔根群岛条约〉公平制度体系下的适用争论及其应对》，载《当代法学》2021 年第 6 期，第 144—157 页；白佳玉、张璐：《〈斯匹次卑尔根群岛条约〉百年回顾：法律争议、政治博弈与中国北极权益维护》，载《东亚评论》2020 年第 1 期，第 66—88 页。

⑤ 卢芳华：《〈斯匹次卑尔根群岛条约〉中的平等权利：制度与争议》，载《太平洋学报》2020 年第 10 期，第 14—25 页。

内容。我国专家、学者已经开始关注并对这些问题进行深入研究，相关论著大多集中在针对《斯约》的适用、法律争议、政治博弈，以及我国北极权益的维护方面的解读。

关于海洋科学研究的环境保护问题的规制，现有成果如下。在全球气候变化和温室气体排放等问题备受关注的背景下，海洋环境保护成为国际法领域的热点问题。近年来，海洋微塑料污染受到学界的关注，但学界鲜少对海洋科学研究的环境保护问题进行专门化研究。随着海洋科学研究的方式日渐新颖与多样化，研究过程中产生的污染海洋环境的风险不断增加，但国内与此问题直接相关的国际法方面的研究较少。学者黄任望认为海洋科技、海洋环境污染，以及气候变化相关问题均属于全球海洋治理的范畴。[①] 李爱年等学者在国际环境法的研究中认识到海洋环境保护与科学技术、科学研究之间存在重要的联系。[②] 学者朱建庚对海洋环境保护的国际法问题进行了全面而体系化的分析，包括海洋环境保护的公约体系及争端解决机制等问题，但并未涉及海洋科学研究的海洋环境保护的规制问题。[③] 非国际法领域的学者吴立新等人认为海洋科考船的建造应当考虑环境保护因素，因此有必要将环境保护要素融入海洋科学研究活动及科考船的建造中。[④] 随着我国海洋科学研究的不断发展，我国学者逐步开始关注海洋科学研究中的海洋环境保护问题。例

[①] 黄任望：《全球海洋治理问题初探》，载《海洋开发与管理》2014年第3期，第48—56页。

[②] 李爱年、韩广等：《人类社会的可持续发展与国际环境法》，法律出版社2005年版，第42页。

[③] 朱建庚：《海洋环境保护的国际法》，中国政法大学出版社2013年版，第1—273页。

[④] 吴立新、荆钊、陈显尧等：《我国海洋科学发展现状与未来展望》，载《地学前缘》2022年第5期，第1—12页。

如，专家张晏瑲（合作作者初亚男）在地中海生态环境治理模式的研究中就对该问题有所涉及。①

（二）国外研究现状

针对国际法视域下海洋科学研究的规制问题，国外大多从《公约》、海洋法律与政策的层面进行研究，其中关涉海洋科学研究及《公约》等海洋法问题的机构与组织如下。

1. 主要国际组织与机构

联合国法律事务办公室②，以及联合国教科文组织政府间海洋学委员会③对《公约》关于海洋科学研究的规制进行国际法研究，推动海洋科学研究在全球的发展。联合国环境规划署④，以及联合国海洋环境保护科学问题联合专家组的相关出版物⑤涉及海洋科学研究与海洋环境保护的指导与规范。

国际科学理事会⑥及其相关研究（*Harnessing Scientific Evidence*

---

① 张晏瑲、初亚男：《地中海区域海洋生态环境治理模式及对我国的启示》，载《浙江海洋大学学报（人文科学版）》2020年第6期，第30—35页。

② UN Office of Legal Affairs, available at https://www.un.org/ola/en, last visited on 27-09-2023.

③ UNESCO, Intergovernmental Oceanographic Commission, available at https://www.ioc.unesco.org/en, last visited on 27-09-2023.

④ UN Environment Programme, available at https://www.unep.org/, last visited on 27-09-2023.

⑤ The Joint Group of Experts on the Scientific Aspects of Marine Environmental Protection, available at http://www.gesamp.org/publications, last visited on 27-09-2023.

⑥ International Science Council, available at https://council.science/, last visited on 27-09-2023.

and Decision-making to Accelerate Progress on the SDGs）① 关注海洋科学研究的决策转化及可持续发展等环境保护问题。

国际海洋考察理事会的相关出版物（*ICES Journal of Marine Science, Cooperative Research Reports, Techniques in Marine Science*）② 对海洋科学研究活动应当遵守的法律义务与道德守则进行规定。

国际水道测量组织 ③ 的相关研究关注水文测量，对水文测量的含义给出释义。

北太平洋海洋科学组织 ④ 对海洋科学研究与可持续发展的问题进行研究，其相关出版物（*The Journey to PICES: Scientific Cooperation in the North Pacific*）⑤ 对与北太平洋区域海洋科学研究国际合作相关的法律问题进行研究。

国际北极科学委员会 ⑥ 下设的社会与人文工作组对与海洋科学研究相关的北极安全和治理等国际法问题进行探析，关注北极地缘政治与普遍安全、有效履行《巴黎协定》，以及建设一个富有韧性的北极等问题。

---

① International Science Council, available at https://council.science/publications/, last visited on 27-09-2023.

② International Council for the Exploration of the Sea, available at https://www.ices.dk/Science/publications/Pages/Home.aspx, last visited on 27-09-2023.

③ International Hydrographic Organization, available at https://iho.int/, last visited on 27-09-2023.

④ North Pacific Marine Science Organization, available at https://meetings.pices.int/, last visited on 27-09-2023.

⑤ North Pacific Marine Science Organization, available at https://meetings.pices.int/publications/books, last visited on 27-09-2023.

⑥ The International Arctic Science Committee, available at https://iasc.info/, last visited on 27-09-2023.

北极理事会 ① 主要成员国由北极八国构成，北极理事会尤其注重推动包括海洋科学研究在内的北极地区科学研究的合作与发展，并制定合作协议。

2. 相关国家的机构或组织

（1）美国

美国弗吉尼亚大学海洋法律与政策研究中心（University of Virginia, Center for Oceans Law and Policy）② 和美国国家海洋和大气管理局（National Oceanic and Atmospheric Administration）③ 均有关注《公约》及海洋科学研究的相关国际法问题。美国海军战争学院（U.S. Naval War College）及其出版物（*Naval War College Review, International Law Studies*）④ 均对涉及海洋科学研究的内容进行了讨论。

（2）加拿大

加拿大渔业与海洋部（Fisheries and Oceans Canada）⑤ 下设海洋科学部门，对包括海洋温度、盐度观测及海洋生物研究等在内的海洋科学研究相关的数据收集的相关主题进行探讨。

（3）英国

英国外交、联邦和发展事务部（Foreign, Commonwealth &

---

① Arctic Council, available at https://arctic-council.org/, last visited on 27-09-2023.

② University of Virginia, Center for Oceans Law and Policy, available at https://www. virginia.edu/, last visited on 27-09-2023.

③ National Oceanic and Atmospheric Administration, available at https://www.noaa. gov/, last visited on 27-09-2023.

④ U.S. Naval War College, available at https://digital-commons.usnwc.edu/, last visited on 27-09-2023.

⑤ Fisheries and Oceans Canada, available at https://www.dfo-mpo.gc.ca/science/ index-eng.htm, last visited on 27-09-2023.

Development Office）专门针对海洋科学研究颁布指南（*Marine Science Research Guidance*）①，涉及《公约》第十三部分关于海洋科学研究的规定及其在英国的实施等内容。该指南提供了英国及其海外领土所辖海域的海洋科学研究的申请表及相关程序性事项的资料清单，一方面为外国科考船在进入英国上述海域内进行科学研究前事先提交资料等准备事宜方面提供便利，另一方面反映出《公约》规定的海洋科学研究等内容在英国的实施情况。

（4）德国

德国基尔亥姆霍兹海洋研究中心（Geomar Helmholtz Centre for Ocean Research）②主要研究海洋气象学、海洋生物、海洋生态，以及极地生命等科学内容，并通过与政治学、社会学及法律等建立联系，为海洋的保护和可持续发展提供智力方案。

（5）韩国

韩国政府法制部（Ministry of Government Legislation）下设机构韩国法律信息中心（Korea Law Information Center）③，收录了韩国与《公约》第十三部分海洋科学研究相关的法案及政策，将韩国政府对海洋科学研究的最新的管理法律法规及相关政策进行公布。

（6）日本

日本海洋—地球科技研究所（The Japan Agency for Marine-

---

① Foreign, Commonwealth & Development Office, available at https://www.gov.uk/ government/organisations/foreign-commonwealth-development-office, last visited on 27-09-2023.

② Geomar Helmholtz Centre for Ocean Research, available at https://www.geomar. de/en/, last visited on 27-09-2023.

③ Korea Law Information Center, available at https://www.law.go.kr/LSW/eng/ engMain.do?menuId=0, last visited on 27-09-2023.

Earth Science and Technology）①，以及日本东京大学大气海洋研究所
（Atmosphere and Ocean Research Institute, the University of Tokyo）②
通过对海洋、大气、气候和生物圈等研究，提升了人类对海洋环境
的认识水平，为政治决策、社会治理提供了科学信息。

（7）澳大利亚

由澳大利亚政府直接领导的澳大利亚海洋科学研究所（The
Australian Institute of Marine Science）③ 对海洋相关领域进行科学研
究，以独特的视角看待澳大利亚热带水域，为科学创新、环境保护
及政府决策提供科学方案。悉尼大学海洋研究所（Marine Studies
Institute, the University of Sydney）认为澳大利亚拥有广阔的海洋管
辖权，有独特的海洋和沿海生态系统，但其中许多生态系统鲜为人
知，并随着气候突变、海洋垃圾、海洋噪声等问题的出现不断给澳
大利亚和全球带来挑战。④ 悉尼大学海洋研究所通过海洋科学研究
积累科学、技术和法律相关知识，以解决生物多样性丧失等问题。

3. 主要期刊

（1）《海洋政策》（*Marine Policy*）

该期刊主要涉及的主题包括国际、区域和国家海洋政策，管理

---

① The Japan Agency for Marine-Earth Science and Technology, available at https://
www.jamstec.go.jp/e/, last visited on 27-09-2023.
② Atmosphere and Ocean Research Institute, the University of Tokyo, available at
https://www.aori.u-tokyo.ac.jp/english/index.html, last visited on 27-09-2023.
③ The Australian Institute of Marine Science, available at https://www.aims.gov.au/,
last visited on 27-09-2023.
④ Marine Studies Institute, the University of Sydney, available at https://www.sydney.
edu.au/science/our-research/research-centres/marine-studies-institute.html, last
visited on 27-09-2023.

和规制海洋活动的法律法规，冲突解决，海洋污染与环境治理，以及养护和利用海洋资源。[1] 该期刊中有许多关于国际法视域下海洋科学研究规制问题的讨论。[2]

（2）《海洋发展与国际法》（Ocean Development & International Law）

该期刊关注海洋法，致力于海洋管理与使用、海洋事务与利用中的国际法问题及相关政策的比较研究。该刊物的学术论文涉及海洋法、政治学、海洋政策与决策、海洋经济学、地理学、航运、海洋科学、海洋工程和其他海洋技术等相关学科，为国际法理论和实践的发展作出重要贡献。[3]

4. 相关学者的观点与论述

国外关于海洋科学研究的国际法问题的探讨主要集中在概念界定 [4]、沿海国对海洋科学研究管辖的范畴，以及军事测量与水文测

---

[1] Marine Policy, available at https://www.sciencedirect.com/journal/marine-policy, last visited on 27-09-2023.

[2] Chuxiao Yu, *Operational Oceanography As a Distinct Activity from Marine Scientific Research under UNCLOS? — An Analysis of WMO Resolution 45 (Cg-18)*, 143 Marine Policy 1(2022), pp.1—8; Hilde Woker, Bernhard Schartmüller, Knut Ola Dølven, Katalin Blix, *The Law of the Sea and Current Practices of Marine Scientific Research in the Arctic*, 115 Marine Policy 1 (2020), pp.1—9; P.K. Mukherjee, *The Consent Regime of Oceanic Research in the New Law of The Sea*, 5 Marine Policy 98 (1981), pp.98—100; S. Bateman, *Hydrographic Surveying in the EEZ: Differences and Overlaps with Marine Scientific Research*, 29 Marine Policy 169 (2005), pp.169—170; Charlotte Salpin, Vita Onwuasoanya, Marie Bourrel, Alison Swaddling, *Marine Scientific Research in Pacific Small Island Developing States*, 95 Marine Policy 363 (2018), pp.363—371.

[3] Ocean Development & International Law, available at https://www.tandfonline.com/journals/uodl20, last visited on 27-09-2023.

[4] Alfred A. Soons, *Marine Scientific Research and the Law of the Sea*, Kluwer Law and Taxation Publishers, 1982, p.124.

量是否属于《公约》所规制的海洋科学研究范围等方面。① 少数学者注意到争议海域、北冰洋等特殊海域海洋科学研究的问题。② 此外，近年来国外有学者对海洋科学研究的环境保护问题进行讨论。③

实际上，早在《公约》通过并生效之前，国外就有学者开始关注海洋科学研究的国际法问题。例如，穆克吉（P. K. Mukherjee）对专属经济区内和大陆架上海洋科学研究是否应当经沿海国事先同意等相关规制问题进行研究。④ 但整体而言，国外关于海洋科学研究的专门的学术论著较少。在《公约》通过后，关于海洋科学研究概念的争论较为激烈。学者阿尔弗雷德·H. A. 松斯（Alfred H. A. Soons）认为海洋科学研究指"在海洋和沿海水域进行的活动，以

① J. Ashley Roach, *Marine Scientific Research and The New Law of the Sea*, 27 Ocean Development & International Law 59 (1996), pp.59—72.

② Ramses Amer, *China, Vietnam, and the South China Sea: Disputes and Dispute Management*, 45 Ocean Development & International Law 21 (2014), p.21; David Ong, *Joint Development of Common Offshore Oil and Gas Deposits: "Mere" State Practice or Customary International Law*, 4 American Journal of International Law 771 (1999), pp.771—804; Yoshifumi Tanaka, *Unilateral Exploration and Exploitation of Natural Resources in Disputed Areas: A Note on the Ghana/Côte d'Ivoire Order of 25 April 2015 before the Special Chamber of ITLOS*, 46 Ocean Development & International Law 315 (2015), pp.315—330; Hilde Woker, Bernhard Schartmüller, Knut Ola Dølven, Katalin Blix, *The Law of the Sea and Current Practices of Marine Scientific Research in the Arctic*, 115 Marine Policy 1 (2020), pp.1—9.

③ Alexander Gillespie, *Whaling under a Scientific Auspice: The Ethics of Scientific Research Whaling Operations*, 3 Journal of International Wildlife Law and Policy 1 (2000), pp.1—49; Yoshifumi Tanaka, *Reflections on Reporting Systems in Treaties Concerning the Protection of the Marine Environment*, 40 Ocean Development & International Law 146 (2009), pp.146—170; Anna-Maria Hubert, *The New Paradox in Marine Scientific Research: Regulating the Potential Environmental Impacts of Conducting Ocean Science*, 42 Ocean Development & International Law 329 (2011), pp.329—355.

④ P.K. Mukherjee, *The Consent Regime of Oceanic Research in the New Law of The Sea*, 5 Marine Policy 98 (1981), pp.98—100.

扩大对海洋环境及科学研究过程的科学知识"。[①] 松斯是联合国教科
文组织政府间海洋学委员会的专家成员之一，他认为海洋科学研究
是一个单一概念，不同于水文测量和军事活动，《公约》赋予沿海
国所管辖的海洋科学研究是一种纯粹的海洋科学研究。[②] 学者 J. 阿
什利·罗奇（J. Ashley Roach）亦认为海洋科学研究不同于水文测
量，不同于包括军事测量在内的军事活动，也不同于勘探研究。[③]
有学者提出无论是应用型勘探或开发活动，还是资源导向型研究或
军事活动都不符合公开发表的条件，因为这种活动或研究的结果必
然是保密的，而基础性研究的结果无此限制。[④] 致力于探究《公约》
规定的海洋科学研究制度的学者主要有乔治·K. 沃尔科（George
K. Walker）[⑤]、亚历山大·普洛里斯（Alexander Proelss）[⑥] 和罗杰里
奥·卡布雷拉·卡马亚德（Rogelio Cabrera Camayad）。[⑦] 他们的论
著主要聚焦于《公约》的规定，着眼于《公约》的内容，属于基础
理论研究的范畴。

关于争议海域海洋科学研究的规制，现有成果如下。与争议海

[①] Alfred A. Soons, *Marine Scientific Research and the Law of the Sea*, Kluwer Law and Taxation Publishers, 1982, p.124.

[②] Ibid.

[③] J. Ashley Roach, *Marine Scientific Research and The New Law of the Sea*, 27 Ocean Development & International Law 59 (1996), pp.59—72.

[④] Lucius Caflisc, Jacques Piccard, *The Legal Regime of Marine Scientific Research and the Third United Nations Conference on the Law of the Sea*, 38 Heidelberg Journal of International Law 848 (1978), pp.848—901.

[⑤] George K. Walker, John E. Noyes, *Definitions for the 1982 Law of the Sea Convention*, 32 California Western International Law Journal 343 (2002), pp.343—386.

[⑥] Alexander Proelss. München, *United Nations Convention on the Law of the Sea: A Commentary*, Nomos Verlagsgesellschaft, 2017, p.1614.

[⑦] Rogelio Cabrera Camaya, *The Consent Regime for Marine Scientific Research in the Philippines*, 4 Ocean Law and Policy Series 17 (2000), pp.7—45.

域相关的国际法问题主要包括争议海域的划界、争议海域油气资源的勘探和开发等，但对海洋科学研究相关的规制问题的研究较少。王大卫（David Ong）在其论著中明确指出，争议海域内"尽一切努力作出实际性临时安排"是对沿海国提出的一种告诫。[①] 田中吉文对争议海域内勘探开发自然资源的问题进行研究，提出划界前达成临时安排是一种义务[②]，这对于争议海域海洋科学研究问题的解决具有重要意义。

关于北极地区海洋科学研究的规制，现有成果如下。北极的海洋科学研究问题是北极国家关注的重点问题之一，集中体现在各国出台或发布的北极政策中。关于北极地区海洋科学研究的专门的国际法学术研究较少，但学者大都认可其重要地位，并从国际关系的视角提出国际合作的重要性。多位学者结合《公约》分析北极地区的海洋科学研究现状，并探讨了北极地区海洋科学研究数据收集与科技应用的法律问题。[③]

关于海洋科学研究的环境保护问题的规制，现有成果如下。加拿大、丹麦、印度、意大利、肯尼亚、挪威、瑞典、韩国、巴西和墨西哥等国家的政府，非常重视海洋科学研究的海洋环境保护问

---

① David Ong, *Joint Development of Common Offshore Oil and Gas Deposits: "Mere" State Practice or Customary International Law,* 4 American Journal of International Law 771 (1999), pp.771—804.

② Yoshifumi Tanaka, *Unilateral Exploration and Exploitation of Natural Resources in Disputed Areas: A Note on the Ghana/Côte d'Ivoire Order of 25 April 2015 before the Special Chamber of ITLOS*, 46 Ocean Development & International Law 315 (2015), pp.315—330.

③ Hilde Woker, Bernhard Schartmüller, Knut Ola Dølven, Katalin Blix, *The Law of the Sea and Current Practices of Marine Scientific Research in the Arctic*, 115 Marine Policy 1 (2020), pp.1—9.

题。此外，相关国际组织在促进海洋科学研究的同时，为海洋环境保护提供科技支持，例如北太平洋海洋科学组织、国际海洋考察理事会、地中海科学委员会和西印度洋海洋科学协会等。[①] 国外学者亚历山大·吉莱斯皮（Alexander Gillespie）在其学术论作中研究与捕鲸相关的国际法问题，探讨海洋科学研究的边界与海洋环境保护问题。[②] 他还注意到科学家应当在科学研究计划中融入道德因素和环保要素。[③] 学者田中吉文在论著中对海洋科学研究所获数据对于海洋环境保护的作用和影响进行分析。[④] 学者安娜-玛丽亚（Anna-Maria）关注到海洋科学研究与海洋环境保护的复杂关系，提出规制海洋科学研究对海洋环境的潜在影响与海洋科学研究之间存在一种新的悖论。[⑤]

四、研究思路与方法

（一）研究思路

本书所称海洋科学研究的国际法规制指对科考船所开展的海洋科学研究活动的国际法规制。本书以此为研究核心，先从微观概念

---

① *Ocean Decade Progress Report* (2021—2022), p.4.

② Alexander Gillespie, *Whaling under a Scientific Auspice: The Ethics of Scientific Research Whaling Operations*, 3 Journal of International Wildlife Law and Policy 1 (2000), pp.1—49.

③ Ibid.

④ Yoshifumi Tanaka, *Reflections on Reporting Systems in Treaties Concerning the Protection of the Marine Environment*, 40 Ocean Development & International Law 146 (2009), pp.146—170.

⑤ Anna-Maria Hubert, *The New Paradox in Marine Scientific Research: Regulating the Potential Environmental Impacts of Conducting Ocean Science*, 42 Ocean Development & International Law 329 (2011), pp.329—355.

到宏观制度进行分析，再与特殊海域的有关问题相结合，剖析争议海域及北极地区的海洋科学研究的规制问题，继而对海洋科学研究的环境保护规制问题进行研究。受篇幅所限，本书并未对南极地区的海洋科学研究展开论述。本书研究思路如下所示（图5）。

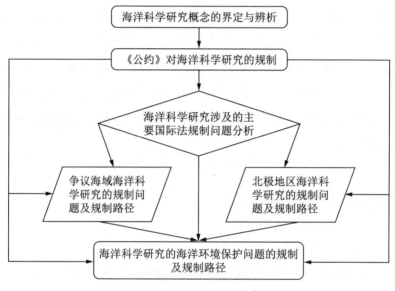

图5　本书研究思路①

首先，本书对海洋科学研究的概念进行分析，探讨其内涵和外延，并与"军事测量""水文测量""数据收集"以及"海洋勘探开发"等相关概念进行辨析，以加强对海洋科学研究概念的理解。其次，在概念明晰的前提下，研究《公约》对海洋科学研究的规制。本书对《公约》框架下，相关国际法主体在不同海域类型（领海、专属经济区、大陆架、"区域"和公海）内开展的海洋科学研

————————
① 该研究思路图由作者绘制。

究所应当遵守的规定进行分别研究。最后，着眼于与之紧密相关的有待进一步深入研究的三个问题，即"争议海域海洋科学研究的规制""北极地区海洋科学研究的规制"，以及"海洋科学研究的环境保护规制问题"。《公约》未对上述三个问题予以明确，但实践中又需要依据相关国际法的规定，使上述问题得到进一步解决。因此，本书对上述三个问题进行深入研究，并提出应对路径。

需要说明的是，本书以《公约》所规定的海洋科学研究制度为主要内容，以该制度为核心，以国际法基本原则为基础，以特殊海域的相关条约、规则或安排为切入点，研究与之紧密相关且亟待解决的国际法问题。《公约》的规制贯穿始终，成为各章节的内在关联。

（二）研究方法

1. 历史研究方法

本书运用历史研究法，按照历史发展的脉络对历史材料进行分析，梳理争议海域海洋科学研究、北极地区海洋科学研究及海洋科学研究的海洋环境保护规制问题的演变与发展。追溯《公约》的谈判历程，分析各国关于海洋科学研究的立场、态度，以及在第三次联合国海洋法会议上关于海洋科学研究的提案，在此基础之上界定海洋科学研究的内涵。

2. 规范分析、价值分析及比较分析的研究方法

本书运用了规范分析研究、价值分析和比较分析研究的方法。规范分析的方法主要针对与本书相关的国际公约、条约、多边或双边协议或安排，以及主要国家的相关法律规定，较全面地研究其规

制的内容及存在的争议。价值分析则聚焦法律规范背后的价值取向，例如国家利益原则、善意原则及和平解决国际争端原则，从价值层面论证《公约》对海洋科学研究的规制存在争议的原因及规制路径。通过对文献资料的比较分析，论证各大洲相关国家关于海洋科学研究的法律规定存在较大差异，赴外国海域开展海洋科学研究时应当遵守《公约》的规定及相关国家的法律。

3. 统计分析方法

本书对美国、俄国、加拿大、日本、英国和中国等国家科考船的数量进行统计，科考船的数量在一定程度上反映了一个国家海洋科学研究的实力，而一个国家海洋科学研究的实力集中体现了一个国家的综合国力。此外，文章对《公约》制定过程中有关海洋科学研究的提案进行统计分析，界定了海洋科学研究的概念。通过对亚洲、美洲、大洋洲多国关于海洋科学研究的国内法规定进行统计分析，论证有关国家对在本国专属经济区内和大陆架上开展的海洋科学研究的规制与《公约》的规定并不完全相同。通过统计与分析的方法使得论证更为充分、准确。

4. 案例分析方法

国际法庭与国际法院的判决是重要的国际法渊源。国际争端解决机制的建立和完善为国际法问题的研究提供了丰富的案例资料。本书在探讨争议海域海洋科学研究、北极地区海洋科学研究，以及海洋科学研究的环境保护中的规制问题时，分析了国际海洋法法庭及国际法院的相关案例。通过案例分析明确司法裁判对《公约》及相关国际法的适用情况，促进国际法实践与国际法理论的发展。

五、研究的主要创新点

本书的主要创新体现在体系化研究海洋法视域下海洋科学研究的规制问题。不仅对海洋科学研究的概念和《公约》对海洋科学研究的规制进行全面分析，还对争议海域内与北极地区内的海洋科学研究，以及海洋科学研究的环境保护问题的国际法规制进行了全面分析。

首先，本书对海洋科学研究的概念进行界定和分析。一方面，从语义解释、条约解释规则层面分析海洋科学研究的字面含义，及其应当包含的深层意涵；另一方面，追溯第三次海洋法会议期间，相关国家和主要代表团关于海洋科学研究概念的提案，归纳并分析概念的核心及争论焦点，从众多提案中洞见海洋科学研究的概念。为进一步厘清海洋科学研究概念的外延与内涵，本书通过对数据收集、军事测量、水文测量及海洋勘探开发等概念进行辨析，论证军事测量和水文测量属于海洋科学研究的范畴，而数据收集和海洋勘探开发则需要具体问题具体分析，从而进一步界定了海洋科学研究概念的外延。本书不仅分析了海洋科学研究与军事测量、水文测量的关系，还对与无人设备相关的数据收集之概念进行分析。对海洋勘探开发与海洋科学研究的概念进行区分，凸显了海洋科学研究与应用性科学研究的不可分性。

其次，本书研究发现在《公约》通过与生效后，基于国家利益和主权权益的考量，多数缔约国通过国内立法或制定相关法规和政策，来规制本国管辖范围内的海洋科学研究活动，尤其是对专属经济区内和大陆架上的海洋科学研究的规制倾向于谨慎管理。许多国家规定，在沿海国管辖范围内开展海洋科学研究活动应当事先经过沿海国明示同意。整体而言，在《公约》生效后，世界范围内的海洋科学研究活动的开展更为有序，沿海国的主权权益在一定程度上得到保障。

最后，本书对争议海域内的海洋科学研究、北极地区内的海洋科学研究，以及海洋科学研究的环境保护的规制问题进行了系统研究。争议海域内的海洋科学研究与地缘政治因素紧密相关，研究程序启动复杂，并受争议海域各相关国家政治意愿影响较大。北极地区海洋科学研究的价值和意义重大，但具体活动的开展与北极国家的北极政策具有较大相关性。海洋科学研究采用的新科学技术，给北极地区海洋科学研究的规制带来挑战。海洋科学研究的海洋环境保护的规制问题尚未引起国际社会的足够重视，且《公约》存在海洋环境保护的争端解决机制同海洋科学研究的争端解决机制兼容性欠佳的问题，因而可能带来争端案件解决程序复杂化并影响实体公正实现的问题。本书在对上述问题进行国际法分析的基础上提出了应对之策。

第一章　海洋科学研究的缘起与界定

海洋科学研究是人类通过科学的方式与方法认识海洋环境，提升并加强人类对海洋环境认知的科学路径。早在古罗马时期，人类就开始向往大海、探索海洋，并创造了灿烂的海洋文明。[①] 随着科学技术的发展，人类认识、探索海洋的技术得到了极大提升，特别是大航海时代之后，航海技术和造船技术不断进步。第一次工业革命之后，人类的科技水平取得了空前的发展，为人类进一步认识海洋提供了巨大的技术支撑。第二次工业革命开启了人类现代意义上的海洋科学研究活动，随着一战、二战的爆发，世界上的海洋强国认识到海洋科学研究对军事、经济和社会发展的重要性，海洋科学研究在二战后得到长足发展。随着海洋科学研究实践的发展，各国意识到制定与海洋科学研究相关的国际公约的重要性和必要性，1958年第一次海洋法会议期间制定的《公海公约》涉及对海洋科学研究的规定，但并未对海洋科学研究的概念及其内涵和外延予以

---

① ［美］斯塔夫里阿诺斯：《全球通史：从史前史到21世纪》，吴象婴等译，北京大学出版社2012年版，第105—158页。

规定，亦未对涉及海洋科学研究管辖权的核心问题进行规定。在第三次海洋法会议上，海洋科学研究成为讨论的热点之一，虽然《公约》最终以专章的形式确立了海洋科学研究制度，但其体系下海洋科学研究的概念应当如何界定？海洋科学研究与相关或相近概念如何区分？本章内容主要围绕上述问题展开。

第一节　海洋科学研究的兴起与发展

海洋科学研究活动的开展促进了海洋科学研究的发展，海洋科学研究的实践与发展是进一步研究《公约》规定的海洋科学研究的认识论基础，有助于我们从国际法与科学实践相结合的视角认识海洋科学研究。

一、海洋科学研究活动的开端及发展

现代意义上的海洋科考活动起源于英国，1872—1876 年，由英国皇家海军军舰改装而成的"挑战者号"进行了系统、全面的全球科考。[①] 该科考船是专门用于海洋科学调查和考察活动的海洋工程船舶，也是世界上最早的海洋调查船。科考船上的科学家针对海洋生物、海洋物理和海洋化学等方面进行了专业的研究。在这次科考中，科学家对归类模糊的珊瑚礁进行了研究，采集了 293 种珊瑚礁并将其归为 69 个种属。[②] "挑战者号"同时对表层海水、深层海

---

① 张海文：《沿海国海洋科学研究管辖权与军事测量的冲突问题》，载《中国海洋法学评论》2006 年第 2 期，第 22—31 页。

② *The Zoological Results of the "Challenger" Expedition*, Nature Publishing Group, 1886, pp.23—98.

水、海底水域的海水进行搜集，并对其盐度、压力差进行测算。[①]

实际上，以英国为代表的传统欧洲海洋强国的海洋科学研究在很长一段时间内处于世界领先水平。虽然美国的海洋科学研究活动肇始于19世纪中叶，但其在将近一个多世纪的时间里，一直落后于欧洲强国。在第二次世界大战中，美国开始重视海洋科学研究，特别是对物理海洋学及水下声学的科学研究，战后美国大力扩充和建设海洋科学研究机构，重视人员和资金投入，着力建造科考船，布局深远海的科学研究。20世纪70年代，美国开展大规模的航海测绘与地球物理测量[②]，此后美国的海洋科学研究蓬勃发展。进入21世纪，美国连续制定海洋科学研究的两个"十年"计划，重视海洋科学研究对海洋经济和海上安全等领域的作用，利用海洋数据来支持政府决策。[③]

俄罗斯的海洋科学研究始于沙皇俄国时期。18世纪，沙皇俄国科学家罗蒙诺索夫（Михаи́л Васи́льевич Ломоно́сов）开始了对北冰洋海域的科学研究。19世纪，俄国开始建造破冰船，科学家采用更为科学的设备对俄国西伯利亚北方海域和新地群岛进行研究。19世纪20年代，俄国海军参与了对新西伯利亚群岛的科学考察活动。苏联时期，科学家加强对北冰洋的研究，制定科学研究计

---

① Thomson, C. Wyville，Murray, John，*Report on the Scientific Results of the Voyage of H.M.S. Challenger during the Years 1873—1876*, Physics and Chemistry-Vol.1, UC San Diego Challenger Reports, powered by University of California, 1911, p.viii.

② 张继先：《美国海洋科学发展的历史概况》，载《海洋科技资料》1978年第3期，第1—27页。

③ 两个"十年"计划分别是《绘制美国未来十年海洋科学路线图：海洋研究优先计划及实施战略》(2007—2017)和《美国海洋科学与技术：十年愿景》(2018—2028)；李晓敏：《美国海洋科学技术两个"十年"计划比较分析及对我国的启示》，载《世界科技研究与发展》2021年第6期，第691—700页。

划，建造"帕尔修斯"等破冰科考船，建立海上浮动科学研究所，对北冰洋进行水文测量、生物考察，海洋科学研究所对巴伦支海和喀拉海的科学研究贡献巨大，奠定了北极科学研究的气象学、水文地理学、地质学等学科的基础；冷战时期，苏联加强了海洋科学研究与军事的结合[1]，注重赴外国海域和公海开展海洋科学研究。苏联解体后，俄罗斯海洋科学研究的实力仍然十分强大。俄罗斯联邦以国家海洋委员会下的科学院为主要研究机构，后者在海洋物理学、海洋生物学、海洋生态学、海底地质和地球化学、北极科考等方面取得了重大成果。[2]

此外，日本、西班牙、芬兰、德国、法国等海洋科学研究强国逐渐加强深远海的海洋科学考察活动，发展海洋物理、化学、生物、气象、地质等方面的研究，较为著名的研究所有美国伍兹霍尔海洋研究所、英国国家海洋研究中心、日本海洋科学技术中心等。

国际组织作为重要的国际法主体，在海洋科学研究领域扮演了重要的角色[3]，一些国际组织积极从事相关的海洋科学研究，对海洋科学研究活动在全球的发展起到积极的促进作用。譬如，由世界气象组织、联合国教科文组织政府间海洋学委员会、联合国环境规划署，以及国际科学理事会共同合作开展的全球海洋观测系统项目[4]已运行多年，并持续为全球天气预报、气候变化观测等提供大

---

[1] 叶艳华：《俄罗斯海洋战略研究——从沙皇俄国时期至苏联时期》，中国社会科学出版社 2021 年版，第 70—107 页，第 204—214 页。

[2] 讯木：《俄罗斯海洋科学研究发展状况》，载《全球科技经济瞭望》1995 年第 6 期，第 23—28 页。

[3] Malcom N. Shaw, *International Law*, 6th edition, Cambridge University Press, 2008, p.259.

[4] *Maersk Fleet to Provide Vital Met-Ocean Data*, available at https://public.wmo.int/en/resources/meteoworld/maersk-fleet-provide-vital-met-ocean-data, last visited on 09-07-2023.

量实时数据。数据共享不仅有利于沿海国海洋科学的发展，还有利于海洋科学研究技术的发展和转让。

除上述组织外，国际海洋考察理事会、国际水道测量组织、国际海事组织、联合国海洋环境保护科学问题联合专家组、海洋学科学计划秘书处间委员会、世界气象组织、北太平洋海洋科学组织、地中海科学委员会、全球电信系统、联合国粮农组织、国际海底管理局、联合国开发计划署、联合国减少灾害风险办公室、国际北极科学委员会、印度洋海洋事务合作组织、南太平洋应用地球科学委员会，以及承担相应科研任务的渔业组织等，均在一定程度上主导或参与了全球性或区域性海洋科学研究项目，并在某种程度上推动了全球海洋科学研究的发展，促进海洋科学技术在全球范围的交流与合作。联合国教科文组织政府间海洋学委员会发布的《海洋科学促进可持续发展十年（2021—2030）》，旨在保护和可持续利用海洋和海洋资源以促进可持续发展，构建科学海洋、清洁海洋，以及物产丰盈、可预测、安全、健康且有复原力的海洋，全球多家海洋机构和科学家参与其中。[1] 国际组织的推动、引导和指引，使得海洋科学研究活动得以在全球快速发展。国际组织不仅为国际海洋科学研究的发展提供了组织保障，还为各国海洋科学研究提供了交流平台。实际上，国际组织在一定程度上扮演着引领者的角色。

二、海洋科学研究活动在中国的发展

由于历史原因，近代中国海洋科学研究较为落后。新中国成立

---

[1] UNESCO-Sea Commission(2021), The United Nations Decade of Ocean Science for Sustainable Development(2021—2030).

后，我国的海洋科学研究取得巨大成果，海洋科学研究的发展水平得到提升并取得一定成效。

美国学者丹尼尔·J.朱里克（Daniel J. Dzurek）认为，中国从20世纪20年代开始注重海洋资源的应用性研究及其开发的系统性海洋调查活动，引起了人们对近岸地区海洋科研的关注，使得海洋渔业、碳氢化合物资源、海洋污染，以及其他与经济和社会利益直接相关的领域得到发展。[①]新中国成立前的海洋科学研究活动为我国认识海洋环境积累了科学知识，在一定程度上也促进了我国经济和社会的发展。

新中国成立后，党和国家领导人高度重视海洋科学研究事业的发展。从中华人民共和国成立伊始，国家采取了诸如政策支持、资金投入、体制改革等一系列举措，以提升海洋科学研究的整体水平。1950年3月，国务院批准建立"青岛海洋生物研究室"，新中国第一个专门性海洋科学研究机构的成立，成为中国海洋科学研究发展的基石。[②]1958年，我国开始近海科学调查活动。[③]1959年，中国科学院海洋工作会议上曾提出"海洋研究对国防与经济建设有极其重大的意义"。[④]20世纪60年代，我国开始进行海洋科学调查活动，获得了海底地形、海洋水文，以及海洋资源等方面的数据信息与样本资料，具有重要的历史和现实意义。此后，国家不断重视

[①] Daniel J. Dzurek, *Marine Scientific Research and Policy Issues in East Asia*, 9 Ocean Yearbook 157(1991), pp.157—187.

[②] 殷昭鲁：《竺可桢对我国海洋事业发展和海洋权益维护所做的贡献》，载《太平洋学报》2021年第8期，第75—84页。

[③] 魏敏：《海洋法》，法律出版社1987年版，第315页。

[④] 裴丽生：《为完成1959年海洋研究任务而努力——在一月八日中国科学院海洋工作会议上讲话》，载《科学通报》1959年第4期，第100页。

科考设施建设，随着"金星"号、"东方红"号等科考船相继问世，到 20 世纪 80 年代，我国海洋科学研究队伍粗具规模，逐步形成了海洋科学研究调查船队的雏形。

海洋科学研究是建设海洋强国战略目标的重要依托，有助于党和政府应对海洋问题，尤其是 21 世纪以来对海洋政策，特别是海洋经济与科技发展政策的深化、提升和量化。海洋强国战略是海洋科学研究不断发展的政治保障。海洋强国战略的思想精髓体现在党和政府的一系列文件及报告中。1997 年《政府工作报告》提出发展海洋科技的政策主张，党的十六大报告提出海洋开发战略[①]，在这些大背景下，沿海大中城市投入资金与技术，"向阳红"系列、"科学"系列、"试验"系列等先后问世，我国进军海洋的科技队伍不断壮大，海洋科学研究的整体水平得到提升。

2004 年《政府工作报告》明确提出"重视海洋资源开发与保护"。[②] 2009 年，综合地球物理勘探船"海洋六号"交付，提升了我国在地球物理勘探方面的硬实力。2012 年 11 月 8 日，党的十八大报告明确提出，我国应"提高海洋资源开发能力，发展海洋经济，保护海洋生态环境，坚决维护国家海洋权益，建设海洋强国"。[③]此后"向阳红 01"号、"向阳红 03"号、"嘉庚"号、"大洋"号、"东方红 3"号、"蓝海 101"号等相继下水服役。2020 年，

---

① 《1997 年政府工作报告——1997 年 3 月 1 日在第八届全国人民代表大会第五次会议上》，载中华人民共和国中央人民政府网站，http://www.gov.cn/test/2006-02/16/content_201124.htm，最后访问于 2022 年 10 月 20 日。

② 《2004 年国务院政府工作报告》，载中华人民共和国中央人民政府官网，http://www.gov.cn/test/2006-02/16/content_201193.htm，最后访问于 2022 年 10 月 22 日。

③ 《胡锦涛在中国共产党第十八次全国代表大会上的报告》，载共产党员网，https://www.12371.cn/2012/11/17/ARTI1353154601465336.shtml，最后访问于 2022 年 10 月 22 日。

我国最大的海洋综合科考实习船"中山大学"号下水，仅仅两年后，隶属于南方海洋科学与工程广东省实验室（珠海）的智能无人科考母船——"珠海云"号下水，可搭载大量空、海、潜无人系统装备①，我国海洋科学研究的能力得到较大提高。随着海洋科学研究能力的不断提高，海洋科学研究对海洋经济的贡献率也不断提升，助力海洋强国建设。根据《中国海洋经济发展报告2020》显示，2019年，我国的海洋产业生产总值超过8.9万亿元，同比增长6.2%，海洋经济对国民经济增长的贡献率达到9.1%，拉动国民经济增长0.6个百分点；②《2021年中国海洋经济统计公报》显示，全国海洋产业生产总值对国民经济增长的贡献率为8.0%，其中海洋科研教育管理服务业③生产总值持续增长，增速达6.4%，海洋科学研究综合实力得到较大提升。④

以海洋科学研究的作业海域为维度划分，海洋科学研究可分别在内水、领海、专属经济区、大陆架、极地及公海开展科考。我国政府历来重视北极科考，首次积极参与北极事务可以追溯至1925年加入《斯约》。⑤1999年起，我国多次赴北极科考，2004年，我国在斯匹次卑尔根群岛新奥尔松地区建立了第一个北极科学考察

---

① 《"珠海云"下水　为全球首艘智能型无人系统母船》，载光明网，https://m.gmw.cn/baijia/2022-05/19/35746121.html，最后访问于2022年9月25日。
② 《中国海洋经济发展报告2020》，第3—67页。
③ 根据《2021年中国海洋经济统计公报》解释，海洋科研教育管理服务业指开发、利用和保护海洋过程中所进行的科研、教育、管理及服务等活动，包括海洋信息服务业、海洋环境监测预报服务、海洋保险与社会保障业、海洋科学研究、海洋技术服务业、海洋地质勘查业、海洋环境保护业、海洋教育、海洋管理、海洋社会团体与国际组织等。
④ 《2021年中国海洋经济统计公报》，第10—88页。
⑤ 《中国的北极政策白皮书》，第5—58页。

站——"中国北极黄河站",由此成为世界上第 8 个在此建立北极科考站的国家。[①] 2018 年,国务院新闻办公室发表《中国的北极政策》白皮书,提出中国将继续促进北极的可持续发展,北极科学研究将是北极活动的重点。[②]

党的二十大报告提出"加快建设海洋强国"[③],新时期我国的海洋科学研究事业将继续向前发展。

第二节　海洋科学研究的概念及阐释

有学者认为,在英文的语境下与海洋相关的科学研究分为海洋研究(marine research)和海事研究(maritime research),前者属于地球学的一个分支,包括海洋生物、生态、化学等内容,后者主要涉及技术方案问题,与海洋资源开发的关系更为密切,例如船舶与石油平台的设计、建造和操作。[④] 但海洋研究与海事研究往往具有关联性,例如《公约》第 240 条第 3 款规定海洋科学研究应以符合《公约》规定的方法和工具进行,船舶的设计、建造与海洋科学研究相关。因此本书所探讨的科学研究的范畴为与海事

---

① 丛华:《中国北极黄河站 Chinese Arctic Yellow River Station》,载哈尔滨工业大学极地研究院官网,http://polar.hit.edu.cn/2019/0302/c11639a221470/page.htm,最后访问于 2022 年 10 月 23 日。

②《中国的北极政策白皮书》,第 12—89 页。

③《习近平:高举中国特色社会主义伟大旗帜　为全面建设社会主义现代化国家而团结奋斗——在中国共产党第二十次全国代表大会上的报告》,载中华人民共和国中央人民政府官网,http://www.gov.cn/gongbao/content/2022/content_5722378.htm,最后访问于 2022 年 10 月 30 日。

④ 王泽林:《极地科考与海洋科学研究问题》,上海交通大学出版社 2015 年版,第 15 页。

研究（maritime research）相关的海洋科学研究（marine scientific research），利用科考船及其他相关科考设备与设施，增强人类对海洋环境的认知。

一、海洋科学研究的基本内涵

（一）海洋科学研究的语义解释

关于海洋科学研究的概念，首先从概念范畴本身进行考究。[①]通过查询"科学"与"研究"的词义解释，完成其语义解释，可知海洋科学研究由英文 Marine Scientific Research（MSR）翻译而来，因此本书通过分别查询韦氏大学词典、牛津英语词典及布莱克法律词典，来确定海洋科学研究的含义。上述词典均未对 MSR 的含义进行解释，亦未有 Marine Scientific、Marine Research 或 Scientific Research 的解释。因此本书通过对单个词语的含义进行查询，来获取每个词语的含义，再将其组合起来理解海洋科学研究的语义内涵。韦氏大学词典将"marine"的含义之一解释为"与海洋有关的实践活动"，将"scientific"释义为"以系统且符合科学的方式或根据科学的调查结果进行的实践"，将"research"释义为"搜集某一特定主题的信息，仔细搜索"。[②]牛津英语词典将"marine"释义为"属于、关于或具有海洋特征的；存在、起源于或发现于海中

[①] 由于布莱克法律词典、牛津英语词典和韦氏大学词典均未对"海洋科学研究"或"科学研究"进行解释，故本文通过对"海洋""科学"，以及"研究"的含义进行解释，以期探究海洋科学研究的含义。

[②] *Merriam-Webster's Collegiate Dictionary*, 11th edition, Merriam-Webster Inc., 2003.

的；生长在海里的居住或生长在海里的"；将"scientific"定义为
"涉及科学的或与科学有关的"或"指做事或思考的方式谨慎且合
乎逻辑的"；将"research"释义为"对某一理论、主题的知识有所
贡献而进行的系统的仔细调查或探究"。① 布莱克法律词典没有对
"marine"和"scientific"进行解释，将"research"解释为"为获
得更多知识、发现新事实或检验新观点而对某一客体进行的认真研
究；为回答问题或解决问题而搜集信息的活动"。② 根据韦氏大学
词典的解释，"scientific"通常涉及科学的方式或方法，而布莱克
法律词典进一步将"scientific method"解释为"产生假设并通过实
验、发表及复制的过程"。③ 基于以上解释，"科学研究"可以理解
为通过科学方法认知客体，"海洋科学研究"的含义是为获取与海
洋有关的理论、知识，采用科学的方法与工具对海洋进行的系统的
仔细调查或探究。

（二）海洋科学研究的内容与范畴

一般认为，海洋科学指研究海洋的自然现象、变化规律及其与
大气、岩石和生物各圈层的相互作用，以及开发、利用与保护海洋
的相关知识体系。④ 例如，对海浪、潮汐、大气、鱼群规模的监控
及对海底资源的勘探。海洋科学研究的内容包括海洋化学、海洋物
理、海洋生物、海洋地理，以及海洋大气与环境等，并通过科考

---

① Oxford Dictionary of English, *Oxford Advanced Learner's Dictionary*, 10th edition, Oxford University Press, 2021.
② Bryan A. Garner, *Black's Law Dictionary*, 10th edition, Thomson Reuters, 2014.
③ Ibid.
④ 全永波：《海洋法》，海军出版社 2016 年版，第 142 页。

船舶、浮标和探测器等实现对海洋环境的认知和管理。① 国外有学者认为，真正意义上的海洋科学研究始于第一次世界大战，一战期间回声测深仪和用于追踪潜艇的声波方法的应用和发展标志着探索的真正开始。② 与此不同，国内有学者认为，由于受科技条件所限，初期的海洋科学研究的范畴限于海洋捕捞及远洋航运等领域，真正意义上的现代海洋科学研究形成于二战后，主要涉及海洋水文气象、海洋地质学、海洋生物学、海洋化学和海洋物理学等方面。③ 法国海洋开发研究院将海洋科学研究的内容分为四大模块，分别是基础设施和信息系统研究、海洋学和生态系统动态、生物资源与环境，以及海底物质资源和生态系统。④ 联合国教科文组织政府间海洋学委员会发布的《全球海洋科学报告》指出，海洋科学包括与海洋研究相关的所有研究学科，涉及物理学、生物学、化学、地质学、水文学、卫生和社会科学，以及工程、人文科学和有关人与海洋关系的多学科研究。"海洋科学力图了解复杂、规模不一的社会——生态系统和服务，需要观察数据和多学科、协作性

① Bernal, P.&A. Simcock, Marine Scientific Research, *in the First Global Integrated Marine Assessment*, World Ocean Assessment I, United Nations, 2016, pp.1—18.

② Satya N. Nandan, Introduction to Office for Ocean Affairs and The Law of the Sea, *Marine Scientific Research: A Guide to the Implementation of the Relevant Provisions of the United Nations Convention on the Law of the Sea*, p.vii, United Nations, 1991; quoted from Marko Pavliha; Norman A. Martinez Guiterrez, *Marine Scientific Research and the 1982 United Nations Convention on the Law of the Sea*, 16 Ocean and Coastal Law Journal 115(2010), pp.115—134.

③ 魏敏:《海洋法》，法律出版社 1987 年版，第 314—315 页。

④ *National Institute for Ocean Science*, available at https://wwz.ifremer.fr/en, last visited on 24-04-2022.

的研究。"① 随着科技的进步和社会的发展，海岸带的管理与研究也逐步成为海洋科学研究的内容。《海洋科学促进可持续发展十年（2021—2030）》界定"海洋科学"涵盖自然科学和社会科学（包括跨学科问题），支持海洋科学技术及基础设施建设，并致力于海洋科学造福社会（包括知识转让及在缺乏科学能力的地区应用海洋科学），注重科学与政策、科学与创新之间的交互联系，研究陆地与海洋、海洋与大气以及海洋与冰冻圈之间的相互作用。② 海洋科学研究的内容决定了其必须借助科考船、科考设备、布放设施来实现。例如，被称为"探究海洋的窗口"的 Argo 计划，即"ARGO 全球海洋观测网"，是一个由美国、澳大利亚、法国、日本和德国等发起参与国家的大气、海洋科学家于 1998 年推出的全球海洋观测试验项目，目前已投放数以千计，中国于 2002 年起开始投放，以收集海洋物理、化学和生物方面的资料数据，并监测气候和生态系统变化。③

　　综上，海洋科学研究的基本内涵是通过科学的方式搜集信息，进而提高人类对海洋的认知水平。海洋科学研究的学科分类包括海洋化学、海洋物理、海洋生物、海洋地理，以及海洋大气与环境等。

---

① *Global Ocean Science Report* 2017, p.3.
② UNESCO-Sea Commission (2021), *The United Nations Decade of Ocean Science for Sustainable Development (2021—2030).*
③ Yonggang Liu, Heather Kerkering, Robert H. Weisberg, *Coastal Ocean Observing Systems*, Academic Press, 2015, pp.11—25.

二、《联合国海洋法公约》视角下海洋科学研究的含义

（一）制定过程中对海洋科学研究概念的讨论

《公约》第十三章对海洋科学研究作出规定，第十四章对海洋技术的发展和转让作出规定，海洋科学研究制度在《公约》中得到确立。《公约》对海洋科学研究的规定较为全面，兼顾了发达国家与发展中国家的利益。但由于各国海洋科学研究的综合能力存在差异，不同国家在理解方面亦存在分歧①，因此《公约》未形成关于海洋科学研究的确切法律定义。事实上，各国享有进行海洋科学研究的权利得到普遍承认，但如何界定海洋科学研究的内涵颇具争议，在《公约》制定之时，人们的认知主要体现在区分"纯粹科学研究"与"为开发利用而进行的产业性相关研究"。②在《公约》起草的过程中，关于海洋科学研究的讨论主要由国际海底委员会负责，第二分委员会主要负责专属经济区内和大陆架上海洋科学研究，第三分委员会专门负责审议针对海洋科学研究的正式提案。③一些国家针对海洋科学研究提出相关草案，其中有些提案涉及海洋科学研究的定义。

在第三次海洋法会议召开的初期，以加拿大、马耳他、保加利亚、波兰、乌克兰、苏联、奥地利、比利时、丹麦、德意志联邦共

---

① Gragl, P., "Marine Scientific Research", in D. Attard, M. Fitzmaurice and N. Martinez (Eds), *IMLI Manual on International Maritime Law, The Law of the Sea*, Oxford University Press, 2014, pp.5—7.

② Nordquist M., *United Nations Convention on the Law of the Sea 1982: a commentary*, Martinus Nijhoff Publishers, 2002, pp.444—449.

③ ［美］迈伦·H.诺德奎斯特：《1982年〈联合国海洋法公约〉评注》，吕文正、毛彬译，海军出版社2018年版，第412页。

和国等为代表的国家，主张将基础性纯科学研究和应用性科学研究全部纳入海洋科学研究的范畴。[①] 实际上，上述国家的提案并不主张就海洋科学研究的概念区分纯科学研究与应用性科学研究，只要能够增进人类对海洋环境的了解，任何研究都应当属于《公约》所规制的海洋科学研究。上述国家对海洋科学研究概念的主张在一定程度上反映了国家利益考量，将关于海洋的纯科学研究及应用性科学研究全部纳入海洋科学研究的范畴，加强对海洋科学研究的管辖，从而维护自身的国家利益。但上述提案未将军事用途的海洋科学研究纳入定义中。特立尼达和多巴哥共和国关于海洋科学研究的提案内涵最为宽泛，不仅包含纯科学研究、应用性科学研究，还包含与军事用途相关的研究。在该提案中，海洋科学研究的内涵极为丰富，可以避免因区分何谓海洋科学研究而引发的争端，有利于加强沿海国对海洋科学研究的管辖，有利于维护本国的主权权益。[②]

在第三次海洋法会议的后期，非正式司法专家小组会议，以及全体委员会成员会议关于海洋科学研究概念的提案趋于一致，认为海洋科学研究是为增进人类对海洋环境的认识所进行的任何研究或相关实验工作。[③] 然而这样的规定模棱两可，虽然避免了纯科学研究与应用性科学研究的争论，但是使得海洋科学研究的概念更为含糊，甚至无法认定海洋科学研究的外延，这也容易引起关于海洋科学研究活动相关管辖权的争端。最终，《公约》并未界定海洋科学

① A/AC.138/SC.III/L.18, A/AC.138/SC.III/L.34, A/AC.138/SC.III/L.31, A/CONF.62/C.3/L.19.

② A/CONF.62/C.3/L.9.

③ A/CONF.62/WP.8/Part III, A/CONF.62/WP.8/Rev.1/Part III.

研究的概念。

从《公约》通过的机制进行考究，这种模糊的表述来源于该公约的议事规则。与以往不同的是，一些国家认为独立的法律专家机构并不能有效地平衡具有竞争关系的国家之间的利益，而各国政府代表直接磋商将更有利于找到解决路径，因此第三次海洋法会议的相关准备工作并未被授权委托给国际法委员会。① 在第三次海洋法会议召开前夕，即 1973 年 11 月 16 日，联合国大会通过了一项议事规则，这项规则的核心在于"在实质性问题上，协商一致通过，只有当协商一致未达成时再实行表决"。②1974 年，加拉加斯会议上所确立的议事规则 ③ 成为发达国家在表决机制上裹挟发展中国家的制度依据，而这种议事规则，容易造成协议久拖不定和协议内容模糊的后果。④ 第三次海洋法会议及《公约》对海洋科学研究的诸多问题都规定得不甚明确。

（二）制定过程中各国各代表团的相关提案及争议

在《公约》制定过程中，一些欧洲国家及苏联、加拿大等提出了关于海洋科学研究的概念，但由于每个国家的利益考量不同，各提案中的概念在内容上存在较大差异。上述涉及海洋科学研究概念的相关提案情况，详见下表 1-1。

---

① James Harrison, *Making the Law of the Sea: A Study in the Development of International Law*, Cambridge University Press, 2011, p.40.

② A/CONF.62/30/Rev.1.

③ A/CONF.62/2 and Add.1-3.

④ 江红义:《国家与海洋权益》，人民出版社 2015 年第 1 版，第 129 页。

表 1-1　第三次海洋法会议涉及海洋科学研究的提案 [①]

时间	会议	文件	提交主体	涉及条款及内容
1972 年	海底委员会会议	A/AC.138/SC.III/L.18	加拿大	加拿大提交的工作文件中提出"海洋科学研究旨在增加对海洋环境的了解，包括其所有资源和生物体，并涵盖所有相关的科学活动，包括基础性或应用性的任何研究"；加拿大进一步指出，"海洋科学研究构成海洋环境中的一项合法活动，每一个国家包括非沿海国家及国际组织，均有权按照国际法规制和惯例，依照本公约的规定，在海洋环境中进行或授权进行科学研究"。
1973 年	海底委员会会议	A/AC.138/SC.III/L.34	马耳他	马耳他的提案中对"科学研究"的定义是，无论是基础性抑或应用性的任何有系统的调查和相关实验工作，都是为和平目的增进关于海洋环境的知识；同时认为"海洋环境"包括海面及其上空、水体和海床，也包括其中的或对其有依赖的生物系统。

---

① 该表由作者整理、分析、制作。相关资料来源于［美］迈伦·H. 诺德奎斯特：《1982 年〈联合国海洋法公约〉评注》，吕文正、毛彬译，海军出版社 2018 年版，第 420—428 页。

续表

时间	会议	文件	提交主体	涉及条款及内容
1973 年	海底委员会会议	A/AC.138/SC.III/L.31	保加利亚、波兰、乌克兰和苏联	四个东欧国家将"在全球海洋内的科学研究"解释为任何由国家及其法人和自然人，以及国际组织进行的基础性或应用性研究和相关实验工作，其目的不在于直接的产业开发利用，而在于获取发生在海洋空间内、海床及其底土中的自然过程和现象的所有方面、为航行的进一步发展和对海洋的其他形式的利用以及对世界海洋上空的利用所必要的知识。
1974 年	第二期会议	A/CONF.62/C.3/L.9	特立尼达和多巴哥共和国	第 1 条（a）款：海洋科学研究是对海洋环境的任何研究或调查，以及与此相关的实验；（b）款：海洋科学研究所具有的性质使之排除纯科学研究与为商业开发利用或军事用途而进行的产业性或其他研究之间的明确清晰的区分。
1974 年	第二期会议	A/CONF.62/C.3/L.19	奥地利、比利时、玻利维亚、博茨瓦纳、丹麦、德意志联邦共和国、老挝、莱索托、利比里亚、卢森堡、尼泊尔、荷兰、巴拉圭、新加坡、乌干达、上沃尔特和赞比亚	第 1 条：海洋科学研究指为增进人类关于海洋环境的科学知识，并为和平目的而进行的任何研究和相关实验工作，不包括以直接开发海洋资源为目的的产业勘探和其他活动。

续表

时间	会议	文件	提交主体	涉及条款及内容
1975 年	第三期会议	A/CONF.62/C.3/L.26	保加利亚、白俄罗斯、捷克斯洛伐克、德意志民主共和国、匈牙利、蒙古、波兰、乌克兰和苏联	第 1 条：海洋科学研究为旨在增进人类知识并为和平目的而对海洋环境进行的任何研究或在海洋环境里进行的相关实验工作。
1975 年	第三期会议	A/CONF.62/C.3/L.29	哥伦比亚、萨尔瓦多、墨西哥和尼日利亚	第 1 条：海洋科学研究指在海洋环境中进行的旨在增加人类对海洋的认知所进行的任何研究和有关实验工作。
1975 年	第三期会议后	A/CONF.62/WP.8/Part III（非正式单一协商案文）	非正式司法专家小组	第 1 条：海洋科学研究是旨在增进人类关于海洋环境的知识所进行的任何研究或相关实验工作。
1975 年	第三期会议后	A/CONF.62/WP.8/Part III（非正式单一协商案文）	非正式司法专家小组	第 1 条：海洋科学研究是旨在增进人类关于海洋环境的知识所进行的任何研究或相关实验工作。
1976 年	第四期会议第三委员会非正式会议后	A/CONF.62/WP.8/Rev.1/Part III（修正的单一协商案文）	全体委员会成员	第 48 条：为本公约的目的，海洋科学研究是旨在增加人类的海洋环境知识所进行的任何研究或有关实验工作。

除上述提案外，有国家提出，一方面海洋科学研究是对海洋环境及其相关实验的任何研究或调查，另一方面海洋科学研究的性质排除了对纯科学研究和为商业开发或军事用途而进行的工业或其他研究所进行的任何明确或精确的区分。[①] 各方博弈伴随着《公约》缔结的过程，反映了不同国家的利益考量。[②] 实际上，非正式司法专家小组已经试图对海洋科学研究进行定义，即"增进人类关于海洋环境的知识所进行的任何研究或相关实验工作"，但根据《公约》规定可知，其最终并未被采纳。有学者认为该定义试图将"纯粹的科学研究""基础性科学研究"及"应用性科学研究"涵括在内。[③] 分析以上提案内容不难看出，这些提案都认同海洋科学研究的重要目的是获得有关海洋环境的知识。各提案所反映的不同利益取向体现在以下方面：一是是否包含以开发利用海洋资源为目的的研究（以下简称"问题一"），二是海洋科学研究是否需要获得事先授权（以下简称"问题二"），三是海洋科学研究是否可用于军事目的（以下简称"问题三"），四是《公约》未明确规定的海洋科学研究的方式，即提案中"任何研究"的具体研究手段与内容（以下简称"问题四"）。

问题一是争议的焦点之一。一些国家主张海洋科学研究应为纯科学研究，而另一些国家认为海洋科学研究应涵盖一切有关海洋的

[①] A/CONF.62/C.3/L.9.

[②] 白佳玉：《〈联合国海洋法公约〉缔结背后的国家利益考察与中国实践》，载《中国海商法研究》2022年第2期，第3—13页。

[③] Lucius Caflisc, Jacques Piccard, *The Legal Regime of Marine Scientific Research and the Third United Nations Conference on the Law of the Sea*, 38 Heidelberg Journal of International Law 848 (1978), pp.848—901.

科学研究，包括与开发自然资源相关的科学研究。[1] 例如，埃及认为两者应当加以区分，"海洋科学研究针对海洋环境及其上空大气自然现象的调查，以及促进减轻海洋污染和其他异常现象的方法，不包括直接利用海洋资源的活动"。[2] 加拿大倾向于消除两种不同科学研究类型的区分，认为"海洋科学研究指为增进人类关于海洋环境的知识的任何研究和相关实验工作"。[3] 事实上，1958年《大陆架公约》将海洋科学研究分为两类，一类是纯海洋科学研究，另一类是实用性海洋科学研究，即以勘探和开发大陆架为目的。[4] 纯海洋科学研究可适用公海自由原则，实用性海洋科学研究应事先获得沿海国同意。在某种意义上，问题一的实质为是否延续《大陆架公约》中沿海国对海洋科学研究的"二元"结构管辖权。关于此问题，《公约》最终在第246条第5款（a）的规定中予以回应。对于问题二与问题三的回应，则分别体现在1982年通过的《公约》第245条、第246条、第248条、第249条、第252条、第253条、第240条（a）项，以及第301条规定中。至于问题四，无论是在《公约》起草的过程中抑或通过时均未得到重视，背后的原因可能是国家利益的博弈抑或妥协，且广大发展中国家对海洋科技的认知有限，导致其因缺少关于此问题的知识储备而丧失应有的话语权。

　　基于以上，与此密切相关的"水文测量"与"军事测量"之间的关系问题、前二者与海洋科学研究的关系问题，以及利用卫星遥

---

[1] Satya N. Nandan and Shabtai Rosenne, Neal R. Grandy, *United Nations Convention on the Law of the Sea 1982 a Commentary*, Martinus Nijhoff, 1993, pp.1—30.

[2] A/CONF.62/C.3/L.17.

[3] A/CONF.62/C.3/L.31.

[4] 1958年《大陆架公约》第5条第1款、第8款。

感技术收集海洋水文数据是否在现行《公约》调整的范围内等问题，都成为国家间出现海上权益摩擦的原因。美国主张"军事测量"与"水文测量"不属于海洋科学研究，不受《公约》调整，因而经常在他国专属经济区以"军事测量"为名进行军事活动。

在《公约》通过后，海洋科学研究的概念在学界引起了广泛的讨论。有学者认为纯粹科学研究和应用开发研究的本质区别在于是否公开发表，后者通常具有保密性。[1] 前者仅关注海洋科学研究数据的收集，后者则以获取的数据为基础，进一步研究如何开发利用海洋资源。[2] 有学者提出海洋科学研究与水文测量、军事活动（包括军事调查）及勘探开发不同。[3] 荷兰乌得勒支大学国际法教授松斯提供了海洋科学研究的定义，将其称为"在海洋和沿海水域进行的活动，以扩大对海洋环境及科学研究过程的科学知识"，不包括军事测量和军事活动。[4] 有学者认为海洋科学研究的概念应按照其本身的含义来理解，即与海洋环境有关的任何形式的基础或应用的科学调查；该学者进一步指出松斯的观点与其一致，即具有特定商业目的的应用型科学研究活动也可被认定为海洋科学研究。[5] 国际法协会美国分会海洋法委员会乔治认为，《公约》中的海洋科学研

---

[1] Caflisch Lucius, Piccard Jacques, *The Legal Regime of Marine scientific Research*, 1978, pp.1—19.

[2] Yoshifumi Tanaka, *The International Law of the Sea,* 2th edition, Cambridge University Press, 2015, p.819.

[3] U.S. Commentary on the LOS Convendon (Treacy Doc. 103—39), p.80.

[4] Alfred A. Soons, *Marine Scientific Research and the Law of the Sea*, Kluwer Law and Taxation Publishers, 1982, p.124.

[5] Tim Daniel , ABLOS Conference-Monaco-10-12 October 2005, *Kendall Freeman speakers notes: Legal Aspects of Marine Scientific Research (MSR) and Part XIII of the UN Convention on the Law of the Sea (UNCLOS)*, p.2.

究指在海洋空间开展的活动，以扩大有关海洋环境及其过程的科学知识。①

综上，《公约》并未对海洋科学研究的概念和内容作出规定。但是海洋科学研究作为一项重要的科学实践活动，有相关国际组织对其进行界定，例如，联合国教科文组织政府间海洋学委员会认为海洋科学研究包括物理海洋学、海洋化学、海洋生物学、海洋科学钻探和取芯、地质或地球物理研究，以及其他以科学为目的的活动。②北极理事会在《加强北极国际科学合作协定》中对科学活动进行阐释，认为科学研究的内容包括对北极环境的监测和评估，而监测和评估的过程就是科学活动。③海洋科学研究是一项兼具自然科学与社会科学的学科，理解其概念和内涵，亦应当从自然科学的角度进行思考。我国海洋领域的自然科学专家认为，海洋科学研究的内容包括海洋动力、生物地球化学过程与气候研究，海洋地质研究，海洋生物研究，海洋生态和海岸带研究，以及极地海洋与气候研究。④实际上，海洋科学研究的基本内涵应当是人类认识海洋环境、增加海洋认知的科学活动。

三、条约解释规则下海洋科学研究的释义

《国际法院规约》第 38 条规定将条约作为法院裁判的首要依

---

① George K. Walker, *Definitions for the law of the sea: terms not defined by the 1982 Convention*, Martinus Nijhoff Publishers, 2012, p.241.

② 2017 年《全球海洋科学报告》，第 3 页。

③《加强北极国际科学合作协定》，第 1 条。

④ 陈连增、雷波：《中国海洋科学技术发展 70 年》，载《海洋学报》2019 年第 10 期，第 3—22 页。

据 ①，即条约的效力大于国际习惯，如何理解与适用条约显得十分重要。《维也纳条约法公约》（以下简称《条约法公约》）第三编第三节专门针对条约解释的原则、方法及补充资料作出规定。② 其中第 31 条规定的善意原则是条约解释规则的核心，而善意意味着考虑条约的目的和宗旨。③ 但《条约法公约》第 31 条同时规定，在对条约进行解释时应考虑其上下文的含义。《公约》全文共有 84 处提及海洋科学研究，并分别有两处涉及 "水文测量""军事活动"，这增加了对海洋科学研究之含义的理解与解释的难度。假设《公约》全文并没有提及 "水文测量" 和 "军事活动"，那么按照条约缔结的目的，以及海洋科学研究的原本含义，并结合上下文的语境来解释《公约》中海洋科学研究的含义，将不至于复杂难辨。在这种情况下，第三次海洋法会议期间相关国家、会议工作组、各团体（集团）所提交的关于海洋科学研究的草案将成为条约目的解释与善意解释原则下的佐证材料。因为根据《条约法公约》第 32 条的规定，"条约之准备工作及缔约之情况在内" 的相关文书是解释之补充材料。④ 在《公约》起草阶段，若干国家及相关工作组已经形成共识并明确提出关于海洋科学研究的定义，因此可在此基础之上进一步探究海洋科学研究的含义。

虽然《公约》对海洋科学研究的定义缺位，但其第 240 条和第 246 条分别规定，海洋科学研究指 "按照本公约专为和平目的""为

---

① 《国际法院规约》第 38 条。

② 《维也纳条约法公约》第 3 节第 31 条、第 32 条、第 33 条。

③ Mark E. Villiger, *Commentary on the 1969 Vienna Convention on the Law of Treaties*, Martinus Nijhoff Publishers, 2009, p.426.

④ Ibid., p.430.

增进关于海洋环境的科学知识以谋全人类利益而进行的科研活动"。①结合上下文及公约的目的，本书认为海洋科学研究指"为增进人类关于认知海洋的任何研究和相关实验工作，但所获知识应为和平目的而利用"。实际上，这一概念与非正式司法专家小组在1975年所提出的概念接近。通过目的解释分析可知，《公约》的宗旨对于条约文本而言是一种"最明确的表达"。②《公约》提出"海洋科学研究应当专为和平目的"，实际上是一种告诫，正如《联合国宪章》所提出的维护世界和平及安全，海洋科学研究的最终目的不能是破坏世界和平与安全，而应当是增进人类的福祉。为军事用途而进行的海洋科学研究的最终目的亦应当是实现世界的和平与发展。

根据《条约法公约》的规定，嗣后惯例亦可成为条约解释的依据，嗣后惯例不仅包括官方行为，还包括官方声明，如外交会议上的声明、法律争端过程中的声明或国内法院的判决等。除此之外，国内相关立法或为执行条约而缔结的国际协定等，均可成为嗣后惯例的来源。③有学者提出，《公约》关于海洋科学研究的规定可能为发达国家侵害发展中国家权益提供便利，发展中国家应根据本国的国情制定法律，当各国立法趋同时，可能会产生一种新的普遍适用的习惯国际法，而这种国际法所赋予研究人员的权利可能与《公

---

① 金永明：《海洋问题时评》，中央编译出版社 2015 年第 1 版，第 22 页。

② 李浩培：《条约法概论》，法律出版社 2003 年版，第 346 页。

③ International Law Commission (ILC), *Draft conclusions on subsequent agreements and subsequent practice in relation to the interpretation of treaties and commentaries thereto*, Doc. A/73/10, Commentary to Conclusion 4, para.18, see also paras.27, 28, 31, 35.

约》所赋予的权利不同。[1] 随着时间的推移，一些国家对海洋科学研究进行了专门立法或规定 [2]，但不同国家的定义不尽相同。例如，2021 年 6 月生效的韩国《海洋科学研究法》第 2 条规定："海洋科学研究指对海床、底土进行研究和勘探，以及对上覆水域及低层大气进行研究、探索和发现海洋自然现象的行为。"[3] 2017 年，加拿大在一份关于外国在加拿大的科学或探索性考察的备忘录中对海洋科学研究进行明确定义，根据该定义，海洋科学研究指为增进有关海洋、海床和底土的性质和自然过程的科学知识，在海洋环境中进行的活动。[4] 上述两国关于海洋科学研究的定义的不同点在于，前者包括勘探活动，而后者并未提及勘探活动，似乎可以理解成前者

---

[1] Jose Luis Vallarta, *Protection and Preservation of the Marine Environment and Marine Scientific Research at the Third United Nations Conference on the Law of the Sea*, 46 Law and Contemporary Problems 147 (1983), pp.147—154.

[2] 联合国教科文组织政府间海洋学委员会在其成员国间发起调查，根据调查，在受访的 72 个国家中，39 个（54%）国家有关于海洋科学研究的法律，66 个（92%）国家有关于海洋科学研究的行政管理规范。Elizabeth Tirpak, *Practice of IOC Member States in the Fields of Marine Scientific Research and Transfer of Marine Technology-An Update of the 2005 Analysis of Responses to ABE-LOS Questionnaire No.3*，available at https://oceanexpert.org/document/3569, last visited on 1-11-2022.

[3] Marine Scientific Research Act, Article 2 (Definitions) The term "marine scientific research" means conducting research, exploration, etc. into the seabed, subsoil, superjacent waters, and lower atmosphere to study and discover the natural phenomena of the sea, available at https://www.law.go.kr/LSW/eng/engLsSc.do?menuId=2&section=lawNm&query=MARINE+SCIENTIFIC+RESEARCH+ACT&x=23&y=32#liBgcolor1, last visited on 30-09-2022.

[4] Foreign Scientific or Exploratory Expeditions in Canada, Memorandum D2-1-2, Ottawa, March 20, 2017, "(MSR) means activities undertaken in the marine environment to enhance scientific knowledge regarding the nature and natural processes of the seas and oceans, the seabed and subsoil", available at https://www.cbsa-asfc.gc.ca/publications/dm-md/d2/d2-1-2-eng.html, last visited on 30-10-2022.

包括实用性科学研究。但需要注意的是，韩国《海洋科学研究法》第 3 条明确规定，该法不适用于与开发海洋矿物资源相关的海洋科学研究和勘探。[①] 综上所述，本书认为，以国内法趋同的方式形成国际惯例，从而确定海洋科学研究的确切定义这一方法存在一定难度。

四、海洋科学研究与相关概念的辨析

原美国华盛顿区法律咨询办公室 J. 阿什利·罗奇在其一篇学术论文中引用荷兰乌得勒支大学国际法教授松斯的观点，认为海洋科学研究是一个通用术语，并进一步指出，海洋科学研究不同于水文测量，不同于包括军事测量在内的军事活动，也不同于研究勘探。[②] 上述两位学者的观点体现了海洋科学研究概念之争的焦点。以下将对包括上述相关概念在内的概念进行分析与界定。

（一）海洋科学研究与海洋数据收集

1. **海洋数据收集的实践与发展概况**

海洋数据收集又称海洋科学数据收集，是在海洋中进行研究的主要表现方式或目的之一。海洋数据包括海水温度、盐度、二氧化

---

① Marine Scientific Research Act, Article 3 (Scope of Application) This Act shall not apply to research, exploration, etc. Related to projects for developing marine mineral resources, available at https://www.law.go.kr/LSW/eng/engLsSc.do?menuId=2&section=lawNm&query=MARINE+SCIENTIFIC+RESEARCH+ACT&x=23&y=32#liBgcolor1, last visited on 30-09-2022.

② J. Ashley Roach, *Marine Scientific Research and The New Law of the Sea*, 27 Ocean Development & International Law 59 (1996), pp.59—72.

碳含量、压强、洋流、海床与底土样本与成分、海底地形等方面的数据信息。传统的海洋科技实力强国及国际组织进行海洋数据收集的活动由来已久，其通过对数据的集成、共享及规范化管理，提升海洋数据的标准化发展。这些活动包括欧洲海洋资料管理基础系统、澳大利亚海洋门户项目、美国综合海洋观测系统资料管理与通信系统。[1]此外，日本的气象厅、加拿大的海洋与渔业部、法国的海洋开发研究院、韩国的海洋水产部、英国的气象局、澳大利亚的国家海洋办公室、新西兰的皇家研究所、丹麦的气象局等亦在海洋数据的采集、处理、管理、共享等方面较为领先。[2]海洋科技实力领先的国家，较为重视收集与海洋环境相关的数据，以便进一步了解与气象、气候及大气变化等相关的情况，进一步加深对海洋环境的认知。

海洋科技实力较强的国家及相关主管国际组织会主导并发起海洋数据收集的活动，以促进人类对海洋的了解，提升全球海洋治理的技术水平。例如，由世界气象组织（the World Meteorological Organization）发起的志愿船舶计划（Voluntary Observing Ship），通过招募船舶并放置数据收集设备来记录或实时传输科学数据，该计划的雏形及更早的实践可以追溯至1853年布鲁塞尔国际气象学会议。随着20世纪初无线电技术的发展，志愿船舶参与数据收集的技术手段获得提升。值得一提的是，在1929年关于采纳《国际海上人命安全公约》的会议上，专家学者曾提出鼓励海上气象工

---

[1] 祁冬梅、于婷：《IODE海洋数据共享平台建设及对我国海洋信息化进程的启示》，载《海洋开发与管理》2014年第3期，第57—61页。

[2] 杨锦坤、杨扬等：《国际海洋资料管理现状与趋势》，载《海洋开发与管理》2014年第4期，第1—3页。

作。① 目前，志愿船舶计划由世界气象组织和联合国教科文组织政府间海洋学委员会通过全球海洋观测系统的观测协调组进行。② 实际上，志愿船舶计划旨在为海洋天气预报和预警工作及近海工业企业提供预警准备、海洋咨询、未来大气状况计算模型、海洋在一段时间内（每周或每月）的状态和变化等方面的数据支持和演算依据，通常所观测的数据涵盖大气压、风速、海平面温度、浪高及海冰的范围。③

综上，海洋数据收集活动是作为国际法主体的国家及国家组织开展的与海洋科学相关的调查活动。数据的收集事项、内容、手段及用途，都与海洋科学研究有着紧密联系。

2. 海洋科学研究与海洋数据收集的关系

数据收集是海洋科学研究的直接目的和方法路径。首先，海洋科学研究是认识海洋环境的过程，通过对海洋物理、化学、地质、生物及大气环境相关数据的收集、分析，实现海洋科学研究的第一重目的，为嗣后的深入研究，以及经济、科技成果的转换提供基础数据支撑。其次，海洋科学研究需要通过收集数据或采集样本来提供必要的研究内容和研究对象。从宏观层面来看，海洋数据收集是海洋科学研究的手段，海洋科学研究是海洋数据收集的目的。当然，此种关系的界定建立在海洋数据收集的处理方式及科学推演的逻辑之上。

---

① *Voluntary Observing Ship Scheme*, available at http://sot.jcommops.org/vos/vos.html，last visited on 07-06-2023.

② *Voluntary Observing Ship Scheme*, available at http://sot.jcommops.org/vos/, last visited on 07-06-2023.

③ Seokwoo Lee, Hee Eun Lee, Lowell Bautista and Keyuan Zou, *Asian Yearbook of International Law*, Brill, 2016, pp.210—234.

国内有学者从志愿船舶的视角分析数据收集活动，分别以海洋科学研究为目的和以海洋调查为目的进行分析。[①] 前者属于海洋科学研究的范畴，《公约》第十三部分对其有较为全面的规定。而后者属于当前海洋法领域的海洋调查活动，包含水文测量和军事测量等是否属于海洋科学研究的命题，关于此问题，国内外学界均存在争议，例如，在《公约》的视角下，存在海洋数据收集活动是否应当被纳入海洋科学研究范畴的争议，与之直接相关的是沿海国的管辖权问题。关于此问题，有学者认为基于世界气象组织在 2019 年通过的第 45 号决议的内容可知，对海水温度、盐度等物理方面的数据收集应由世界气象组织进行并应用于天气预报，因而此类业务化海洋学不属于海洋科学研究的范畴。[②]

综上，海洋科学研究与海洋数据收集的关系并不必然是包含与被包含的关系，也不是上位概念与下位概念的关系。随着实践和理论的发展，两者之间的关系处于动态的变化之中，且在一定程度上呈现分离趋势。但就我国目前海洋科学研究的发展现状及海洋强国战略的实施情况而言，数据收集活动仍然属于海洋科学研究的范畴。

（二）海洋科学研究与军事测量

1. **军事活动与军事测量**

与海洋军事利用有关的武器实验、侦测活动等通常被认为受

---

① 白佳玉、李恩庆、密晨曦：《志愿船的国际法律规制及中国应对》，载《边界与海洋研究》2019 年第 1 期，第 82—98 页。

② Chuxiao Yu, *Operational oceanography as a distinct activity from marine scientific research under UNCLOS?— An analysis of WMO Resolution 45 (Cg-18)*, 143 Marine Policy 1 (2022), pp.1—8.

1963 年《部分核禁试条约》与 1971 年《禁止在海底试验核武器条约》的规制。[①]《公约》全文并未提及"军事测量"，但有两处涉及"军事活动"。我国有学者认为"军事活动包括军事测量，军事测量属于军事活动"。[②] 军事活动的内涵和外延与军事测量不同，除军事测量外，军事活动还有其他表现形式。例如，20 世纪 70 年代，美国格洛玛探索者号（Glomar Explorer）打捞 1968 年沉入海底的苏联核潜艇。[③] 尽管该军事打捞以"深海采矿项目"为名寻找锰结核，实际上是在刺探苏联军事情报，但该活动在实际上是一种军事活动。基于以上分析，可以认为军事活动包含军事测量，军事测量是军事活动中的一种。

2. 军事活动与海洋科学研究

《公约》并未对"和平利用"进行定义，只是强调不得违反《联合国宪章》第 2 条第 4 款的规定。因此一些国家认为，只要其军事活动不违反上述条款的规定，就可以进行相应的海洋科学研究活动。[④] 实际上，这种观点认为军事活动与海洋科学研究存在交集，有些军事活动，例如军事测量，通过科学设备和仪器获取海洋数据和样本，对海洋进行物理、化学和生物等海洋科学进行研究，并用

[①] 魏静芬：《海洋科学研究之法规范研究》，载《军法专刊》2006 年第 4 期，第 1—16 页。

[②] 张海文：《沿海国海洋科学研究管辖权与军事测量的冲突问题》，载《中国海洋法学评论》2006 年第 2 期，第 22—31 页。

[③] Tim Daniel, ABLOS Conference-Monaco-10-12 October 2005, Kendall Freeman speakers notes: *Legal Aspects of Marine Scientific Research (MSR) and Part XIII of the UN Convention on the Law of the Sea (UNCLOS)*, p.3.

[④] 金永明：《专属经济区内军事活动问题与国家实践》，载《法学》2008 年第 3 期，第 118—126 页。

于军事目的。当军事活动的形式是军事测量，且在整个活动中使用科学的方法对海洋进行研究并以增进对海洋的认知为目的时，此时的军事活动与海洋科学研究存在交集。换言之，部分军事活动可能属于海洋科学研究范畴，依据《公约》的规定，应受沿海国管辖。

3. 海洋科学研究与军事测量

美国的 J. 阿什利·罗奇认为，军事测量指在海洋和沿海水域开展的涉及为军事目的收集海洋数据（无论是否保密）的活动，军事测量的内容包括海洋学、海洋地质、地球物理、海洋化学、生物和声学等，测量的过程中可以使用的设备包括声速测深仪、海底测绘仪、海底抓取和取芯系统及剖面仪等。[1] 实际上，美国学者认为军事测量与海洋科学研究的最大不同在于军事测量是用于军事目的，而海洋科学研究是用于和平目的。[2] 劳尔·佩德罗左（Raul Pedrozo）教授甚至认为，军事测量活动与海洋科学研究不同，这一点已经在《公约》中明确规定。[3] 随着科技的发展，无人军用设备在军事测量等军事活动中被广泛应用，对此美国学者认为，这些无人驾驶系统当然享有豁免权。[4] 军事目的与和平目的不能作为区分军事测量与海洋科学研究的依据，我们对两者的认识应当从概

---

[1] J. Ashley Roach, *Marine Scientific Research and the New Law of the Sea*, 27 Ocean Development & International Law 59 (1996), pp.59—72.

[2] John A. Knauss, *The Effects of the Law of the Sea on Future Marine Scientific Research and of Marine Scientific Research on the Future Law of the Sea*, 45 Louisiana Law Review 1201 (1985), pp.1201—1220.

[3] Raul Pedrozo, *Military Activities in the Exclusive Economic Zone*, 97 International Law Studies Series US Naval War College 45 (2021), pp.45—52.

[4] Kraska, James, *Maritime Power and the Law of the Sea: Expeditionary Operations in World Politics*, Oxford University Press, 2011, p.283.

念本身出发。军事测量的本质是对海洋进行研究，对从海洋中获取的样本进行实验，因而属于海洋科学研究的范畴。海洋科学研究的目的可以有多种，例如商业开发、纯科学研究、工业用途与军事用途。尽管《公约》规定海洋科学研究应当用于"和平目的"，但"和平"与"军事"并不是全然对立或矛盾的。综上，军事测量属于海洋科学研究。

4. 军事测量概念之争背后的国家利益考量

事实上，美国学者的观点建立在欧美国家的海权观之上，发达国家具有一定的海上优势地位，而军事优势建构政治话语权。[①] 在这一政治逻辑之下，海洋法领域相继诞生了塞尔登的闭海论与格劳秀斯的海洋自由论。由于海权的重要性，无论军事测量是否属于海洋科学研究的范畴，其背后都存在着基于对国家利益与主权安全的考量。不同国家对待军事测量有不同的态度，因而其法律规定也不尽相同。例如，与美国不同的是，1999 年实施的《比利时北海专属经济区法案》(以下简称《比利时法案》) 对海洋科学研究进行专门规定，明确提出"任何船舶、潜艇或来自海外的装备，在比利时领海或专属经济区内开展任何形式的海洋科学研究，均应获得比利时外事部部长的批准".[②]《公约》将船舶划分为四类，分别为商船、军舰、用于商业目的的政府船舶与用于非商业目的的政府船舶。[③] 若根据

---

① Kraska, James, *Maritime Power and the Law of the Sea: Expeditionary Operations in World Politics*, Oxford University Press, 2011, p.29.

② 张海文、张桂红、黄影主编:《世界海洋法译丛：欧洲卷 I 》，张桂红、白雪等译，青岛出版社 2017 年版，第 25 页。

③《联合国海洋法公约》B 分节、C 分节。

《公约》的分类,《比利时法案》规定的"任何船舶、潜艇或来自海外的装备"应当包括军舰或军用船舶。故军舰或军用船舶应事先获得比利时官方的审批,方可进入其海域进行研究。比利时从船舶的角度进行规制,将军舰或军用船舶的测量和研究活动纳入海洋科学研究,因而获得了对军事测量等海洋科学研究活动的管辖权。这种谨慎的态度是基于海洋科学研究与军事测量的关系在国际上仍存在争议,海洋科学研究与情报搜集在特定情形下往往具有内在一致性。

综上所述,军事测量属于海洋科学研究的范畴。正如1974年特立尼达和多巴哥共和国在第三次联合国海洋法会议上所提出的,海洋科学研究的特性使之无法与纯科学研究、军事用途或其他任何海洋研究进行明确清晰的区分。[1] 即便军事测量是用于军事目的,但由于军事测量在科学方法、研究对象、研究内容等方面无法与海洋科学研究进行区分,因此军事测量属于海洋科学研究的一种。同时军事测量属于军事活动,故而海洋科学研究与军事活动之间存在交集——军事测量。评价或界定军事活动是否属于海洋科学研究须根据个案具体研判。如果将军事活动、军事测量及海洋科学研究的关系进行分析和表述,则三者的关系应如下所示(图1-1):

图1-1 军事活动、军事测量、海洋科学研究的关系 [2]

---

① A/CONF.62/C.3/L.9.

② 该图由作者根据文章分析绘制。

前美国海军战争学院劳尔·佩德罗左教授指出，在沿海国专属经济区内进行军事活动的合法性问题存在争议。一方面，包括美国在内的一些国家认为，所有国家拥有在他国领海之外进行军事活动的绝对权利；另一方面，包括印度和中国在内的国家认为专属经济区内的军事活动应当是有限的军事活动。[①] 可以明确的是根据《公约》的规定，沿海国享有对领海、专属经济区和大陆架海洋科学研究的管辖权，军事测量属于海洋科学研究的范畴，因此沿海国享有对领海、专属经济区和大陆架军事测量的管辖权。

（三）海洋科学研究与水文测量

1. "水文测量"的含义

美国国家海洋和大气局（NOAA）在 1834 年进行了第一次水文测量[②]，这一时间早于世界公认的现代海洋科学研究开始的时间。然而，《公约》并未对水文测量的含义进行明确。《国际海道测量词典》将"水文测量"定义为以确定与水体相关的数据为基本目的的调查，可能包括水深、海底的构造和性质、水流的方向、潮汐和水位的高度和时间，以及导航所需的地形要素和固定物体的位置。[③] 国外学者罗伯特（Robert）认为水文测量属于海洋学的范畴，根据《国际海道测量词典》的定义，海洋学是应用科学的一个分支，用

[①] Raul Pedrozo, *Military Activities in the Exclusive Economic Zone*, 97 International Law Studies Series US Naval War College 45 (2021), pp.45—52.

[②] National Oceanic and Atmosphere Administration (NOAA), *History of Hydrographic Surveying*, available at https://nauticalcharts.noaa.gov/learn/history-of-hydrographic-surveying.html，last visited on 10-11-2022.

[③] International Hydrographic Organization, *Hydrographic Dictionary*, Special Publication No.32, (1994), p.237.

以研究、测量和描述海洋、沿海地区、湖泊和河流的物理特征，并预测它们随时间流逝而产生的变化，其主要目的是保障航行安全和支持所有其他海洋活动，包括经济发展、国家安全与防御、科学研究和环境保护。[①] 国际法协会美国分会的海洋法委员会认为，在《公约》的语境下，"水文测量"是一种测量和描绘必要参数的科学，具体指获取海床和沿海地带的确切性质和形态、海洋与陆地的地理关系，以及海洋动态特征参数的方式。该委员会进一步指出，当为了确定构成基线或基点的特征及其地理位置时，可能需要进行"水文测量"。[②] J. 阿什利·罗奇认为，"水文测量"指对海洋水文数据的收集，以制作用于安全航行的航海图。[③] 因此，水文测量是一种通过对所获取的数据进行分析、研究和使用的科学研究。

2.《公约》视角下水文测量、军事测量及海洋科学研究关系的争议

《公约》第 21 条关于领海无害通过的规定中，提及沿海国对海洋科学研究与水文测量享有专属管辖权，用于国家航行的海峡一章中的第 40 条也规定了海洋科学研究和水文测量活动须经海峡沿岸国事先同意。基于此，以美国和英国为代表的一些发达国家认为，水文测量不属于海洋科学研究[④]，并认为在专属经济区进行水文测

---

① Hance D. Smith, Juan Luis Suárez de Vivero, and Tundi S. Agardy, *Routledge handbook of ocean resources and management*, Routledge, 2015, p.462.

② George K. Walker, *Definitions for the law of the sea: terms not defined by the 1982 Convention*, Martinus Nijhoff Publishers, 2012, pp.227—228.

③ J. Ashley Roach, *Marine Scientific Research and The New Law of the Sea*, 27 Ocean Development & International Law 59 (1996), pp.59—72.

④ S. Bateman, *Hydrographic surveying in the EEZ: differences and overlaps with marine scientific research*, 29 Marine Policy 163 (2005), pp.163—174.

量是航行自由的一部分，是合法使用海洋资源的行为。[1] 有学者进一步指出，这种观点是基于 1974 年《国际海上人命安全公约》对缔约国提出的要求，即缔约国收集水文数据时应发布安全航行所需的航海信息。[2] 与上述观点类似，美国劳尔·佩德罗左教授认为，《公约》虽未明确定义海洋科学研究与水文测量，但其相关条款及第十三部分的规定，已经足够明确地将海洋科学研究、水文测量及军事活动相区分。此外，水文测量明显属于关于海洋的其他合法用途，不应当受到沿海国专属经济区管辖权的支配，因此，专属经济区内的水文测量应当受公海航行自由的保护。[3] 与上述观点不同，日本海洋法学者田中吉文认为，虽然水文测量通常是为和平目的进行的，但这种测量收集的数据也可用于军事目的，因此，海洋科学研究、水文测量和军事测量之间的区别并不明显。[4] 亦有学者指出，水文测量所收集的数据可能用于商业目的，因此根据《公约》第56 条第 1 款（a）(ii）的规定，水文测量应当受沿海国管辖，活动的开展应当获得沿海国同意。[5] 与田中吉文的观点有相似之处，穆克吉认为海洋科学研究、水文测量和军事测量活动本质相同，仅在目的、动机上有所不同，因此水文测量和军事测量都属于海洋科学

---

[1] J. Ashley Roach, *Excessive Maritime Claims,* 4th edition, Brill, 2021, pp.492—493; A. H. A. Soons, *Marine Scientific Research and the Law of the Sea,* Kluwer, 1982, pp.125—157.

[2] Robin Churchill, Vaughan Lowe and Amy Sander, *The law of the sea,* 4th edition, Manchester University Press, 2022, p.1142.

[3] Raul Pedrozo, *Military Activities in the Exclusive Economic Zone: East Asia Focus*, 90 International Law Studies Series US Naval War College 514 (2014), pp.514—543.

[4] Yoshifumi Tanaka, *the International Law of the Sea*, 2th edition, Cambridge University Press, 2015, p.820.

[5] S. Bateman, *Hydrographic surveying in the EEZ: differences and overlaps with marine scientific research*, 29 Marine Policy 169 (2005), pp.169—170.

研究的范畴。[①]

实际上，上述学者对水文测量与海洋科学研究的关系有三种不同的主张。第一种主张以美国劳尔·佩德罗左为代表，认为水文测量不属于海洋科学研究，专属经济区内和大陆架上的水文测量属于航行自由的内容，不受沿海国管辖；第二种主张以日本海洋法学者田中吉文为代表，认为水文测量与海洋科学研究并没有明显的区分界限，两者可能存在重叠与交叉；第三种主张以穆克吉为代表，认为水文测量属于海洋科学研究的内容。

本书的观点与第三种主张一致。虽然关于水文测量的含义及其目的和动机存在不同的观点，关于沿海国对在专属经济区内和大陆架上开展的水文测量是否有管辖权也存在不同的主张，但根据相关组织对水文测量的定义可知，水文测量属于海洋科学研究活动的范畴，因此根据《公约》的规定，沿海国对领海、专属经济区内和大陆架上的水文测量具有管辖权。

（四）海洋科学研究与海洋勘探开发

1. 海洋勘探开发的含义

"勘探"是"查明地基岩土性质和分布、采集岩土试样或进行原位测试时采用的基本手段，勘探可分为钻探、井探、槽探、洞探和地球物理勘探等"。[②] 勘探开发的对象通常有石油与天然气、金属与煤炭等资源。海洋勘探开发指对大陆架或海底区域进行的勘探和开发，通常使用海上钻井平台等人造设施。海洋勘探开发分为两

---

① P. K. Mukherjee, *The Consent Regime of Oceanic Research in the New Law of the Sea*, 5 Marine Policy 98 (1981), pp.98—100.

② 陈晓平:《土力学与地基基础》，武汉理工大学出版社 2019 年版，第 100 页。

个阶段，即海上勘探与海上开发。海洋勘探使用的设备、方法与海洋科学研究有类似之处，均可能涉及人工设施和结构的建造。《公约》第 56 条第 1 款明确规定了沿海国对专属经济区内人工设施和结构的管辖权，第 80 条规定了沿海国对大陆架上人工设施和结构的建造管辖权，第 246 条规定了沿海国对在专属经济区内和大陆架上涉及人工设施和结构建造的海洋科学研究享有斟酌决定权。因此海洋勘探开发活动可能受到《公约》的规制。

2. 海洋科学研究与海洋勘探开发的关系

从勘探开发的手段与方式等角度分析可知，勘探开发的过程离不开科学研究及科学技术的支持。在某些情况下，科学研究是勘探开发的前提，并可能伴随着勘探开发的全过程。《公约》第十三章规制的是海洋科学研究，明确指出沿海国对于涉及大陆架的钻探、炸药使用等方面的海洋科学研究有斟酌决定权。而海洋勘探开发可能涉及大陆架的钻探与使用，其考量基础是经济利益。例如，对天然气水合物的勘探开发不仅关系到温室效应、海洋地质灾害的加剧，以及船舶能源开发与军事防御等活动的开展，还可能对地质学、环境科学和能源工业产生一定的影响。[①] 勘探开发通常有一个完整的上下游产业链。学者罗奇认为海洋科学研究不同于勘探开发[②]，也就是说《公约》中的海洋科学研究不包括与海洋勘探开发相关的部分。与之类似，有学者提出无论是应用型还是资源导向型

---

① 蒋国盛、王达、叶建良等：《天然气水合物的勘探与开发》，中国地质大学出版社 2002 年版，第 2 页。

② J. Ashley Roach, *Marine Scientific Research and The New Law of the Sea*, 27 Ocean Development & International Law 59 (1996), pp.59—72.

勘探开发活动，都不符合公开发表的条件[①]，因而海洋科学研究与海洋勘探开发不同。而根据《公约》第 249 条第 2 款的规定，沿海国可以依据《公约》第 246 条的规定，把要求申请国公开在专属经济区或大陆架勘探和开发自然资源的相关研究成果作为斟酌同意的条件，而第 246 条规定是《公约》对在专属性经济区内和大陆架上开展海洋科学研究的核心规定，因此，从《公约》的视角分析，海洋勘探开发可被归为海洋科学研究活动。

海洋勘探开发能力是一国海洋科学研究综合实力的体现。海洋综合实力强大的国家在推动本国海洋科学研究的过程中，不仅给予资金支持，还通过制定政策保障海洋勘探开发和海洋科学研究的发展。一方面，海洋科学研究为海洋勘探开发提供技术保障；另一方面，海洋勘探开发为深远海海底钻探取样等海洋科学研究积累技术经验。例如，美国在 20 世纪 70 年代大力开发大陆架油气资源，一方面为开采深海矿物做准备，另一方面加强了生物资源开发的能力。[②] 海洋科学研究与海洋勘探开发在实践中有着紧密的联系。综上所述，海洋勘探开发在特定情形下受《公约》规制，并与海洋科学研究联系紧密。

本章小结

本章以海洋科学研究活动的兴起与发展为切入点，介绍海洋科

---

① Lucius Caflisc, Jacques Piccard, *The Legal Regime of Marine Scientific Research and the Third United Nations Conference on the Law of the Sea*, 38 Heidelberg Journal of International Law 848 (1978), pp.848—901.

② 张继先:《美国海洋科学发展的历史概况》，载《海洋科技资料》1978 年第 3 期，第 1—27 页。

技强国美、俄、英三国海洋科学研究的发展历程，从侧面反映了海洋科学研究活动的特点，为第二节进行海洋科学研究的概念阐释作铺垫。此外，中国的海洋科学研究活动随着新中国的成立逐渐起步并不断发展，中国也由此成为世界上重要的海洋科学研究大国。

本章对海洋科学研究概念的阐释从四个层面进行。

第一，海洋科学研究的基本内涵。关于海洋科学研究基本内涵的阐释分为两方面，一方面是海洋科学研究的语义理解。本章分别通过韦氏大学词典、牛津英语词典和布莱克法律词典对海洋科学研究的相关分解概念进行分析，从语义解释的视角可知海洋科学研究指为获取与海洋有关的理论、知识，通过采用科学的方法与工具而对海洋进行的系统的仔细调查或探究。另一方面，本章通过对海洋科学研究的客体与对象进行学科分类，进一步加深了对海洋科学研究的内容与范畴的理解，也有助于对《公约》视角下海洋科学研究的含义进行理解。

第二，对《公约》视角下海洋科学研究的含义进行解析。一方面，在《公约》的制定过程中，多个国家或团体针对海洋科学研究的概念提交了提案，本章对相关国家的提案进行分析和阐释，发现不同提案对海洋科学研究的定义存在差异。另一方面，进一步分析主要国家对海洋科学研究的定义存在的差异，这些差异集中体现在《公约》规定的海洋科学研究概念是否包括一切海洋科学研究，即涵盖纯粹性海洋科学研究、应用性海洋科学研究，以及军事用途的海洋科学研究。

第三，通过条约解释规则对海洋科学研究的概念进行分析。从《国际法院规约》和《条约法公约》的规定出发对海洋科学研究的概念进行界定，明确了应当从语义解释、目的解释和善意解释的角度对海洋科学研究的概念进行解释。

第四，通过对"数据收集""军事测量""水文测量"及"海洋勘探开发"等概念与海洋科学研究内涵的分析，进一步明晰海洋科学研究的内涵与外延。海洋科学研究指运用科学的方法，通过相关仪器、设备获取来自海洋的数据与样本，提高人类对海洋环境的认知水平的行为。

第二章 《联合国海洋法公约》对海洋科学研究的规制

1982 年《公约》的第十三部分对海洋科学研究作出专门规定，分为六节共 28 条内容，分别从一般规定、一般原则及促进海洋科学传播、空间区域不同海域的规制、不同海域内科学研究设施或装备的使用条件，以及争端解决等方面进行规定。《公约》从空间视角、整体视角等不同层面对海洋科学研究的各方面责任进行了规定，较为全面和完整地对海洋科学研究进行规制，但在一定程度上具有国家主权权利向海洋自由妥协的特征。不同海域内，沿海国的管辖权存在差异。例如，内水和领海属于国家领土的范畴，沿海国对海洋科学研究享有完整的管辖权，在上述海域内开展海洋科学研究应完全遵守《公约》第 245 条的规定，即必须事先取得沿海国明示同意。在专属经济区内和大陆架上开展的海洋科学研究应当遵守的规定与在领海内应遵守的规定有较大差异，一方面，开展研究应事先经过沿海国同意，沿海国通常情况下应当同意，另一方面，若存在第 246 条第 5 款规定的情形，则沿海国可斟酌决定，拒不同意。根据《公约》规定，在专属经济区内和大陆架上开展海洋科学研究的制度性规定较领海的相关规定更为复杂，同时饱受争议。在公海内，各国、各国际组织和国际海底管理局均享有开展海洋科学研究的自由；而在国际海底区域，海洋科学研究须在以和平为目的、为全人类谋利益的前提下方能展开。

第一节　对海洋科学研究的原则性规定

《公约》第十三章第 1 节和第 2 节分别是海洋科学研究的一般规定及国际合作原则。其中一般规定通常被认为是进行海洋科学研究的一般原则，国际合作原则属于促进海洋科学技术发展与传播的原则。

一、缔约国的基本权利和义务

《公约》第十三章前两节的 7 个条文规定了海洋科学研究的基本原则，赋予所有国家进行海洋科学研究的权利，但这种权利并非绝对权，各国应当以和平为目的开展研究活动，同时应当为海洋科学研究提供便利。

根据《公约》第238条的规定，所有国家（all states）及各主管国际组织（competent international organizations）均享有海洋科学研究的权利。根据《公约》文本的含义，这里的所有国家应当包括非缔约国，因为此处关于国家的范围并未使用所有缔约国（all states parties）这样限定范围的表述。另一个被赋予海洋科学研究权利的主体是各主管国际组织，该称谓出现在第二及第三委员会编写的条款中，但《公约》并未对该主体称谓进行定义。① 在草案的起草过程中,有提案建议将自然人或法人纳入第238条规定的主体范围中,但最终未获通过。② 会议期间,有学者提出应当根据《条约法公约》,将各主管国际组织的范围限定于政府间国际组织 ③,但最终非政府组织被认为在符合相关条件的情况下,亦可成为享有海洋科学研究权利的适格主体,可以从事海洋物理、化学、生物等方面的研究工作。④

一方面,适格主体对该权利的行使需要在其他国家的权利和义务的限制下进行。美国学者迈伦·H. 诺德奎斯特(Myron H. Nordquist)认为,进行海洋科学研究的权利不是绝对的,应当受"其他国家的权利和义务"的限制。⑤ 另一方面,沿海国在对大陆架行使主权权利时,有义务不无理干涉其他国家的其他权利和自由,包括第三国进行海洋科学研究的权利。⑥ 一言以蔽之,海洋科学研究是《公约》赋予所有国家的权利,而与权利相对应的是义务,因此各国在行使海洋科学研究之权利的同时应当受沿海国法律法规、相关国际条约的约束,并适当顾及他国的利益。

综上所述,相关国际法主体所享有的海洋科学研究的权利并非绝对权。

---

① [美] 迈伦·H. 诺德奎斯特:《1982 年〈联合国海洋法公约〉评注》,吕文正、毛彬译,海军出版社 2018 年版,第 428 页。

② A/AC. 138/SC. III/L.45, A/CONF.62/C.3/L.13.

③ George K. Walker, John E. Noyes, *Definitions for the 1982 Law of the Sea Convention*, 32 California Western International Law Journal 343 (2002), pp.343—386.

④ [美] 迈伦·H. 诺德奎斯特:《1982 年〈联合国海洋法公约〉评注》,吕文正、毛彬译,海军出版社 2018 年版,第 428 页。

⑤ 同上。

⑥ Alexander Proelss, München, *United Nations Convention on the Law of the Sea: A Commentary*, Nomos Verlagsgesellschaft, 2017, p.1614.

《公约》第 239 条明确规定各国各主管国际组织应当促进和便利海洋科学研究。关于该条的内容,哥伦比亚、萨尔瓦多、墨西哥和尼日利亚曾提出案文,主要内容为"各国应尽力促进、便利和合作发展和进行海洋科学研究"。[①] 非正式单一协商文件中曾规定"各国不仅应为其本国利益,还应为国际社会的利益促进和便利研究",不过这一规定遭到了沿海国家的反对,因其削弱了沿海国对海洋科学研究的管控。[②] 但最终《公约》确认了为海洋科学研究提供便利的原则。实际上,《公约》第 243 条规定的"为海洋科学研究创造有利条件"与第 244 条规定的"应当公布和传播海洋科学研究获取的情报和知识"的义务都是为海洋科学研究提供便利原则的内涵。此外,《公约》第 247 条规定的推定同意制度旨在为国际组织进行或主持的海洋科学研究计划提供便利。便利海洋科学研究原则不仅体现在《公约》第十三部分,还穿插于第 21 条、第 56 条、第 80 条、第 143 条规定中。

在第三次联合国海洋法会议召开前,联合国大会的一系列决议均有涉及海洋科学研究的内容,其中第 2749 号决议提出鼓励各国在科学研究方面开展合作,通过国际渠道发布研究计划,并促进研究成果的交流与传播,促进各国在专门用于和平目的的科学研究方面开展国际合作。[③] 该决议被认为是和平目的原则的来源和出处,最初被用于国家管辖范围外海床和底土的开发和利用。

---

① A/CONF.62/C.3/L.29.

② [美] 迈伦·H.诺德奎斯特:《1982 年〈联合国海洋法公约〉评注》,吕文正、毛彬译,海军出版社 2018 年版,第 431 页。

③ UN General Assembly, *Declaration of Principles Governing the Sea-bed and the Ocean Floor, and the Subsoil Thereof, beyond the Limits of National Jurisdiction*, A/RES/2749(xxv), Dec.17, 1970.

　　《公约》第 240 条规定了海洋科学研究的一般原则。首先，海洋科学研究应专为和平目的。包括中国在内的发展中国家坚持认为海洋科学研究应专为和平目的进行。[①] 此处的专为和平目的与《公约》第 19 条、第 40 条、第 45 条、第 52 条及第 54 条规定有密切的联系 [②]，体现了一种限制与制衡的关系。其次，海洋科学研究应当以符合公约规定的适当科学方法和工具进行。例如，国际法院在 1976 年的爱琴海大陆架案中提出，应当禁止用爆炸物在大陆架进行勘探研究，以免造成不可弥补的损害。[③] 在该案中，炸药被认为是不适当的工具和方法。再次，海洋科学研究应当得到尊重且不受不当干扰。最后，海洋科学研究活动不仅应当受到《公约》关于保护和保全海洋环境的规制，还应当受到《公约》所规定的相关所有章节与条款的规制。

　　《公约》第 241 条规定海洋科学研究活动不应当构成对海洋环境任何部分或其资源的任何权利主张的法律根据。最早提出这一原则的国家是加拿大，随后若干东欧国家和社会主义国家分别针对这一原则作出提案 [④]，不同的是，加拿大的提案强调海洋科学本身不能构成对国家管辖范围外的任何开发权或任何其他权利主张的法律根据；后者强调科学研究活动本身不应构成对海洋环境任何部分或其资源的任何权利主张。[⑤] 基于以上，海洋科学研究既不能构成对

---

① 王泽林：《极地科考与海洋科学研究问题》，上海交通大学出版社 2015 年版，第 51 页。

② ［美］迈伦·H. 诺德奎斯特：《1982 年〈联合国海洋法公约〉评注》，吕文正、毛彬译，海军出版社 2018 年版，第 439 页。

③ 刘楠来：《国际海洋法》，海洋出版社 1986 年版，第 426—427 页。

④ ［美］迈伦·H. 诺德奎斯特：《1982 年〈联合国海洋法公约〉评注》，吕文正、毛彬译，海军出版社 2018 年版，第 443—444 页。

⑤ A/AC.138/SC.III/L.53.

国家管辖范围外的任何开发权等权利主张的法律根据，亦不能构成对海洋权利主张的法律依据。①

二、国际合作基本原则

《公约》第 242 条规定了关于促进国际合作的内容。其中第 1 款规定，适格的海洋科学研究主体应当在尊重主权、管辖权与互利的基础上为和平目的展开合作，这一规定实际上与中美两国的提案有较大的关联度。中国在 1973 年的一份提案中提出"所有国家应在相互尊重主权以及平等互利的基础上，促进海洋科学研究的国际合作"；②而美国提出，"各国应专为和平目的促进科学研究的国际合作"。③观察中美两国的提案及《公约》的最终规定可以看出，正式条文的规定涵盖了中美两国提案的内容。所有国家都应当促进海洋科学研究的合作与发展，以合作谋发展，以发展促合作。海洋科学研究是一项集资金、技术、科学家等于一体的综合性研究活动。从资金与技术的角度来讲，加强国际合作有利于拥有技术和科研人员的国家获得资助，也有利于缺乏技术和科研人员的国家提升对海洋的认知水平。因此，加强海洋科学研究的国际合作是互利共赢的。

《公约》第 243 条和第 244 条分别规定了创造有利条件、公布和传播情报及知识来促进海洋科学研究发展的原则。这些原则既是各国履行公约义务的最低限度，亦是国际合作的原则。公布和传播

① 《联合国海洋法公约》第 241 条。
② A/AC.138/SC.III/L.42.
③ A/AC.138/SC.III/L.44.

海洋科学研究的知识是对知识的分享。开展海洋科学研究的国家将其所获取的数据与样本妥为公布，其他国家可以通过共享的方式获取相关数据与样本，避免重复研究造成资源浪费。因此，创造有利条件、公布和传播情报及知识来促进海洋科学研究的发展是一种有利的国际合作。

第二节　对领海海洋科学研究的规制

《公约》对领海海洋科学研究的规定，集中体现在《公约》第十三部分第 245 条规定中，即在领海内开展海洋科学研究，应当事先经过沿海国的明示同意。

一、事先经沿海国明示同意

《公约》中并没有关于内水海洋科学研究制度的直接规定，但是其中第 2 条规定，"沿海国的主权及于其陆地领土及其内水以外邻接的一带海域"。[①] 由此可知，在地理方位上，领海紧邻内水并位于内水外缘，在主权权利上，领海享有同内水一致的权利，因此内水与领海同属于一国主权管辖范围内的水域。《公约》第 245 条对领海内的海洋科学研究进行专门规定，强调了沿海国对领海内的海洋科学研究的相关规定、准许和管理属于主权范围内的专属权

①《公约》第 2 条规定中关于领海及其上空、海床和底土的法律地位的内容有："1. 沿海国的主权及于其陆地领土及其内水以外邻接的一带海域，在群岛国的情形下则及于群岛水域以外邻接的一带海域，称为领海；2. 此项主权及于领海的上空及其海床和底土；3. 对于领海的主权的行使受本公约和其他国际法规则的限制。"

利，因此领海内的海洋科学研究必须经沿海国的明示同意方可进行。《公约》第21条规定的领海无害通过制度也明确了沿海国对海洋科学研究享有专属管辖权。

在关于领海内海洋科学研究制度的规定的起草制定过程中，各国从不同立场对构建何种领海内的海洋科学研究制度表达了不同观点。加拿大明确提出应经沿海国明确同意方可进行，中国及若干拉美国家的提案明确认可并采纳了加拿大的提案；美国则从便利科学研究的角度对沿海国的主权权利进行一定限缩，即要求沿海国为领海内的海洋科学研究提供便利和允许研究船进入其港口。[①]经过不断的讨论和研究，《公约》最终确立了沿海国对领海内海洋科学研究的专属管辖权，其他国家开展研究前必须获得沿海国的明示同意。

实际上，内水和领海内的海洋科学研究必须事先取得沿海国的同意，这一规定基本得到了公约缔结国与包括美国在内的非缔约国的同意，并在其国内法和国家实践中予以确定并被不断印证。譬如，保加利亚《海洋空间管理法》第54条规定，在内水或领海开展海洋科学研究必须事先获得保加利亚内阁的授权并符合内阁规定的条件。[②]事先获得沿海国的同意是沿海国对本国国家主权权益的维护，是《公约》赋予沿海国的一项权利。保加利亚通过制定法律法规的方式明确了这一项权利，经过保加利亚政府事先同意的海洋科学研究才能在遵守《公约》及保加利亚法律法规的前提下开展。

---

① ［美］迈伦·H.诺德奎斯特：《1982年〈联合国海洋法公约〉评注》，吕文正、毛彬译，海军出版社2018年版，第469—470页。

② 张海文、张桂红、黄影主编：《世界海洋法译丛：欧洲卷Ⅰ》，张桂红、白雪等译，青岛出版社2017年版，第47页。

有些国家的法律未明确规定这一项权利，但根据语义解释或目的解释，也可以认为在其内水或领海内的海洋科学研究应当事先获得其政府相关部门同意。例如，法国1985年通过《管理通过法国领水的外国船舶的法令》，其中第3条规定提出外国船舶如果在其领水内从事"研究调查"活动，则被视为"危害和平、良好秩序与国家安全"，不属于无害通过。① 根据法国上述法令的规定，从法律解释的角度分析，可知调查活动应当包括水文测量在内，调查活动是海洋科学研究的一种外在表现。法国《管理通过法国领水的外国船舶的法令》第3条的规定，一方面明确了在其内水或领海内开展的海洋科学研究活动应当事先获得法国政府相关部门的明示同意，否则视为违法行为；另一方面用法律法规的形式从侧面证成了海洋科学研究与国家安全的关系，未经法国政府相关部门的事先同意而开展海洋科学研究活动，会被视为危害和平与安全的行为。

二、对领海海洋科学研究的规制受科技挑战

根据《公约》第245条的规定，在领海内进行海洋科学研究应事先获得沿海国的明示同意；根据《公约》第19条第2款（J）的规定，在领海内进行研究或测量活动被视为损害和平或安全的行为，不属于无害通过；《公约》第21条第1款（g）规定，沿海国可以依据《公约》或其他国际法规则，制定关于海洋科学研究和水

---

① 张海文、张桂红、黄影主编：《世界海洋法译丛：欧洲卷Ⅰ》，张桂红、白雪等译，青岛出版社2017年版，第260—261页。

文测量的法律和规章。上述规定具有前后一致性，且明确了领海内海洋科学研究不属于无害通过行为，领海内的海洋科学研究须由沿海国专属管辖。《公约》第 240 条明确规定海洋科学研究应当以适当的方法和工具进行，但何谓适当，《公约》并未作进一步阐释。且随着科技的发展，海洋科学研究的方式更加多样化，这提高了沿海国认定无害通过的难度。一些沿海国通过对船舶进行严格检查来确保船舶不存在包括海洋科学研究在内的非无害通过行为，有学者认为此种严苛的检查方式在事实上侵犯了船舶所享有的无害通过权。①

除此之外，有学者认为，无人水面航行器可以被归类为"船只"，无人水下航行器可以被描述为"潜艇"，无人空中航行器可以被归为"飞机"，因此，无人驾驶飞行器享有广泛的权利和自由，这些权利和自由与适用于船只、潜艇和飞机的权利和自由完全相似，且根据《公约》的规定，无人系统不受其约束。② 按照该学者的观点，在领海内使用上述无人设备进行海洋科学研究将不受沿海国的专属管辖。本书认为上述观点属于学术观点，且该观点存在较大漏洞。首先，上述分类未必合适，而且其分类依据缺乏论证；其次，虽然《公约》并没有对无人水面航行器等无人设备进行直接规定，但是《公约》第 240 条的规定足以认定上述无人设备在作为海洋科学研究的辅助工具时，应当受《公约》的规制；最后，如果沿

---

① Florian H. Th Wegelein, *Marine Scientific Research: The Operation and Status Research Vessels and Other Platforms in International Law*, Martinus Nijhoff Publishers, 2005, pp.224—225.

② Kraska, James, *Maritime Power and the Law of the Sea: Expeditionary Operations in World Politics*, Oxford University Press, 2011, p.282.

海国的法律对上述设备进行约束，那么在领海内使用上述无人设备的国家或国际组织不仅应当遵从《公约》的规定，还应当遵守沿海国的法律。

综上所述，科技的发展为沿海国在领海内进行海洋科学研究管理带来挑战，主要体现在发现和管理无人设备的能力方面，即如何使无人设备在领海无害通过。当上述问题反映在政治层面时，则表现为对国家主权权利的侵害。沿海国如何平衡所有国家及各主管国际组织的海洋科学研究的权利与无害通过权之间的关系，则成为应对这一挑战的关键。

第三节　对专属经济区与大陆架海洋科学研究的规制

在专属经济区内和大陆架上开展海洋科学研究的规制问题是第三次海洋法会议讨论的热点议题之一。[①]一些国家认为，对专属经济区内海洋科学研究的限制犹如针对传统海洋自由原则的枷锁；另一些国家则极度担忧上述国家以海洋科学研究为掩护进行情报收集，获取经济利益。[②]这些国家之所以有不同的观点，主要是基于对海洋科学知识获取能力和研究能力的不对等。实际上，在专属经济区内和大陆架上开展海洋科学研究是科学研究走向深远海的基础，以美国为代表的海洋科研强国尤为重视大陆架

---

① Zou Keyuan, *Governing Marine Scientific Research in China*, 34 Ocean Development and International Law 1 (2003), pp.1—28.

② *The United Nations Convention on the Law of the Sea*（*A Historical Perspective*）, https://www.un.org/Depts/los/convention_agreements/convention_historical_perspective.htm#Marine%20Scientific%20Research, last visited on 09-07-2023.

上的海洋科学研究活动。《公约》规定了专属经济区内和大陆架上的海洋科学研究活动应当经沿海国同意，同时规定了沿海国的斟酌决定权，以及申请开展海洋科学研究的国家的推定默示同意权。《公约》的规定引起了学界的争议，不同国家对此也持不同的态度。

一、《联合国海洋法公约》对申请制度的规定存在争议

（一）规定应事先经沿海国同意

《公约》对在专属经济区内和大陆架上进行海洋科学研究予以规定，主要体现在第 246 条第 2 款与第 5 款规定中，即事先同意制度与斟酌决定权。斟酌决定的内容主要基于以下五个方面：（1）与勘探有直接关系或涉及大规模的经济性开发；（2）对大陆架的深度扰动，例如，使用钻探的方式或涉及炸药的使用；（3）涉及海洋环境污染或破坏的问题；（4）与专属经济区内和大陆架上涉及海洋科学研究的工程或设施的建造等相关问题；（5）申请国或国际组织未履行《公约》第 248 条规定的义务，或申请国或国际组织对沿海国负有未履行的义务。

除在内水和领海中须取得沿海国的明示同意外，专属经济区内和大陆架上的海洋科学研究同时存在事先同意、默示同意与推定同意制度。《公约》第 252 条明确规定，各国可根据第 248 条的规定，在向沿海国提供必要的情报之日起六个月后开始进行海洋科学研究，除沿海国在收到情报通知的四个月内已依据第 246 条规定明确予以拒绝，或对其情报通知与科研计划明确提出异议之外。关于这一规定，不同国家有不同的立法及相关文件，国家实践亦不相同，

此问题长期存在争议。

（二）规制存在争议

一方面，《公约》中缺失海洋科学研究的概念，导致海洋科学研究的内涵和外延存在争议。另一方面，《公约》赋予沿海国享有对其管辖范围内专属经济区内和大陆架上的海洋科学研究的斟酌决定权。① 上述两个因素共同影响专属经济区内和大陆架上海洋科学研究的管辖权问题及相关争议问题。

第一个争议的焦点是何谓海洋科学研究，这关系到沿海国对在其专属经济区内和大陆架上进行的相关活动是否享有管辖权的问题，特别是对于相关活动的属性判断问题关系到其是否可被归类为海洋科学研究，这决定了沿海国是否可以按照《公约》的规定对其进行管理。关于该问题，学界也存在较大争议。美国华盛顿区法律咨询办公室罗奇在一篇学术论文中引用荷兰乌得勒支大学国际法教授松斯的观点，并进一步认为海洋科学研究是一个通用术语，不同于水文测量，不同于包括军事测量在内的军事活动，也不同于研究探矿和勘探。②

第二个争议的焦点是《公约》第 246 条规定赋予沿海国的斟酌决定权，以及第 252 条规定的默示同意制度。具体而言，虽然前者规定了专属经济区内与大陆架上的海洋科学研究应经过沿海国同意，但后者赋予了申请在沿海国专属经济区内和大陆架上开展海洋科学研究的国家推定沿海国默示同意的权利。这在实际上削弱了沿

---

① 《联合国海洋法公约》第 246 条第 5 款。

② J. Ashley Roach, *Marine Scientific Research and The New Law of the Sea*, 27 Ocean Development & International Law 59 (1996), pp.59—72.

海国对专属经济区和大陆架的管辖权，也即沿海国对在其本国专属经济区内和大陆架上开展的海洋科学研究活动所享有的管辖权存在瑕疵，是不完整非闭环的管辖权。在特定情形下，申请国可以在符合时间等条件的情况下，推定沿海国默示同意申请者进入沿海国的专属经济区和大陆架，以开展海洋科学研究。尽管《公约》的规定是基于促进海洋科学研究的发展和为海洋科学研究提供便利而制定，但可能给一些国家擅自进入他国专属经济区和大陆架开展海洋科学研究提供"合法依据"，使得沿海国承担主权权益被侵犯的风险。因此，一些沿海国一方面极力反对该项默示同意制度；另一方面，通过制定国内法，将在专属经济区内和大陆架上开展海洋科学研究活动应当事先经过沿海国明示同意的制度固定下来。

二、不同国家立法与《联合国海洋法公约》的规定不一致

尽管《公约》已经对沿海国在专属经济区内的海洋科学研究的管辖权作出相关规定，但是各国对专属经济区内与大陆架上进行的海洋科学研究应当经沿海国"事先明示同意"还是"默示同意"仍然存在较大争议。各国在考虑本国主权及国家战略安全等因素的基础上，在其本国国内法中予以规定，相关国家在国内法中所规定的具体内容，在事实上反映了本国的基本立场与战略考量。本部分主要通过对各国法律的梳理，分析各国对专属经济区内海洋科学研究的法律规定，所选取的国家以其所属的大洲为依据进行分类，力图对主要大洲与相关国家的法律规定进行全面的考察分析。表格部分对主要国家对在专属经济区内和大陆架上开展海洋科学研究的规制

及其所体现的国家态度进行归类分析，根据不同国家的规定，主要体现为主张事先明示同意和事先同意、默示同意与推定同意两种结论。

（一）欧洲国家对专属经济区内和大陆架上海洋科学研究的规定

欧洲相关国家的法律对海洋科学研究的规定可以分为四类：（1）实际的明示同意；（2）事先同意与一定情形下的默示同意；（3）确定的事先同意制度，但是否接受默示同意制度并不明确；（4）严格的事先同意制度与有限的默示同意制度。

瑞典、摩纳哥、波兰和罗马尼亚的法律在实际上明确了在其专属经济区内或大陆架上进行海洋科学研究应当事先获得其政府的同意，即上述国家的法律规定是实际的明示同意制度。得出这一结论是因为上述国家的法律规定当中均用"须同意""方可"的文字表述。文义解释是法律解释常用的方法之一，根据这一表述可知，未获得上述国家当局的同意的主体，不得进入该国所管辖的海域从事海洋科学研究。

挪威关于海洋科学研究的法律规定与《公约》一致，即通常情况下的事先同意制度及满足特定情形的默示同意制度。冰岛和芬兰明确了其专属经济区内的海洋科学研究应事先获得其主管部门同意，但是否实行默示同意制度，其态度并不明确。俄罗斯的法律规定比较特殊，其事先同意制度较《公约》中的规定更为严格，《公约》第246条第5款规定了四种斟酌决定的情况，而《俄罗斯联邦大陆架法》（以下简称《俄大陆架法》）第25条关于拒绝同意规定了包括对俄联邦的安全造成或可能造成威胁在内的六项情形，还规定了提供信息不实和有先前未尽义务的主体之申请会被拒绝，这大大超出了《公约》第 246 条第 5 款的规定范围；值得一提的是，《俄大陆架法》第 25 条特别规定，沿海国对 200 海里以外的大陆架上海洋科学研究的申请不得拒绝，但俄罗斯已宣布或正在该区域进行与勘探、开发、捕捞等相关的活动时除外；此外，《俄大陆架法》第 26 条规定若俄罗斯作为主管国际组织的成员或与上述组织有双边条约，批准了进行海洋科学研究的草案或表示了参与研究的意愿，则可以适用默示同意制度。① 《俄罗斯联邦专属经济区法》与《俄大陆架法》的规定类似。因此，不难看出，俄罗斯在专属经济区内和大陆架上实行的是严格的事先同意制度和针对限定主体的默示同意制度。欧洲相关国家关于海洋科学研究的规定如下表所示（表 2-1）。

表 2-1　欧洲 9 国对专属经济区内和大陆架上海洋科学研究的规定 ②

国家	法律名称	颁布时间	具体规定	结论
瑞典	《经济区法案》	1992 年	第 9 条规定："未经政府或政府确定的机构的准许，外国人不得在经济区进行海洋科学研究。"	事先明示同意

---

① 张海文、张桂红、黄影主编：《世界海洋法译丛：欧洲卷Ⅲ》，张桂红、白雪等译，青岛出版社 2017 年版，第 85 页。

② 表格由作者根据资料整理、分析和制作。资料来源于张海文、张桂红、黄影主编：《世界海洋法译丛：欧洲卷Ⅰ》，张桂红、白雪等译，青岛出版社 2017 年版，第 231 页，第 308 页；张海文、张桂红、黄影主编：《世界海洋法译丛：欧洲卷Ⅱ》，张桂红、白雪等译，青岛出版社 2017 年版，第 53 页，第 253 页；张海文、张桂红、黄影主编：《世界海洋法译丛：欧洲卷Ⅲ》，张桂红、白雪等译，青岛出版社 2017 年版，第 7 页，第 34 页，第 83 页，第 134 页，第 199 页。

国家	法律名称	颁布时间	具体规定	结论
摩纳哥	《海洋法典》	1998 年	第 L.241-1 条规定："任何意图在其有管辖权的海洋环境内、海洋区域或其海床、底土上进行非营利性科学研究活动的公职人员或个人，必须事先获得国家部长的许可。"	事先明示同意
挪威	《挪威涉外海洋科学研究规则》	2001 年	第 6 条规定："在本规则第 10 条所规定的情况下，默示同意被视为已给予。渔业局可在特殊理由表明同意的情况下给予豁免。"	事先同意＋默示同意
波兰	《波兰共和国海上领域以及海上管理法令》	1991 年 3 月	第 29 条第 1 款规定："在第 28 条提及的……需获得运输和海洋经济部部长的意见之后方能进行。"	事先明示同意
比利时	《比利时北海专属经济区法案》	1999 年	"任何船舶、潜艇或来自海外的装备在比利时领海或专属经济区内开展任何形式的海洋科学研究，均应获得比利时外事部部长的批准。"	事先明示同意
芬兰	《芬兰专属经济区法案》	2004 年	第八部分规定："在第四部分……应当在接到申请后 4 个月内尽快告知申请人……关于海洋科学研究的通知应当以政府命令的形式发布。"	事先同意
冰岛	《关于领海、经济区和大陆架的法令》	1979 年	第 9 条规定："领海、专属经济区、大陆架内的科学研究应征得冰岛相关机构的同意。"	事先明示同意

国家	法律名称	颁布时间	具体规定	结论
罗马尼亚	《关于在黑海建立专属经济区的法令》	1986年4月	第10条规定:"在罗马尼亚社会主义共和国……海洋科学研究……须经罗马尼亚主管机关的预先同意方可。"	事先明示同意
俄罗斯	《俄罗斯联邦大陆架法》	1995年10月	第23条规定:"提交和审查进行海洋科学研究的申请……应依照本联邦法律和俄联邦的国际条约。"第25条规定:"拒绝许可进行海洋科学研究的理由……对俄联邦的安全造成或可能造成威胁。"	事先同意
	《俄罗斯联邦专属经济区法》	1998年	第21条规定:"拒绝批准进行自然资源研究或海洋科学研究的理由……构成或可能构成对俄罗斯联邦安全的威胁……妨碍俄联邦在专属经济区进行的行使主权和管辖权的活动。"	事先同意

（二）美洲国家对专属经济区内和大陆架上海洋科学研究的规定

美洲国家对专属经济区内和大陆架上海洋科学研究制度的立法与实践存在较大不同。通过对相关国家的法规及相关规定或声明进行归纳分析，可以将这些规制分为三类：（1）实际的明示同意；（2）事先同意与一定情形下的默示同意；（3）不接受专属经济区内海洋科学研究的管辖制度。

巴巴多斯、巴西、圭亚那和牙买加的法律在实际上要求获得其明示同意。例如，巴西的法律明确规定"只有经巴西政府的同意方可从事"，按照法律逻辑的推演，不经巴西政府的同意不可进入巴西管辖海域从事海洋科学研究。因此，虽然巴西的法律在文字表述上未明确要求在巴西海域从事海洋科学研究需要获得政府的明确同意，但根据法律解释及法律的内在逻辑可知，巴西对其专属经济区内涉及外方的海洋科学研究要求事先获得巴西政府的明示同意。① 加拿大对在专属经济区内和大陆架上的海洋科学研究实行与《公约》相一致的规定，即通常情况下的事先同意制度与特殊情况下的默示同意制度。

美国在《公约》通过后，发布了一份总统声明，表示美国不主张沿海国对专属经济区内的海洋科学研究有管辖权，但同时承认他国适当的管辖权。美国还在上述声明里提到，这一主张的目的是"鼓励海洋科学研究，以及避免不必要的负担"②，并在 1994 年参议院关于《公约》通过的相关文件中进一步确认，美国不主张专属经济区内海洋科学研究的管辖权。值得注意的是，美国虽然主张专属经济区内海洋科学研究的自由，但其中不包括专属经济区内海洋哺乳动物研究的自由③，即在美国专属经济区内进行的海洋哺乳动物研究应当受到美国的管辖。事实上，美国虽未加入《公约》，但里根总统（Donald Regan）宣布美国专属经济区的宽度范

---

① 张海文、李红云主编：《世界海洋法译丛：美洲卷Ⅰ》，李杨、赵晓静等译，青岛出版社 2017 年版，第 82—89 页。

② 张海文、李红云主编：《世界海洋法译丛：美洲卷Ⅱ》，李杨、赵晓静等译，青岛出版社 2017 年版，第 177 页。

③ J. Ashley Roach, *Access to Clearance for Marine Scientific Research in the Exclusive Economic Zone and on the Continental Shelf*, First Meeting of the Advisory Body of Experts on the Law of the Sea (ABE-LOS).

围为已有的 12 海里领海往外延伸至 200 海里，并宣布美国遵守国际法和传统的公海自由，因此美国并未主张对船舶和潜艇通过、航空器飞越及海底电缆和管道的控制权。同时美国并未主张对其专属经济区内的海洋科学研究享有管辖权，仅当海洋科学研究的任何部分在美国领海内进行涉及对海洋哺乳动物的研究、获取具有商业价值的海洋资源或涉及与美国大陆架有关的研究时，才应当事先获得美国的同意。① 美洲国家关于海洋科学研究的法律规定如下表所示（表 2-2）。

表 2-2　美洲 6 国对专属经济区内和大陆架上海洋科学研究的规定 ②

国家	法律名称	颁布时间	具体规定	结论
巴巴多斯	《海洋边界与管辖权法》	1978 年	第 6 条规定："在本法的限制下，除非根据……协议或内阁授予的特许，任何人不得在专属经济区内……进行任何研究。"	事先同意
加拿大	《海洋法》	1996 年通过，2005 年修订	第 44 条规定："制定与加拿大肩负的国际义务相一致。"	事先同意＋默示同意

---

① National Highway Traffic Safety Administration, U.S. Department of Transportation, *Final Environmental Impact Statement Corporate Average Fuel Economy Standards, Passenger Cars and Light Trucks, Model Years 2011—2015*, p.72.

② 表格由作者根据资料整理、分析和制作。资料来源于张海文、李红云主编：《世界海洋法译丛：美洲卷Ⅰ》，李杨、赵晓静等译，青岛出版社 2017 年版，第 57 页，第 88—89 页，第 147 页，第 235 页，第 237 页；张海文、李红云主编：《世界海洋法译丛：美洲卷Ⅱ》，李杨、赵晓静等译，青岛出版社 2017 年版，第 17 页，第 177 页。

续表

国家	法律名称	颁布时间	具体规定	结论
圭亚那	《海洋边界法》	1977年	第二部分大陆架第10条规定："圭亚那享有并永久享有完全和排他的主权权利……（3）准许、规定和控制科学研究的专属管辖权。" 第三部分专属经济区第16条规定：圭亚那享有"授权、规定和控制海洋科学研究的专属管辖权"。	事先同意
牙买加	《专属经济区法》	1991年	第4条规定："国王在区域内有授权、管理和控制科学研究和考古学上的或历史文物的发现的主权权利。"	事先同意
巴西	《关于领海、毗连区、专属经济区和大陆架的第8.617号法律》	1993年	第8条规定："在专属经济区内，巴西……对管理海洋科学研究……享有排他性的权利。" 第13条规定："海洋科学研究只有经巴西政府同意方可由其他国家从事。"	事先明示同意
美国	《美国总统的一份声明》	1983年	"本声明不主张国际法规定的在这个区域从事海洋科学研究的管辖权……但美国承认其他沿海国对距其海岸200海里内的区域从事的海洋科学研究行使管辖权的权利，前提是该管辖权的行使以符合国际法的合理方式进行。"	不接受《公约》关于专属经济区内海洋科学研究的规定

（三）亚洲国家对专属经济区内和大陆架上海洋科学研究的规定

通过分析亚洲相关国家的法律规定，可将相关国家关于专属经济区内或大陆架上的海洋科学研究同意的制度分为以下几类：
（1）事先同意与一定情形下的默示同意；（2）明示同意；（3）严格
的事先同意；（4）确定的事先同意制度，但是否接受默示同意制度
并不明确。

根据日本等国的法律规定可知，上述两国关于海洋科学研究在
专属经济区内的规定与《公约》相一致，即应当经沿海国同意并给
予沿海国在四种情况下享有斟酌决定权，同时对沿海国的斟酌决定
权作一定限缩。默示同意制度在一定程度上促使沿海国积极回复申
请国的申请，否则将推定认为沿海国默示同意。

缅甸和叙利亚的法律明确规定在其专属经济区内或大陆架上进
行海洋科学研究应当获得其政府相关部门的事先明示许可。柬埔
寨、印度对其专属经济区内及大陆架上的海洋科学研究实行严格的
事先同意制度，在获得上述该国政府的明示许可后方可进入研究。

亚洲相关国家的法律规定如下表所示（表2-3）。

表2-3　亚洲7国对专属经济区内和大陆架上海洋科学研究的规定 [①]

国家	法律名称	颁布时间	具体规定	结论
柬埔寨	《国务院法令》	1982年	第6条规定："外国人在柬埔寨大陆架上从事的一切活动，不论其目的，均应获得柬埔寨人民共和国的授权或同意，并应遵守柬埔寨人民共和国的法律和规章。"	事先同意

---

① 表格由作者根据资料整理、分析和制作。资料来源于张海文、李红云主编：《世界海洋法译丛：亚洲卷》，李杨、张逸等译，青岛出版社2017年版，第57页，第88—89页，第147页，第235页，第237页。

国家	法律名称	颁布时间	具体规定	结论
印度	《领水、大陆架、专属经济区和其他海洋区域法》	1976年	第6条规定："对于（大陆架上）授权、管理和控制海洋科学研究，享有专属管辖权。"第7条规定："对于（专属经济区内）授权、管理和控制科学研究，享有专属管辖权。"	事先同意
缅甸	《领海和海洋区域法》	1977年	第14条规定："缅甸在大陆架有准许、规定和管理海洋科学研究的专属管辖权。"第16条规定："未经内阁事先明确许可，任何人不得在大陆架研究。"第20条规定："未经内阁事先明确许可，任何人不得在专属经济区进行与勘探、开发或研究有关的活动。"	事先明示同意
中国	《专属经济区和大陆架法》	1998年	第9条规定："任何国际组织、外国的组织或者个人在中华人民共和国的专属经济区和大陆架进行海洋科学研究，必须经中华人民共和国主管机关批准，并遵守中华人民共和国的法律、法规。"	事先明示同意
叙利亚	《第28号法律》	2003年	第30条规定："除内阁根据有关部门的建议作出许可外，任何外国自然人或法人均不得享有在领海或专属经济区或大陆架上从事海洋科学研究的权利。"	事先明示同意

续表

国家	法律名称	颁布时间	具体规定	结论
韩国①	《海洋科学研究法》	2021 年	第 7 条规定："在专属经济区和大陆架进行海洋科学研究应事先获得同意。"	事先同意
日本	《专属经济区和大陆架法》	1996 年	第 1 条规定：在专属经济区内"日本按照《联合国海洋法公约》行使《联合国海洋法公约》第五部分规定的作为沿海国的主权权利和其他权利。" 第 2 条规定："日本按照《联合国海洋法公约》行使沿海国对其大陆架的主权权利和其他权利。"	事先同意＋默示同意

（四）大洋洲国家对专属经济区内和大陆架上海洋科学研究的规定

通过对大洋洲的澳大利亚和新西兰两个国家法律规定的分析可知，上述两个大洋洲国家对在其专属经济区内的海洋科学研究的规定并不相同。澳大利亚的法律规定与《公约》一致，即事先同意制度与一定情形下的默示同意制度。新西兰的法律强调渔业研究或实验须事先获得其主管部门的同意，但并没有对海洋科学研究作具体

---

① Marine Scientific Research Act, Article 6 Permission to Conduct Marine Scientific Research in Territorial Sea, Article 7 Consent to Marine Scientific Research in Exclusive Economic Zone or Continental Shelf, Article 10 Obligations of Foreigner, Article 20-2 Marine Scientific Research in Waters under Jurisdiction of Foreign Countries, Korean Law Information Center, available at https://www.law.go.kr/LSW/eng/engLsSc.do?menuId=2&section=lawNm&query=MARINE+SCIENTIFIC+RESEARCH+ACT&x=23&y=32#liBgcolor1, last visited on 30-09-22.

规定。实际上，根据相关研究结果，新西兰对其管辖海域内的海洋科学研究的态度十分审慎，不仅实行严格的科学研究船舶报告制度，还对科研数据和样本及其发表予以规制，对于外国科考船舶进入新西兰管辖海域的研究，倾向于通过由新西兰主管部门制定的统一表格来提交申请。[1] 大洋洲相关国家的法律规定如下表所示（表 2-4）。

表 2-4 大洋洲国家对专属经济区内和大陆架上海洋科学研究的规定 [2]

国家	法律名称	颁布时间	具体规定	结论
澳大利亚	依《1994年海事立法修正案》修改的《1973年海洋与下沉陆地法》	1994 年	"澳大利亚作为沿海国享有按照国际法有关下列事项的管辖权：（a）……（b）专属经济区内的海洋科学研究；（4）《联合国海洋法公约》规定的其他有关专属经济区的权利和义务。"	事先同意＋默示同意
新西兰	《领海及专属经济区法》	1977 年	第 23 条规定："为渔业研究或实验或体育运动目的在专属经济区内捕鱼，须事先取得部长对此种活动的书面同意，并应遵守部长在给予同意时所提出的条件。"	事先同意

综上所述，各大洲相关国家针对海洋科学研究有不同的规制，而这种不同的规制建立在国家利益基础之上。《公约》的缔约国或

---

[1] Kakuta S, Sasaki Y, Nakata K., *Japanese Application for Consent to Conduct Marine Scientific Research in Foreign Exclusive Economic Zones: Tendency of Each State*, 9 Journal of Advanced Marine Science and Technology Society 2 (2004), p.9.

[2] 表格由作者根据资料整理、分析和制作。资料来源于张海文、李红云主编：《世界海洋法译丛：大洋洲卷》，李杨、张逸等译，青岛出版社 2017 年版，第 61—175 页。

非缔约国并非完全按照《公约》的规定制定本国的法律，而是根据本国的实际国情和国家利益，制定或严于或宽松于《公约》的规定。但无论何种规定，都是平衡海洋科学研究自由与国家主权权利，以及国家利益之间关系的结果。海洋科学技术的发展水平在很大程度上决定了该国的海洋科学研究法律规制的方式。

第四节　对国家管辖范围外海洋科学研究的规制

国家管辖范围外的海洋科学研究的基础是人类共同继承财产原则。《公约》体系赋予了各缔约方管辖范围外海域进行海洋科学研究的权利，明确各缔约方应根据《公约》促进海洋科学研究方面的国际合作，适当顾及他国利益，公平和公正分享惠益。

一、对"区域"和公海海洋科学研究的一般规定

《公约》第 1 条规定："'区域'指国家管辖范围以外的海床和洋底及其底土。"《公约》第 256 条对"区域"内的海洋科学研究予以明确规定，赋予所有国家依据《公约》第十一部分的规定在"区域"内进行海洋科学研究的权利。《公约》第 257 条规定赋予所有国家在专属经济区以外水体开展海洋科学研究的权利。

（一）对在"区域"内开展海洋科学研究的规定

在第三次海洋法会议期间，七十七国集团曾在提案中建议由国际海底管理局直接或有效控制国际海底"区域"内的海洋科学研究，国际海底管理局可以直接开展海洋科学研究，或通过服务合同

或开发合同的方式授权自然人或企业法人行使研究海洋科学的权利。① 该提案将国家在国际海底"区域"开展海洋科学研究的权利排除在外，受到了苏联等海洋大国的反对，这些海洋大国主张所有国家和各国际组织都享有在公海及国际海底"区域"进行海洋科学研究的自由。② 为了进一步促进"区域"内的海洋科学研究，国际海底管理局于2006年设立捐赠基金③，为"区域"内海洋科学研究提供资金支持。

从《公约》第143条所规定的"'区域'内的海洋科学研究应当按照第十三部分专为和平目的并为谋全人类的利益进行"分析可知，实际上该条第3款明确规定各缔约国可在"区域"内进行海洋科学研究。《公约》第十三部分第256条规定："所有国家和各主管国际组织均有权依第十一部分的规定在'区域'内进行海洋科学研究。"上述两个条文均对"区域"内的海洋科学研究权利予以规定，但是值得注意的是，上述两个条文的规定存在差异。第143条所规定的有权进行海洋科学研究的主体范围小于第256条的规定，前者将主体范围限定在缔约国，而后者的范围与《公约》第十三部分规定的主体范围一致，即包括所有国家和主管国际组织。本书认为《公约》制定过程中条文表述存在疏漏，至少在"区域"内享有科学研究权利的主体为所有国家。首先，第十一部分第141条明确规定"区域"应当被开放给所有国家，因此可以肯定，所有国家都享

---

① A/CONF.62/C.3/L.9.

② A/CONF.62/C.3/L.26.

③ United Nations Division for Ocean Affairs and the Law of the Sea Office of Legal Affairs United Nations, *Marine Scientific Research A revised guide to the implementation of the relevant provisions of the United Nations Convention on the Law of the Sea*, United Nations, 2010, p.33.

有在"区域"内进行海洋科学研究的权利。其次，人类共同继承财产的原则在第十一部分第 155 条关于"区域"的相关规定中得到明确，所有国家尤其是发展中国家都应当在资源的使用中获得利益，因此，《公约》第 143 条规定的原意应当是包括所有的国家，而非仅限于缔约国。最后，根据《维也纳条约法公约》第 31 条的规定，应当认为所有国家均享有在"区域"内进行海洋科学研究的自由。

（二）对在公海内开展海洋科学研究的规定

19 世纪 50 年代，国际公约开始规范海洋科学研究。[1] 在此之前，虽然习惯国际法并未明确提出海洋科学研究自由，但根据海洋自由原则，除沿海国管辖的内水和领海外，海洋科学研究是自由的。[2] 1958 年《公海公约》第 2 条规定列举了公海自由涵盖的范围，其中并未提及科学研究，但有学者认为在公海内进行科学研究应当也是自由的。尽管在联合国第一次海洋法会议的开幕式上，联合国法律顾问曾提出，科技的进步给海洋资源的开发与利用带来了亟须被合理、公正解决的新问题[3]，但是《领海及毗连区公约》仍未对在领海、内水及毗连区内进行海洋科学研究的问题进行规制。与上述两公约不同的是，《大陆架公约》第 2 条规定，非经沿海国同意，任何人不得在大陆架探测或开发其自然资源；第 5 条第 8 款明确规定，对大陆架进行科学研究必须经沿海国同意，但在对大

---

[1] Gemma Andreone, *the Future of the Law of the Sea Bridging Gaps Between National, Individual and Common Interests*, Springer Nature, pp.87—104.

[2] Zou Keyuan, *Governing Marine Scientific Research in China*, 34 Ocean Development and International Law 1 (2003), pp.1—28.

[3] United Nations Conference on the Law of the Sea, *Summary Records of the 1st Plenary Meeting*, Geneva, Switzerland, 24 Feb. to 27 Apr., 1958.

陆架进行物理或生物特征的纯粹科学研究时，沿海国通常不得拒绝。[①] 因此，在大陆架上无论是进行纯粹科学研究，还是进行应用性研究，均应当得到沿海国的同意，沿海国通常不得拒绝。

实际上，在第一次海洋法会议中，黎巴嫩首次提出应当将科学研究纳入公海自由的范畴，葡萄牙也提出公海自由应当包括进行研究实验和探索的自由。[②] 此后，根据联合国大会第 2340 号决议设立的研究和平利用国家管辖范围以外海床洋底委员会的工作会议曾提出，鉴于海洋科学技术在探索和开发洋底方面的作用，海洋科学研究应当是自由的。

虽然 1958 年《公海公约》并未在条文中直接规定，但其在实质上承认公海海洋科学研究的自由。与 1958 年《公海公约》不同的是，1982 年《公约》第 87 条明确规定，海洋科学研究属于公海自由的范畴[③]，《公约》第 257 条规定再次重申，"所有国家和各主管国际组织均有权依据《公约》在专属经济区范围以外的水体内进行海洋科学研究"。公海自由的内容丰富，且所有国家都是公海权利的持有国。[④] 应当认为，海洋科学研究属于公海自由的范畴，因此所有国家都享有在公海进行海洋科学研究的权利。2023 年 9 月《〈联合国海洋法公约〉下国家管辖范围以外区域海洋生物多样性的养护和可持续利用协定》（以下简称《BBNJ 协定》）开放签署，根据《BBNJ 协定》的内容，公海海洋科学研究自由原则是国

---

① 《大陆架公约》第 5 条第 8 款。

② A/CONF.13/C.2/L.7.

③ Bernard Herbert Oxman, *The High Seas and the International Seabed Area*, 10 Michigan Journal of International Law 540 (1989), p.540.

④ 黄瑶、杨文澜：《论国家适当顾及义务在新型私人公海活动中的适用》，载《学术研究》2022 年第 5 期，第 61—68 页。

家管辖范围外区域海洋生物多样性养护和可持续利用的重要基础和前提。[①] 从 1958 年《公海公约》到 1982 年《公约》，再到 2023 年《BBNJ 协定》，公海海洋科学研究自由原则得到明确和继承，并在实际上成为公海内海洋科学研究的重要原则。

二、限制性规定

《公约》第 137 条规定，"区域"内资源的一切权利属于全人类，由管理局代表全人类行使。有学者认为，任何国家或国际组织在"区域"内进行海洋科学研究活动，不需要经过任何沿海国或国际组织的同意。其中"任何国际组织"是否包括国际海底管理局，存在一定的争议。[②] 实际上，国际海底管理局的设立及其职能定位与权利界限的争议背后，是发达国家和发展中国家的权益之争。随着《执行协定》的通过，国际海底管理局对于"区域"内包括海洋科学研究在内的活动的管理权限有所弱化，但仍然具有监督、管理和协调的职能和作用。[③] 因此，"区域"内海洋科学研究活动在一定程度上受国际海底管理局的制约。而《公约》第 145 条关于"区域"内海洋环境保护及第 146 条对"区域"内人命安全的保护规定，均是对在"区域"内行使海洋科学研究自由的权利的限制。

[①] 《〈联合国海洋法公约〉下国家管辖范围以外区域海洋生物多样性的养护和可持续利用协定》第 7 条。

[②] 姜皇池：《论海洋科学研究之国际法规范》，我国台湾地区台湾大学 1999 年硕士学位论文，第 73 页。

[③] 周江：《论国际海底管理局在"区域"资源开发机制中的角色定位——国际组织法的视角》，载《武大国际法评论》2022 年第 6 期，第 33—48 页。

　　根据《公约》第87条第2款规定，公海内海洋科学研究自由的行使，应当适当顾及其他国家行使公海自由的利益。[①] 与在"区域"内履行适当顾及义务相似，在公海上进行的海洋科学研究活动应当遵守《公约》的规定，履行适当顾及义务。适当顾及义务主要包括在该区域内的海洋科学研究活动不能影响他国的科学研究、勘探开发等活动，同时避免在科学研究的过程中破坏海底电缆。《公约》明确规定应当对国家管辖范围外海域的海洋环境予以保护，避免"公地悲剧"[②] 的发生。《生物多样性公约》明确了对国家管辖范围外生物多样性的保护，海洋科学研究活动应当减少对生物多样性的破坏。《BBNJ协定》强调权利、义务和利益的平衡，以及公平、公正惠益分享，规定了环境影响评价机制、划区管理工具及划定公海保护区等内容，并将海洋科学研究的取样、实验观测和分析设备等内容作为"海洋技术"的范畴予以规定，从而平衡公海海洋科学研究与环境保护的利益关系。海洋环境保护是海洋科学研究过程中应当顾及的重要国际法问题。

第五节　对海洋科学研究的规制效果

　　《公约》通过后，许多国家对《公约》制定时最富争议的区域——专属经济区和大陆架十分关注，对在该区域开展的海洋科学研究的情况尤为关心。

---

① 《联合国海洋法公约》第87条。
② 林家骏、李志文：《深海技术商业化机制初探》，载《太平洋学报》2018年第7期，第35—47页。

一、美国赴外国开展海洋科学研究申请情况

《公约》通过后，美国对海洋科学研究在世界范围内的开展情况进行分析，主要包括海洋科学研究的申请次数、被拒绝次数、被中止或取消的次数，以及其他未予答复的情况等。这些情况在客观上反映了在《公约》通过后，海洋科学研究活动的开展次数是否因受到《公约》规制的影响而减少，从而间接影响海洋科学研究的发展。这一问题也是《公约》制定之时主张承继 1958 年《公海公约》海洋科学研究自由的国家最为"担心"的问题。有国家认为，沿海国对专属经济区内和大陆架上的海洋科学研究加以管辖，会增加在上述海域内开展海洋科学研究的程序性负担。[①] 这些负担最终可能会被转嫁给科学家，从而抑制科学家开展海洋科学研究的积极性，带来阻碍海洋科学研究发展的结果。

美国学者罗奇在联合国教科文组织政府间海洋学委员会第一届海洋法专家咨询机构会议上，发表了关于专属经济区内和大陆架上的海洋科学研究制度的报告。在该报告中，罗奇用相关数据对比了《公约》通过前后，美国科考船舶赴外国专属经济区和大陆架开展海洋科学研究的相关频次变化，分析了《公约》通过后对美国赴外国海域开展科学研究的影响及《公约》成员国的履约状况（详见表 2-5）。

[①] J. Ashley Roach, *Access to Clearance for Marine Scientific Research in the Exclusive Economic Zone and on the Continental Shelf*, First Meeting of the Advisory Body of Experts on the Law of the Sea (ABE-LOS).

表 2-5 美国赴外国开展海洋科学研究申请 [①]

时间	国家数量	申请次数	被明确拒绝次数	被终止或取消次数	其他情况说明
1983—1995	140	1600	43	148	—
1995—2000	108	2100	21	—	24 个国家共对 51 次请求未予答复

数据显示，一方面，《公约》通过后，美国向他国申请海洋科学研究被拒绝和无端不置可否的频次显著降低，这表明《公约》成员国谨慎对待履约义务，并遵循古老的国际法规则——有约必守（pacta sunt servanda）。另一方面，《公约》通过后，美国本土海洋科考船赴外国海域开展海洋科学研究的总频次显著降低，但这并不是《公约》的实施给一贯主张专属经济区海洋科学研究自由的美国带来负担所造成的。

另有数据表明，在 1990 年至 2014 年年间，美国向俄罗斯申请在其专属经济区进行海洋科学研究共计 48 次，其中有 20 次被拒绝或未得到回应。[②] 美国遭拒概率高达 41.7%，也就是说，美国虽然有赴俄罗斯专属经济区开展海洋科学研究的需求和意愿，却遭到俄罗斯的高频拒绝。

实际上这是个复杂的问题，我们不仅需要对《公约》本身的规

---

① 表格由作者根据相关资料整理、分析和制作。The data comes from J. Ashley Roach, *Access to Clearance for Marine Scientific Research in the Exclusive Economic Zone and on the Continental Shelf*, First Meeting of the Advisory Body of Experts on the Law of the Sea (ABE-LOS).

② John Farrell, *New Agreement to Enhance International Arctic Scientific Cooperation*, available at https://www.arcus.org/witness-the-arctic/2017/10/highlight/1, last visited on 03-03-2023.

定及申请国的国家政策进行分析，还需要对被申请国有关海洋科学研究的规定进行具体分析，不能一概而论，更不能仅根据申请次数的多少、被拒绝次数的升降、被中止或取消的次数及其他未予答复的情况就直接得出结论。此外，申请开展科学研究的国家与被申请国家之间的国际关系也会对申请得到通过的概率产生影响。

二、相关国家对海洋科学研究的国内立法情况

为了评估《公约》第十三部分海洋科学研究在实施中遇到的问题，促进海洋科学技术转让，2005—2008 年，联合国教科文组织政府间海洋学委员会在其成员国间发起了调查。该调查在受访的72 个国家中展开，不同调查内容反映出各国对《公约》关于海洋科学研究的规定的履行情况（见图 2-1）。

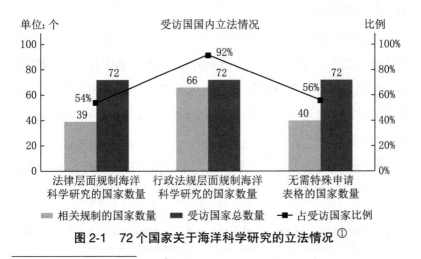

图 2-1　72 个国家关于海洋科学研究的立法情况 [①]

---

① 该图由作者根据相关资料整理、分析、绘制。The data comes from Florian H. Th Wegelein, *Marine Scientific Research: The Operation and Status Research Vessels and Other Platforms in International Law*, Martinus Nijhoff Publishers, 2005, pp.188—189.

在受访的 72 个国家中，有 92% 的国家在《公约》通过后制定了本国的行政管理规范，以规制本国管辖范围内的海洋科学研究活动；有 54% 的国家制定了法律位阶和效力更高的法律予以规制。各国以积极的态度，用法律规范的形式保障海洋科学研究的有效实施。调查结果还显示，31 个国家在本国主权或管辖海域外进行海洋科学研究，占受访国家的 43%，其中有 13 个国家曾得到沿海国的默示同意，24 个国家的科考船曾被派驻观察员。实际上早在《公约》通过并生效之前，向科考船派驻观察员的做法已被多国采用，例如美国 1973 年的一份报告显示，得到许可同意的 357 份申请中，有 275 位科学家被安排参与上述得到许可同意的研究活动。① 沿海国向科考船派驻观察员的做法，通常具有多重目的，一方面，便于观察员参与交流与学习，促进观察员所在国家海洋科学研究的进步与发展，而这也与《公约》第十四部分海洋技术的发展与转让的一般规定相符合；另一方面，有利于观察员所在国家即沿海国，与申请科学研究的国家或国际组织交流与沟通，在保障科学研究活动顺利进行的同时，对于申请国遵守沿海国的法律法规具有一定的监督作用。

此外，有学者对太平洋小岛屿国家海洋科学研究相关法律法规的现状进行研究，发现仅库克群岛有关于海洋科学研究的法律、政策及支持性文件。《公约》的实施，促进了海洋科学技术的转让及其在太平洋小岛屿国家的发展，其他太平洋小岛屿国家也逐渐意识到海洋科学研究的重要性和自身法律制度的欠缺，逐步开始重视本

---

① Florian H, Th Wegelein, *Marine Scientific Research: The Operation and Status Research Vessels and Other Platforms in International Law*, Martinus Nijhoff Publishers, 2005, pp.188—189.

国关于海洋科学研究的法律规范、政策和制度的完善，及其与《公约》的有效衔接。[①]

综上所述，《公约》对海洋科学研究活动的法律规制作用显著，海洋科学研究活动的法律规制得到沿海国的重视，有利于海洋科学研究活动的规范化开展，最大程度减少由海洋科学研究引起的国际争端，寻求尊重各国海洋科学研究自由的权利与沿海国主权权利两者间的平衡。尽管《公约》的实施及各国立法活动的进行，使得海洋科学研究活动的开展需要以遵守《公约》和沿海国法律为前提，但这并不意味着海洋科学研究自由受到限制。各国仍然享有海洋科学研究的自由，但需要尊重沿海国的主权权利。不容忽视的是，经济发展水平、海洋综合科技实力不仅影响发展中国家平等地参与对海洋资源的开发与利用，还制约着发展中国家开展海洋科学研究的能力。

本章小结

本章以《公约》对海洋科学研究的规定为研究对象，按照《公约》第十三部分海洋科学研究的内容分别对领海、专属经济区、大陆架、"区域"和公海相关规制进行研究。

海洋科学研究应专为和平目的，以适当的科学方法和工具进行，不应不当干扰进行中的海洋科学研究。[②]在领域内开展的海洋

---

① Charlotte Salpin, Vita Onwuasoanya, Marie Bourrel, Alison Swaddling, *Marine Scientific Research in Pacific Small Island Developing States*, 95 Marine Policy 363 (2018), pp.363—371.
②《联合国海洋法公约》第 240 条。

科学研究，应当事先经过沿海国明确同意。《公约》明确了沿海国对在领海内开展的海洋科学研究的管辖权，该管辖权建立在沿海国对领海的主权权利基础之上，因此在该海域内开展的海洋科学研究必须得到沿海国的明示同意，但随着无人设备被广泛应用于海洋科学研究，沿海国对海洋科学研究的管辖权受到挑战。

在专属经济区内和大陆架上开展海洋科学研究应当经过沿海国的事先同意，在沿海国无故迟延答复申请时，《公约》规定申请国可以推定沿海国默示同意。此外，《公约》赋予沿海国斟酌决定权，当涉及在专属经济区内和大陆架上进行生物或非生物资源的勘探和开发、大陆架的钻探，或将有害物质引入海洋，涉及专属经济区内和大陆架上的人工岛屿和设施结构的建造使用，以及申请国由于先前的研究而对沿海国负有尚未履行的义务时，沿海国享有斟酌决定权。《公约》在实质上确立了在专属经济区内和大陆架上进行海洋科学研究需事先经沿海国同意的规定，沿海国通常应当同意，但在符合《公约》规定的情形下，沿海国可以斟酌决定是否通过申请国提出的海洋科学研究的申请。《公约》为了促进海洋科学研究的发展，平衡沿海国与申请国之间的利益，同时规定申请国可以在符合相关条件的情况下推定沿海国默示同意其进行海洋科学研究的申请。《公约》通过后，欧洲、美洲、亚洲和大洋洲相关国家对在本国专属经济区内和大陆架上开展的海洋科学研究进行规制，多数国家从国家主权权利和国家利益视角考量海洋科学研究的规制问题，因而作出不同规定。在上述国家中，海洋科学研究综合实力相对较弱的国家倾向于通过对海洋科学研究的有效管理，来维护本国利益。有些国家与《公约》的规定一致，有些国家的规定严于《公约》，也有些国家的规定相较于《公约》更宽松。

在国家管辖范围外开展海洋科学研究的国家或国际组织，通常基于人类共同继承财产原则享有自由科研的权利。但相关国家或国际组织在国家管辖范围外开展海洋科学研究时，应当履行适当顾及义务和环境保护义务。

《公约》通过已逾四十年，生效将近三十年，通过对相关文献资料的分析发现，虽然各国对《公约》关于海洋科学研究的规定存在争议，但《公约》通过后，许多国家通过本国法律法规对海洋科学研究进行规制，尽管这些规制可能与《公约》的规定并不完全一致。

第三章　争议海域海洋科学研究的规制问题

通过分析《公约》对海洋科学研究的规制可知，《公约》对内水、领海、专属经济区和大陆架、"区域"及公海的海洋科学研究的规制较为全面，从空间维度对当前《公约》体系所划分的不同海域内开展的海洋科学研究进行分别规制。但《公约》并未对争议海域内海洋科学研究的问题进行规定。实际上，争议海域海洋科学研究问题普遍存在于国际社会。争议海域是如何产生的？争议海域的概念是什么？争议海域的特征有哪些？赴争议海域开展海洋科学研究涉及哪些国际法问题？本章将重点探讨上述问题。

第一节　争议海域海洋科学研究的特征

世界上超过一半的海洋边界尚未划定，未划定界限的利益相关国基于海洋资源等因素不断发生争议，使得这些海域常常陷入紧张的局面。① 在《公约》生效后，缔约国对专属经济区和大陆架提出

① *Obligations of States under Articles 74(3) and 83(3) of UNCLOS in respect of Undelimited Maritime Areas*, available at https://www.biicl.org/projects/obligations-of-states-under-articles-743-and-833-of-unclos-in-respect-of-undelimited-maritime-areas, last visited on 17-06-2023.

权利主张，争议海域海洋科学研究的相关问题不断出现。

一、争议海域的由来及界定

关于何谓争议海域，学界尚无统一定论，有学者认为随着国际习惯法的不断发展，以及《公约》生效后各国依据《公约》对不同海域提出海洋权利主张，各国主张的海域范围存在重叠，因而产生争议，争议的区域即为争议海域。[①] 也有学者指出，争议海域指存在海洋划界争端或岛屿主权争端等问题，且法律地位尚待确定的海域。[②] 本书认为争议海域的实质是海域的权属尚未确定，这种不确定性或根源于历史性权利或基于划界纷争，抑或岛屿主权争端引起的海域归属或划界争端问题。

本章讨论的争议海域主要包括两种情形：一种是"历史性水域"；另一种是因海洋划界尚未进行或尚未完成而归属未定的专属经济区和大陆架海域。

（一）历史性水域

国际社会对"历史性水域"问题的关注源于历史性海湾的权益争端。1910 年，在英美两国关于北大西洋渔业的仲裁案中，仲裁庭收到的意见中出现了承认历史性海湾理论的内容。[③] 1958 年第

---

① Yen-Chiang Chang, Sirong Xin, Xu (John) Zhang, *A Proposal for Joint Marine Scientific Research Activities in the Disputed Maritime Areas of the South China Sea*, 50 Coastal Management 215(2022), pp.215—236.

② 管松:《争议海域内航行权与海洋环境管辖权冲突之协调机制研究》，厦门大学出版社 2017 年版，第 141 页。

③ *Historic Bays: Memorandum by the Secretariat of the United Nations* (Document A/CONF.13/1), in the official Records of the United Nations Conference on the Law of the Sea, Volume I (Preparatory Documents), p.18.

一次海洋法会议期间，国际法委员会并未对历史性水域，包括历史性海湾的制度作出规定，但鉴于这类水域的法律地位的重要性，决定提请联合国大会安排对历史性水域，包括历史性海湾的法律制度进行研究，研究内容主要涉及历史性海湾及历史性水域权利的内容，以及相关权益争端案例。1962 年，联合国秘书处发布文件，专门对历史性水域及历史性海湾的概念，以及两者之间的关系等相关内容进行讨论。[1]

　　事实上，近代以来，国际社会不仅在理论层面对历史性水域进行探讨，还在相关海域争端的案例中对历史性权利予以分析、讨论、确定和尊重。例如，1916 年的丰塞卡湾案中，中美洲法院确立了历史性海湾的历史性权利应当受到尊重的原则，而半个多世纪后，同一片海湾中争端又起，国际法院再次将此权利作为裁判案件的主要依据。萨尔瓦多向中美洲法院起诉尼加拉瓜，诉由为尼加拉瓜与美国签署的《布莱恩查莫洛条约》违反了 1907 年的《和平友好通用条约》，侵犯了萨尔瓦多对丰塞卡湾的共同所有权。尼加拉瓜则认为其与萨尔瓦多陆上领土并不相邻，两国之间不存在共有关系。法院最终认为丰塞卡湾是一个历史性海湾，由萨尔瓦多、洪都拉斯和尼加拉瓜共同所有，且一直处于未划界状态，尼加拉瓜应当将丰塞卡湾恢复至《布莱恩查莫洛条约》签署之前的状态。[2] 该案明确了历史性权利应当在海洋权益争端中被尊重，确立了历史性权利的国际法地位。

　　丰塞卡湾海域权利涉及三个国家。1986 年 12 月，洪都拉斯与

---

[1] *Juridical Regime of Historic Waters, Including Historic Bays*, Document A/CN.4/143.

[2] *The Republic of El Salvador v. The Republic of Nicaragua*, in the American Journal of International Law, Cambridge University Press, 1917, pp.674—730.

萨尔瓦多共同向国际法院提交关于丰塞卡湾争端解决的协议。洪都拉斯要求对丰塞卡湾内外海域进行划界，认为若维持共有现状，则洪都拉斯无法获取任何实质性权利，无边界则无权益。而萨尔瓦多坚持维持现状，遵守 1917 年中美洲法院所确立的共同所有、共同统治的状态。最终国际法院认为应当尊重殖民时期的行政区划与相关划界，根据占领地保有原则（Uti Possidetis Juris），如同中美洲法院在 1917 年的判决中所分析的，丰塞卡湾属于历史性海湾，应当尊重各方在该历史性海域内的权利。[①] 上述两案的争端国家与审理法院有所不同，但是争议的核心有着高度的重合性，争端与分歧不免有高度盖然性。针对同一海域、不同争端主体，不同审理法院同时确认历史性水域相关方的历史性权利，这对于历史性权利在国际法中的发展具有重要意义，也为国际海域争端解决提供了方法论。

除上述案件外，1951 年的英挪渔业案中，法院认为挪威政府早在 17 世纪末就依据历史性权利取得了争议海域的所有权，因此支持挪威划定渔业区域的方法，并将渔业区域继续置于挪威的管辖范围中，肯定了使用该海域是挪威公民应当享有的传统权利，这在相当长久的一段时间内并无争议。[②]

遗憾的是，《公约》并未提及"历史性水域"与"历史性权利"，仅在关于海岸相邻或相向国家间领海界限的划定条款中，以及争端解决的相关条款中分别采用"历史性所有权""历史性海湾"的措辞。但通过对《公约》条文及上下文的分析可知，《公

---

① Salvadclr V. Honduras（Nicaragua intervening), ICJ.

② United Kingdom V. Norway, ICJ.

约》试图对基于历史原因或包含历史要素的争端予以规定。例如，第 303 条对在海洋发现的考古和历史文物的保护与合作方面进行了规定。

（二）基于海域划界引起的争端

一方面，争议海域问题关涉主权权益及相关历史性权利。另一方面，有学者认为在通常情况下，专属经济区和大陆架是划界争端发生的主要海域。[①] 二战后，随着政治格局的变化、科技的发展及海权意识的逐步强化，海域划界成为沿海国或相关权属国固化海洋权益、保持竞争优势的方法之一，欧洲、美洲、亚洲及非洲等相关国家纷纷提出各自海洋划界主张。但由于国家经济、安全及战略利益的不同，相关方的对话、协商或磋商已无法化解各方分歧，因此一些国家纷纷诉诸国际法院、常设仲裁法院或国际海洋法法庭。例如，北海大陆架案中，联邦德国、丹麦与荷兰于 1967 年就海域划界问题提交国际法院审理，争议的焦点为北海大陆架区域应当适用何种国际法原则和规则进行划界。联邦德国认为应当按照公平原则并考虑北海大陆架的具体特点对其平均分配，等距离线法并非国际习惯法原则，且该方法不能实现均分。丹麦和芬兰则认为，等距离线法是合理的划界方法，应当适用。最终法院认为，等距离线法并非强制使用，但若没有其他更好的划界方法，则应当适用等距离线法。[②] 最终该裁判中的划界原则体现在 1982 年《公约》第 15 条规

---

① 董世杰：《争议海域单方面石油活动的合法性研究》，载《边界与海洋研究》2016 年第 3 期，第 6 页。

② Federal Republic of Germany V. Denmark, ICJ; Federal Republic of Germany V. Netherlands, ICJ.

定中。此外，英法大陆架仲裁案、加拿大和美国缅因湾海洋划界案、利比亚和马耳他大陆架纠纷案、厄立特里亚和也门海洋划界仲裁案等均为海洋划界争端的代表性案例。除将争端诉诸国际法院或仲裁机构外，一些国家通过声明、国内立法或向大陆架界限委员会提交划界方案的方式提出针对争议海域的主张。

二、争议海域的基本特征

（一）涉及两方及以上国际法主体

国际法主体指国际法律关系的参与者，且其能够承担相应的权利和义务，其中国家是国际法上的基本主体。① 争议海域的争端通常发生在特定海域的相关主体之间。例如，丰塞卡湾周边新独立或成立的国家对海湾的所有权、使用权提出划界主张，希望改变海湾过去的权属状态，而持不同意见的国家则希望维持现状，保留其历史性权利。随着时间的推移，各方的主张发生变化，经协商未能达成一致，便产生争议。该案涉及三方主体，案情较为复杂，争议时间长达半个多世纪，在国际法上产生了重大影响，成为海域争端尤其是涉历史性权利的海域争端方面的典型案例。《公约》第 15 条规定了海岸相向或相邻国家间界限划定的原则。例如，北海大陆架案的争端主体包括荷兰、丹麦及联邦德国，该案争议各方陆上地理位置相邻或邻近，海域相向或相邻，因此均对北海海域提出权利主张，争端各方不同的主张与诉求使案情变得复杂，涉及多种法律关系。

---

① 端木正：《国际法》，北京大学出版社 1999 年版，第 67—68 页。

（二）凸显"地缘政治"要素

地缘政治可追溯至公元前 2000 年 [1]，其核心特点是地理位置上相近或相邻国家的政治、经济及军事方面的举措及其发展，会对区域内的国家产生较大影响。[2]《布莱克维尔政治学百科全书》（*Blackwell Encyclopedia of Political Science*）一书将地缘政治学界定为国家力量与实力的地理原理，通常包含疆域、气候、地理位置及人口资源等。[3] 国内有学者认为，西方地缘政治学建立在"国家有机体"学说及地理环境决定论之上，涉及海权论、陆权论、边缘地带论和"生存空间论"等，与对外侵略扩张政策密切相关。[4] 争议海域的争端国家通常在地理位置上相邻或相向，划界主张涉及国家海洋权利，比如领海、专属经济区和大陆架。不同国家的划界主张代表各自的海洋利益主张，利益主张的背后是国家力量与智慧的博弈，甚至在某些情况下关涉国家的主权范围、地理范围、区位价值与战略优势。各国力争海洋权利，确保海洋战略优势，与陆权相呼应，加强地缘政治优势。

（三）争议海域构成要件缺乏统一标准

通常认为争议海域指两个及以上国家对相同海域提出权利主张的特殊海洋区域，但争议海域的构成要件尚缺乏统一的标准。1962

---

[1] ［美］杰弗里·萨克斯：《全球化简史》，王清辉、赵敏君译，湖南科学技术出版社 2021 年版，第 32 页。

[2] 叶自成：《地缘政治与中国外交》，北京出版社 1998 年版，第 18 页。

[3] ［英］戴维·米勒：《布莱克维尔政治学百科全书》（修订版），邓正来译，中国政法大学出版社 2002 年版，第 308 页。

[4] 毛汉英：《中国周边地缘政治与地缘经济格局和对策》，载《地理科学进展》2014 年第 3 期，第 289—302 页。

年的《国际法委员会年鉴》涉及对历史性水域与历史性海湾的探讨。根据该年鉴，我们初步认为历史性水域所有权至少包含以下要素：（1）主张历史权利的国家对该地区行使权力；（2）这种权力的行使具有连续性，主要表现为持续利用该海域；（3）外国的态度为默许抑或未反对。除此之外，经济、国家安全、重大利益等是否可被视为具有证明力的合法理由，以论证历史性所有权的合理性，亦应当成为该权利纷争所关注的内容。[1] 可以肯定的是，主张历史性所有权的国家不必在该海域行使全部主权意义上的权利，相应地亦不必行使所有主权概念上的义务。但遗憾的是，关于历史性水域所有权构成要素的问题滞于理论探讨，尚未在国际公约中出现，亦未相应形成习惯国际法。国际法院审理诸如英挪渔业案之争端时，对于历史性权利、历史性所有权、历史性海湾构成要素或有涉及，但均未达成一致。

三、争议海域海洋科学研究的开展之类型化分析

《公约》并未明确对在争议海域内开展海洋科学研究进行规制。赴争议海域开展海洋科学研究相较于赴公海或权属清晰的海域开展海洋科学研究而言更为复杂。

正如上文所分析，争议海域在空间维度上可能涉及领海、专属经济区或大陆架，而根据《公约》的规定，在上述海域开展海洋科学研究前需要经过沿海国的同意。但《公约》关于不同海域的具体规定存在差异，因此赴争议海域开展海洋科学研究之前需要具体评

---

[1] *Yearbook of the International Law Commission 1962*, pp.13—20.

判该海域的类型。在主体层面，上文相关案例表明争议海域涉及两方及以上主体，申言之，当两方及以上主体对争议海域提出权利主张，则申请海洋科学研究的国家是否应当事先经过对争议海域提出权利主张的所有国家的事先同意？对争议海域提出权利主张的各相关方是否可以单方面开展海洋科学研究？下文将围绕上述问题展开分析。

（一）单方面进行海洋科学研究

争议海域承载两个及以上国家的权利主张，当其中一方单独在该海域内进行科学研究，应被视为单方面进行科学研究。[1] 而单方面进行海洋科学研究至少涉及以下问题：（1）争议海域相关方是否均对该海域享有完全的海洋科学研究权利；（2）进行科学研究的一方是否应事先通知其他对争议海域提出权利主张的相关方；（3）进行海洋科学研究的一方是否须获得其他相关方的事先同意。上述三个问题直接关系到单方面进行海洋科学研究是否会引发相关方之间的争端，因此有必要对其进行探讨。争议海域的海洋科学研究的规制并未被明确规定在《公约》中，从《公约》条款本身直接分析，难以直接得出进一步结论。[2] 因此对上述问题的探讨应结合问题本身来展开。

首先，争议海域之所以存在争议，根源于其权利归属尚未确定。就争议各相关方而言，其主张的海洋科学研究的权利若受其

---

[1] Thomas John Scotto, *Marine Scientific Research Amid Troubled Political Waters*, 1 Hastings International and Comparative Law Review 139 (1977), pp.139—166.

[2] Rainer Lagoni, *Interim Measures Pending Maritime Delimitation Agreements*, 78 American Journal of International Law 345 (1984), pp.345—368.

他主体的牵制和影响，则在某种意义上存在"瑕疵"。① 但从海洋科学研究本身出发，各争议相关方享有完整的海洋科学研究权利，正如《公约》第 238 条规定，所有国家均享有海洋科学研究的权利。其次，一方面由于争议的存在，任何一方擅自在该海域开展研究都可能会受到其他相关方的质疑或干扰，且其质疑与干扰的依据是《公约》第 245 条和第 246 条规定。但值得注意的是，上述条款适用的前提是海域权属确定，因而当权属不确定时，其他相关方质疑与干扰的理据尚显不足，事先通知并非必要。另一方面，《公约》第 248 条规定了海洋科学研究的开展国须至少提前六个月通知沿海国，据此，一方进行海洋科学研究前事先通知相关方，似乎又是必要的，但该种分析同样忽略了该条款适用的前提，即一方已进入权属确定的沿海国管辖海域内。最后，根据《公约》第 245 条的规定，领海内的海洋科学研究应当获得沿海国事先明示同意，而其适用的前提亦为该海域权属确定。当领海权属存在争议时，《公约》无从适用，则会引起争端。

综上所述，单方面进行海洋科学研究可能引发一系列尚待解决的问题。

（二）争议方合作进行科学研究

争议方可基于双边或多边条约、框架协议等方式合作开展海洋科学研究，具体的开展形式包括全体争议主体参与合作和部分争议主体间寻求合作两种情形。

---

① Leonard Lukaszuk, *Settlement of International Disputes concerning Marine Scientific Research*, 16 Polish Yearbook of International Law 39 (1987), pp.39—56.

第一，全体争议主体参与合作。当争议海域仅涉及两方主体时，此时仅为两方主体间的合作，两方可能通过双边谅解备忘录、合作协议，以及签订条约等形式确立合作。[①] 当争议海域涉及三方及以上主体，且争议方全部参与海洋科学研究时，各方可通过磋商、对话及谈判等沟通机制开展海洋科学研究。理论上，三方及以上主体达成合作共识并开展研究的模式存在一定的难度。第二，部分争议主体间寻求合作。该情形主要表现为当争议海域涉及三方及以上主体时，部分主体间寻求海洋科学研究合作，而非全体当事国协商一致、共同参与。理论上，在该模式下开展海洋科学研究活动的阻力较大。一方面，若争议海域的其他相关方对合作研究的国家提出抗议，则可能对部分争议主体间所开展的合作造成一定程度的不利影响。另一方面，若其他提出权利主张的国家采取行动阻挠海洋科学研究活动，则可能引起不必要的冲突。

（三）他方赴争议海域内开展海洋科学研究

第三方进入争议海域进行科学研究是争议海域内科学研究开展的情形之一。《公约》第238条规定了有权利进行海洋科学研究的主体是国家和各主管国际组织，因此第三方的主体范围亦应当是国家和各主管国际组织。

国家作为基本的国际法主体[②]，是国际事务的主要参加者。随着科技的发展，国家这一重要的国际法主体参与海洋科学研究活动的意愿逐步增强，研究能力亦不断提高。海洋综合实力强大的国家

---

① M. D. Blecher, *Equitable Delimitation of Continental Shelf*, 73 American Journal of International Law 60 (1979), pp.60—88.

② 陈致中:《国际法教程》，中山大学出版社1989年版，第50页。

赴外国海域开展海洋科学研究活动的频次不断增加。当某个或某些国家赴他国争议海域开展海洋科学时，可能会面临一些特殊的国际法问题。[1] 譬如，在争议海域的权属确定前，他国是否可以按照《公约》的规定行使海洋科学研究的权利？是否需要提前通知争议海域内所有权利主张国并获得其一致同意？可否仅通知某个或某些国家即可开展研究？这些国际法问题尚未有条约予以规定，亦无习惯国际法可供遵循。

根据《公约》第 238 条及第 247 条的规定，各主管国际组织不仅具备海洋科学研究的权利，还可主持海洋科学研究计划。主管国际组织尤其是联合国教科文组织政府间海洋学委员会及海洋科学研究委员会在推动海洋科学研究便利化，以及技术交流与发展中扮演了重要角色。[2] 有学者认为，在海洋科学研究纵深与多元化发展的今天，国际社会日益倚重国际组织进行海洋科学研究活动，国际组织不仅是海洋科学研究的参与者，更是引导者和推动者。[3] 与国家主体赴争议海域开展海洋科学研究不同的是，争议海域的相关主体可能已经是各主管国际组织的成员，在此情形下，当国际组织开展海洋科学研究的申请符合《公约》第 247 条的规定时，可推定沿海国默示同意。但当争议海域沿海国并非主管国际组织的成员时，国际组织与国家主体一样，在进入争议海域进行科学研究时可能会面临困境。

---

[1] Mark B. Feldman, David Colson, *The Maritime Boundaries of the United States*, 75 American Journal of International Law 729 (1981), pp.729—763.

[2] Groustra, F., *Legal Problems of Scientific Research in the Oceans*, 4 Journal of Maritime Law and Commerce 603 (1970), pp.603—614.

[3] 陈海波：《"主管国际组织"与海洋科学研究国际法规则体系的发展》，载《交大法学》2023 年第 1 期，第 35—58 页。

（四）他方与争议海域相关方合作进行海洋科学研究

第一，他方与争议海域中一方进行合作。他方与争议海域中一方进行合作指争议海域外他方（包括国家和各主管国际组织）与争议海域中的一方而非其中多方或对争议海域提出权利主张的全部主体进行海洋科学研究的情况。在此情形下，争议海域的其他权利主张国是否可以对他方与其中之一的争议海域权利主张国之间的合作提出反对或抗议，是该合作模式下的关键问题。第二，他方与争议海域相关多方进行合作。他方与争议海域相关多方进行合作指争议海域外他方（包括国家和各主管国际组织）与对争议海域提出权利主张的相关多方而非仅其中一方进行海洋科学研究的情况。与上一种情况类似，他方在与多方开展海洋科学研究时，未参与合作的争议海域权利主张国是否可以阻碍其合作，如何协调其中的法律关系及相关问题，以及相关他方与参与合作的争议海域权利主张国是否需要取得其他沿海国的一致同意，上述问题均触及该合作模式下的核心问题。

四、争议海域海洋科学研究的开展受多种因素制约

（一）研究程序启动复杂

根据《公约》第 248 条的规定，各国和各主管国际组织至少应当提前 6 个月向沿海国提供资料。除时间上明确规定需至少提前半年外，还需提交诸如研究计划等资料，程序要求及实质内容方面的要求在某种程度上将消耗申请方和沿海国一定的管理和资金成本。而争议海域权属未定，当他方赴争议海域进行科学研究时，是否应当提前向所有沿海国提供资料，《公约》并未予以规定；争议

海域其中一方沿海国启动海洋科学研究活动，是否须提前通知或征得其他沿海国同意，《公约》亦未进行明确规定。《公约》对争议海域开展海洋科学研究的启动程序规制的缺失，造成在该海域开展研究的规制缺失，启动研究的程序因此变得复杂且存在较大的不确定性。

（二）受国际政治环境因素影响大

争议海域的特殊性，容易受国际政治大环境的影响。尽管《公约》第241条规定，海洋科学研究不应成为任何权利主张的法律依据，各国仍然对其管辖海域内的海洋科学研究审慎对待，毕竟其研究的内容、获取的科学数据可能被用于非和平目的。地缘政治环境包含多重构成元素，地缘政治想象就是其中之一，而地缘政治想象对地缘政治环境变化的影响巨大，不仅表现为大国彰显全球战略，还表现为大国对区域政治、经济的渗透和主导。[①] 争议海域海洋科学研究不仅涉及争议海域的海洋政策与战略，还关涉全球海洋科学研究的发展。大国的地缘政治想象极易影响争议海域海洋科学研究的开展。地区性大国或全球大国基于政治想象，对争议海域相关国家或周边国家施加压力，可能造成基于大国政治想象的所谓"挑战国家"无法在争议海域开展科学研究。边界和领土是地缘战略的重要考量因素[②]，争议海域之纷争最重要的缘由之一为边界和领土纠

---

① 熊琛然、王礼茂、屈秋实等：《地缘政治环境中的情景分析：中国的视角》，载《世界地理研究》2019年第3期，第1—10页。

② 蔡鹏鸿：《中国地缘政治环境变化及其影响》，载《国际观察》2011年第1期，第10—18页。

纷。由于海域界限未定，区域相关国家间纷争不断，国家间的争议不仅影响海洋科学研究在争议海域的安全开展，还影响到能否在争议海域获得海洋科学研究申请的同意与答复。

（三）各相关方政治意愿及立场存在差异

海洋科学研究本身具有低敏感的特征，通常可以通过开展合作的方式，化解当事国在争议海域海洋科学研究问题上的争端。争议各国积极通过开展海洋科学研究的合作增进共识，有利于共同推进经济与文化等其他领域的合作，淡化争议，强化合作。通过推动在低政治敏感领域开展合作，探索合作路径，积累争议海域合作经验，可以为进一步解决争议海域问题提供理论和实践保障。虽然海洋科学研究的低敏感特征使得各国开展合作的可能性与空间较大，但其仍然受争议海域各国的政治意愿的影响。海洋科学研究应以合作与发展为根本。当事国合作开展海洋科学研究的政治意愿对争议海域海洋科学研究活动的开展具有较大的影响。

第二节　争议海域海洋科学研究应遵循的国际法规则

争议海域海洋科学研究容易受到相关国家的干扰，不但可能给科学家及科考船带来安全问题，而且不利于海洋科学研究的国际合作与发展。对争议海域内的海洋科学研究进行国际法分析，一方面有利于化解争议海域的纷争，另一方面有助于促成争议海域划界协议的达成。

一、《联合国海洋法公约》的规制：善意原则与和平解决国际争端原则

《公约》虽然并未对争议海域海洋科学研究问题进行直接规制，但相关规定中体现的善意原则及和平解决争端原则，为争议海域海洋科学研究问题的解决提供了国际法依据。例如，在加纳诉科特迪瓦一案中，特别法庭认为《公约》第74条第3款及第83条第3款规定的"尽一切努力"蕴含着"善意原则"。①

（一）善意原则对争议海域海洋科学研究的规制

善意原则并无确切的定义，其内涵在一系列国际法案例中逐步演变并不断丰富，具体而言包含条约必守原则、公平原则和禁止滥用权利原则。②《联合国宪章》的颁布，将善意原则从道德义务转化为实证国际法的一部分。③

善意原则可见于1969年《条约法公约》的相关规定，国际法院在比利时诉塞内加尔案中再次阐述了该原则。④ 善意原则的核心内涵之一是相关国家应当避免损害其他国家的权利，即一方应当避免损害另一方的权利。⑤ 善意原则贯穿于《公约》的条文之中，体现在"尽一切努力达成临时安排"及适当顾及义务等内容中。《公

---

① Ghana V. Côte d'Ivoire, ICJ.

② 王玮：《善意原则在国际法实践中的应用研究——基于国际法院具体适用的类型化分析》，载《河北法学》2021年第4期，第171—184页。

③ 宋杰、沈瑜晖：《论条约签署国的临时义务——以1969年〈维也纳条约法公约〉第18条为出发点》，载《国际法学刊》2020年第4期，第58—80页。

④ Belgium V. Senegal, ICJ.

⑤ Bin Cheng, *General Principles of International Law as Applied by International Courts and Tribunals*, Cambridge University Press, 1987, pp.106—120.

约》对适当顾及义务的规定涉及海洋科学研究的内容，主要体现为在领海、专属经济区、大陆架、公海，以及国际海底区域均应当对海洋科学研究予以适当顾及，不能对他国海洋科学研究造成不当干扰。争议海域海洋科学研究应当适当顾及各相关方的利益，以及申请开展研究的国家的利益。

遵守善意原则应当保持克制，禁止滥用权利。① 因此，争议海域海洋科学研究顺利开展的前提是秉持善意并保持克制，否则争议海域相关方可能会恶意阻止或干扰争议海域的海洋科学研究，加剧相关方在争议海域的矛盾。保持克制的责任主体包括争议海域的各相关方，以及赴争议海域开展海洋科学研究的他方。履行善意原则，遵守《公约》的规定及各相关国家的法律规定，皆应保持克制。

善意原则要求遵守条约必守原则。在善意原则之下，一方面应当按照《公约》规定善意地达成临时安排，另一方面应当履行涉及争议海域各相关方与赴争议海域开展海洋科学研究的他方所达成的条约、协定或安排，并善意履约。总之，争议海域海洋科学研究的开展应当遵守善意原则，履行条约义务、协议安排规定的义务。

（二）和平解决国际争端原则对争议海域海洋科学研究的规制

和平解决国际争端原则源于 1899 年海牙《和平解决国际争端公约》，《联合国宪章》明确规定和平解决国际争端原则，此后该原则成为现代国际法的基本原则。和平解决国际争端原则的含义是为

---

① 欧水全：《争议海域执法的武力使用及其国家责任问题》，载《大连海事大学学报（社会科学版）》2019 年第 3 期，第 1—9 页。

了国际和平、安全及正义，各国应当用和平方式解决国家之间的争端。① 争议海域海洋科学研究的开展离不开对和平解决国际争端原则的遵守。

实际上，《公约》的相关规定蕴含着应当"和平解决国际争端原则"的深意。正是基于缓和争议海域矛盾的目的，各相关国家才能通过善意谈判达成协议，作为过渡暂时执行，以避免最终划界完成前发生争端或冲突。例如，根据《公约》的规定，各相关国家应当相互克制，善意履行临时安排或最终的划界协议，用和平的方式化解争端。

争议海域海洋科学研究的开展涉及多方主体，不仅包括国家行为体，还包括非国家行为体。争议海域海洋科学研究的核心矛盾是争议海域各相关国家对争议海域提出的管辖权主张。科学无国界，而且《公约》规定了缔约国应当为海洋科学研究的开展提供便利，因此争议海域各相关国家应当通过和平方式解决争议海域海洋科学研究的问题。

二、划界前临时安排的达成：告诫性与义务性之争

有学者认为，《公约》第74条第3款及第83条第3款② 规定的"尽一切努力作出实际性临时安排"，并非沿海国应当遵守的一

---

① 杨泽伟：《论海上共同开发的发展趋势》，载《东方法学》2014年第3期，第71—79页。

② 上述两条款分别对专属经济区和大陆架作出规定："在达成第1款规定的协议以前，有关各国应基于谅解和合作的精神，尽一切努力作出实际性的临时安排，并在此过渡期间内，不危害或阻碍最后协议的达成；这种安排不妨害最后界限的划定。"

项义务，而是对沿海国提出的一种告诫。[①] 与此观点不同，有学者认为《公约》第 74 条第 3 款及第 83 条第 3 款规定分别为两个或两个以上存在海洋权益冲突的国家在重叠海域（主要指专属经济区和大陆架区域）确立了应当遵守的国际法义务。[②] 实际上，大多数学者认为，《公约》第 74 条第 3 款及第 83 条第 3 款确认了利益相关国应当遵守的国际法义务。例如，学者迈伦·H.诺德奎斯特等明确提出在划界协议达成之前，利益相关国应当遵守上述国际法义务。[③] 再如，在加纳和科特迪瓦案件的评述中，日本学者田中吉文认为，尽一切努力达成实际可行的临时安排是利益攸关国家的一项义务。[④] 回归《公约》条文，上述两条的第 3 款规定均是对所属条文第 1 款规定的补充说明，虽然第 1 款规定的内容具有义务性，但不能据此认为第 3 款规定当然具有义务性质。

本书认为《公约》第 74 条第 3 款与第 83 条第 3 款的规定兼具告诫性与义务性，该两种特性并非叠加关系。当各相关国家未就争议海域达成划界协议且各相关方未启动达成临时安排的程序，表明愿意达成临时安排时，上述条款仅具有告诫性。当各相关方通过对话、磋商等外交途径表达促成临时安排的意愿，并开始为达成临时

---

① David Ong, *Joint Development of Common Offshore Oil and Gas Deposits: "Mere" State Practice or Customary International Law*, 4 American Journal of International Law 771 (1999), pp.771—804.

② Ioannides, N., *The Legal Framework Governing Hydrocarbon Activities in Undelimited Maritime Areas*, 2 International & Comparative Law Quarterly 345 (2019), pp.345—368.

③ MH Nordquist, S Rosenne and SN Nandan (eds), *United Nations Convention on the Law of the Sea 1982: A Commentary*, Martinus Nijhoff, 1993, p.815.

④ Yoshifumi Tanaka, *The International Law of the Sea*, 2th edition, Cambridge University Press, 2015, pp.315—330.

安排做准备时，各相关国家应当尽一切努力达成实际性临时安排，此时上述条款具有基于《公约》规定而产生的义务性。因此，根据《公约》的规定，在达成最终协议或划定最终界限前，各利益相关国应当"尽一切努力作出实际性的临时安排"。

《公约》中的临时安排与《联合国宪章》第 40 条所规定的临时办法在实质上存在一致性。一方面，《联合国宪章》第 40 条规定临时办法应具有临时性、必要性、合理性和一定意义上的应急性。另一方面，《公约》第 74 条第 3 款及第 83 条第 3 款中有关明确临时安排不得危害或妨碍最后协议的达成且不妨害最后界限的划定之规定同《联合国宪章》对临时办法的限定一致，即临时办法不得妨碍利益相关国的权利主张与立场。

尽管《公约》关于临时安排的初衷是化解相关国家的冲突，提供一种暂时性解决问题的路径，并不妨碍或妨害相关国家的立场与权利主张，但实践中不同国家关于此规定存在不同的理解。譬如，日本和韩国在争议海域问题上对《公约》第 74 条第 3 款和第 83 条第 3 款规定的理解存在较大分歧。以海洋科学研究为例，在关于争议海域的海洋科学研究问题上，韩国认为应当按照《公约》的规定，尽一切努力形成包括事先通知制度在内的争议海域海洋科学研究合作框架体系，作为划界前的临时安排；日本则认为，划界谈判应当与建立争议海域海洋科学研究合作体系同时进行，毕竟临时安排仅是一种过渡性安排，如果不能就划界问题达成共识，有关争议海域海洋科学研究的事先通知制度就无法落地。[1]

---

[1] Atsuko Kanehara, *Marine Scientific Research in the Waters Where Claims of the Exclusive Economic Zones Overlap between Japan and the Republic of Korea*, 49 Japanese Annual of International Law 98 (2006), pp.98—122.

按照《条约法公约》第 31 条的规定来理解《公约》第 74 条、第 83 条规定的内容，可知临时安排是划界前的一种协议，具有应急性和过渡性，而划界协议是解决各相关国家争议所达成的最终方案，因此各相关国家无需承担同时进行或先后进行临时安排和划界协议的法律义务。申言之，《公约》并未在程序上限定临时安排和划界协议的先后顺序。在实践中，各相关国家应当根据争议海域的实际情况，在符合国际法的基础之上商议确定。

学界关于临时安排的形式也存在不同的理解。有学者认为，实质性的临时安排通常包括临时海域划界和划定共同管理区域两种形式。① 也有学者认为，划界前的临时安排分为共同开发型、临时划界型和维持秩序型等三种类型。② 值得注意的是，无论何种形式的临时安排，均需要尽一切努力达成。这种努力包含合作与理解。在加纳和科特迪瓦案件中，特别分庭确认临时安排是一项行为义务③，基于此，各相关国家应当善意合作，并"尽一切努力"达成临时安排。在圭亚那和苏里南的仲裁案中，尽管苏里南认为"尽一切努力"达成临时安排是一项强制性义务，但其并未以积极的态度应对达成临时安排一事。而事实上，正如仲裁庭所指出的那样，所

---

① *Obligations of States under Articles 74(3) and 83(3) of UNCLOS in respect of Undelimited Maritime Areas*, available at https://www.biicl.org/projects/obligations-of-states-under-articles-743-and-833-of-unclos-in-respect-of-undelimited-maritime-areas, last visited on 06-07-2023.

② 欧水全：《争议海域划界前的临时安排与中国实践》，载《大连海事大学学报（社会科学版）》2020 年第 4 期，第 14—21 页。

③ *Dispute concerning Delimitation of the Maritime Boundary between Ghana and Côte d'Ivoire in the Atlantic Ocean (Ghana/Côte d'Ivoire)*, available at https://www.itlos.org/en/main/cases/list-of-cases/case-no-23/#c6633, last visited on 31-07-2023.

达成的临时安排需要以合作和理解精神为前提。①

综上所述，《公约》第 74 条第 3 款和第 83 条第 3 款规定为达成划界协议提供了"临时安排"的过渡性方案，有利于缓和各相关国家的紧张局势，为最终达成划界协议提供制度性参考。但《公约》本身对该临时安排如何达成，以及达成的时机、效果等内容欠缺制度性规制，导致学术界和理论界针对达成"临时安排"的性质及其执行效果产生争论。但无论达成"临时安排"本身具有告诫性抑或义务性，"临时安排"是行为义务还是结果义务，最终都需要回归争议海域本身，回归争端相关国及争端案件本身。

三、适当顾及义务的履行：适当性与限度问题

适当顾及原则来源于确立已久的"合理顾及"（reasonable regard）这一国际法原则，1958 年《公海公约》对该原则予以规定，而后《公约》承继该原则，称之为"适当顾及"（due regard），但两者内涵一致。②《公约》第 56 条第 2 款及第 58 条第 3 款规定了沿海国在专属经济区内的适当顾及义务，第 79 条规定了在海底铺设电缆的适当顾及义务，第 87 条规定了公海的适当顾及义务，除此之外，《公约》关于适当顾及义务的规定还涉及国际海底"区域"、冰封区域、海洋环境保护、航行安全等领域，在上述领域开展的活动均应

---

① *Award in the Arbitration regarding the Delimitation of the Maritime Boundary between Guyana and Suriname*, 17 September 2007, Reports of International Arbitral Awards 30, at 130—131, para. 461.
② 张卫华：《专属经济区中的"适当顾及"义务》，载《国际法研究》2015 年第 5 期，第 47—59 页。

适当顾及他国利益或相关权益。

　　实际上，适当顾及原则成为贯穿《公约》全文的实质性和根本性规定。譬如，《公约》第 78 条规定虽未提及适当顾及义务，但其内容表述和内在意蕴涵盖适当顾及义务的含义。再如，《公约》第 240 条虽然未明确规定海洋科学研究应当履行适当顾及义务，但该条文在事实上体现了适当顾及义务。因此在进行海洋科学研究时，应当适当顾及他国利益。有学者认为，国际礼让原则、善意履行条约原则和禁止权利滥用原则等内在要求使得开展海洋科学研究活动的主体应当履行适当顾及原则。① 当相关国家中的一方在争议海域单方进行海洋科学研究时，将侵犯其他当事国的主权权利，并限制或影响其他相关国家所享有的相应权利。② 与之不同的观点认为，相关国家在履行适当顾及义务的前提下，可以在争议海域内自由行使主权权利和管辖权。③ 如何合理地履行适当顾及义务，不仅关系到争议海域划界协议问题的解决，还关系到海洋科学研究的开展。有学者认为，适当顾及包含程序中的合作与实体中的平衡之内涵，兼具双向性和义务性。④

　　诚然，在争议海域内开展海洋科学研究活动应当在合理、合法的限度之内，并适当顾及其他相关国家的权益，兼顾海洋环境保护

---

① 张丽娜：《海洋科学研究中的适当顾及义务》，载《社会科学辑刊》2017 年第 5 期，第 105—111 页。

② 叶泉：《谁之权利？何种义务？——当事国在争议海域单边行动之边界探究》，载《当代法学》2021 年第 5 期，第 127—139 页。

③ Rainer Lagoni, *Interim Measures Pending Maritime Delimitation Agreements*, 78 American Journal of International Law 345 (1984), p.365.

④ 何海榕：《论"适当顾及"的国际法义务及其对中国的启示》，载《武大国际法评论》2020 年第 4 期，第 34—52 页。

及海洋渔业等内容。适当顾及义务的履行在争议海域海洋科学研究问题上的应用与履行，是一种道德义务和行为义务的结合，不仅有利于海洋科学研究的合作、交流与发展，还有利于争议海域争端的解决。

综上所述，"善意谈判""和平解决争端""尽一切努力达成实际性临时安排"，以及"适当顾及义务"等均为争议海域海洋科学研究问题相关的国际法基础，对争议海域海洋科学研究的发展起到重要的促进作用。

第三节　争议海域海洋科学研究的规制路径

争议海域内的海洋科学研究的国际法规制应当从争议海域的特征出发。在理念层面逐步建立互信，以海洋命运共同体理念为指导，聚焦争议海域海洋科学研究的规制问题，促进临时安排和划界协议的达成，各争端相关国家应当保持克制。

一、以海洋命运共同体理念为指导

海洋命运共同体的主要意涵为"共商""共建"与"共享"[1]，应当将该理念融入争议海域海洋科学研究规制中。

第一，聚焦争议海域的海洋科学研究问题。从宏观视角审视争议海域的海洋科学研究问题，不难发现其面临的最大国际法问题，

---

[1] 姚莹：《"海洋命运共同体"的国际法意涵：理念创新与制度构建》，载《当代法学》2019 年第 5 期，第 138—147 页。

是如何在《公约》缺乏关于此问题的实质性规定的情况下开展海洋科学研究活动，而避免与相关国家产生争端，确保海洋科学研究活动的顺利完成。在争议解决的维度上，"共商"是化解纠纷的前提，也是解决争议的必经过程，各相关国家只有共同商议与争端解决相关的问题，才有可能获得化解或解决争端的良策。而在海洋科学研究实践的维度上，一方面，争议海域各相关国家应当共同致力于获知争议海域的地形、地貌、洋流、水文等相关情况，进一步认识争议海域的环境，为争议海域海洋争端的最终解决提供、积累必要的科学知识。另一方面，争议海域各相关国家应当"共享"海洋科学研究获取的数据与样本。虽然《公约》对此并无直接规定，但第249条有关于经沿海国要求分享研究成果的相关规定。分享数据不仅可以减少非必要的科学研究给海洋环境造成的影响，还可以节约科学家深入认识海洋环境的时间、经济等成本。

第二，关注海洋科学研究本身。海洋科学研究本身是对研究国的经济、科技和人才等要求极高的活动，不但需要同争议海域的相关国家合作开展，而且需要同争议海域之外的国家开展合作，优势互补。例如，中国与俄罗斯、巴基斯坦分别达成《中华人民共和国政府和俄罗斯联邦政府关于海洋领域合作协议》《中华人民共和国政府和巴基斯坦伊斯兰共和国政府关于测绘科技合作的议定书》。[①]应当以海洋命运共同体理念为指导搭建涉及渔业、洋流、地质勘探、环境、大气、气候变化等研究在内的科研平台，促进合作，淡化争议，搁置争议，共同研究。

---

① 数据来源于威科先行数据库，https://law.wkinfo.com.cn/，最后访问于2023年11月28日。

总之，无论是宏观层面还是微观层面，都需要以海洋命运共同体理念为指导。

二、促进临时安排与划界协议的达成

尽管争议海域相关国家尽一切努力达成的临时安排可能被《公约》第 298 条规定排除在外 [1]，即不接受国际司法机构的强制管辖，但争议海域的各相关国家仍应当本着善意原则，尽一切努力达成关于海洋科学研究的临时安排。

虽然多数学者认为，这种临时安排是一种行为义务而非结果义务，但善意的行为有利于各相关国家形成共识，促成临时安排的达成，并最终促进临时安排的有效实施，使争议海域各相关国家不但在形式上，而且在实质上履行《公约》第 74 条第 3 款及第 83 条第 3 款的规定。临时安排具有过渡性，是划界前的一种尝试方案，其有效实施对争议海域问题的解决不仅具有实践意义，更具有借鉴意义，对于争议海域各相关国家达成最终的划界协议具有促进作用，因此应当促进临时安排的达成。

争议海域争端的解决，有赖于争议各相关国家划界协议的最终达成。各相关国家应积极就争议海域的划界问题进行对话、磋商或谈判，并积极应对相关问题，向大陆架界限委员会提交划界协议，促进海域争端的解决，为海洋科学研究的合作与发展创造稳定、安全的区域外部环境。综上，临时安排的达成并有效实施有利于形成

---

[1] Constantinos Yiallourides, *Protecting and preserving the marine environment in disputed areas: seismic noise and provisional measures of protection*, 36 Journal of Energy & Natural Resources Law 141 (2018), pp.141—161.

最终的划界协议，有利于化解争议海域海洋科学研究的相关争端，促进海洋科学研究的发展。划界协议的达成及有效执行关系到争议海域相关问题的解决，特别是争议海域的海洋科学研究问题。在界限与权属分明的海域进行海洋科学研究，有助于提高海洋科学研究人员的安全感，有利于海洋科学研究的综合发展，有利于加强人类对争议海域海洋环境状态的认识，从而加强人类对争议海域的海洋环境保护。

三、搁置争议与共同研究

搁置争议是争端各方达成的一种保持争端现状，暂时弱化争议、缓和局势，保持各方法律立场不致发生变化的一种争端处理手段，是和平解决国际争端原则的重要补充。[1] 争议海域各相关方达成搁置争议的合意，这种低调处理争端的方式并不是一种消极退让行为，而是以静待变，降低因各方争端而爆发冲突的可能性，为争议各方最终解决争端问题争取合理的时间。[2] 搁置争议的方式为争议海域创造了和平的政治环境，不仅有利于争端各相关方在争议海域开展海洋科学研究，还有利于他方赴争议海域开展海洋科学研究。

搁置争议使争议海域的相关方处于和平的非对峙状态，在这种状态下，争议海域各相关国家是否可以单方面开展海洋科学研究活

---

[1] 黄瑶：《论人类命运共同体构建中的和平搁置争端》，载《中国社会科学》2019年第2期，第113—136页。

[2] 孙天旭、贾庆国：《美国处理海洋权益与领土争议的实践及成因》，载《亚太安全与海洋研究》2018年第5期，第1—17页。

动,《公约》等国际法并没有作出明确的规定，由此导致争议与争端不断发生。例如，在希腊与土耳其提交国际法院审理的"爱琴海大陆架案"中，希腊主张，在争端经国际法院最终作出司法裁判前，一方若事先未经对方同意，则不得在提交法院审理的案件所涉及的相关海域内进行任何与海洋科学研究相关的活动，但国际法院并未支持该主张。[①] 事实上，这并不意味着在争议解决前，争议相关国家可以单方面采取科学研究活动能够成为司法先例，因为此后的相关国际司法判例皆未确认这一先例。当争议海域内相关国家针对他国正在进行的单边海洋科学研究活动进行交涉时，应当遵守善意原则，保持适当的克制，避免发生冲突，维护地区的和平与稳定。参与海洋科学研究的人员亦应当增加海洋法知识储备，在符合法律规定的前提下，保持克制并维护自身的合法权益。此外，争议海域单方面开展海洋科学研究往往面临着争议各相关国家，特别是沿海国海警等部门的突然"执法"，使海洋科学研究活动被迫中止或无疾而终。沿海国应当保持克制，秉持善意原则进行交涉。

共同研究的前提是搁置争议，其实质是鼓励各争议方寻求合作。[②] 搁置争议、共同研究在客观上有利于推动海洋科学技术的转化与发展。争议海域各相关方应当通过磋商、对话、协商或谈判的方式，达成双边或多边合作开展海洋科学研究的协议。该协议可作为一种实际性的临时安排，但应当合理规定在争议海域开展海洋科

---

① Aegean Sea Continental Shelf, Interim Protection, Order of 11 September 1976, *I.C.J. Reports 1976*, available at https://www.icj-cij.org/files/case-related/62/062-19760911-ORD-01-00-EN, last visited on 24-06-2023.

② 刘衡：《中国关于国际海洋争端解决的政策与实践》，载《国际法研究》2022 年第 6 期，第 36—61 页。

学研究的内容，鼓励争议各相关方在具有低敏感性的海洋科学研究领域开展合作，促进争议各相关方在科学技术、数据与样本等方面展开交流，增进争议海域各相关方之间的了解与互信。此外，《公约》规定应当为海洋科学研究提供便利，各相关国家在共同研究的过程中应当履行为海洋科学研究提供便利的原则。

本章小结

本章对争议海域内海洋科学研究的规制进行分析。从争议海域的基本理论切入，分析争议海域问题的由来及特征，对"历史性水域"问题进行国际法分析，并阐述基于海域划界而引发的争议问题。争议海域问题具有涉及两方及以上国际法主体、凸显"地缘政治"要素，以及争议海域构成要件缺乏国际法统一标准等特征，使得在争议海域开展海洋科学研究将面临较为复杂的国际法问题。争议海域内的海洋科学研究的开展不同于管辖权明确的海域内开展的海洋科学研究。

本章对在争议海域内开展的海洋科学研究的类型分别展开分析，主要包括单方面进行科学研究、争议方合作进行科学研究、他方赴争议海域开展科学研究，以及他方与争议海域相关方合作进行科学研究。其中争议海域相关国家进行科学研究，包括全体争议主体参与合作研究与部分争议主体间寻求合作两种类型；他方赴争议海域开展科学研究，包括以国家为主体进行研究和以各主管国际组织为主体进行研究两种形式；他方与争议海域相关方合作进行科学研究，包括与争议海域中一方进行合作和与争议海域中多方进行合作两种形式。事实上，在争议海域内开展海洋科学研究不同于在权属清晰海域所开展的研究。一方面，开展前是否需要通过外交途径确定海洋科学研究的相关事宜存在国际法缺位的情况，从而导致争议不断。另一方面，开展过程中可能遇到相关国家的不当或无理阻挠或干扰。在争议海域内开展海洋科学研究时，研究程序启动复杂，受国际政治环境因素影响大，且与当事国的政治意愿具有相关性，还可能面临争议海域相关国家的干扰，上述问题成为在争议海域内开展海洋科学研究的主要困难。

在此基础之上，本章对在争议海域内开展的海洋科学研究的规制问题进行国际法分析，认为争议海域内开展的海洋科学研究应当遵守国际法的基本原则，善意磋商，和平解决争端，依据《公约》第 74 条第 3 款和第 83 条第 3 款规定的"尽一切努力达成实际性临时安排"及履行适当顾及义务。以海洋命运共同体理念为指导，促进临时安排与划界协议的达成，相关国家应当秉持克制原则，搁置争议，共同研究，避免争端升级，兼顾为海洋科学研究提供便利的原则。

第四章　北极地区海洋科学研究的规制问题

极地与深海、外空、网络等均被称为"战略新疆域"，此间不仅蕴含人类生存和发展的新空间和资源，还与海洋地质、地球物理、网络技术等自然科学紧密联系，不同于传统意义上政治和法律研究的范畴。[①] 北极具有重要的研究价值，聚焦北极海洋科学研究的国际法规制及相关问题，对于探究、开发新疆域，以及合法、有效利用新疆域具有重要意义。《公约》生效后，非北极国家参与北极地区海洋科学研究具有法律依据。非北极国家可以完全依照《公约》的规定参与北极地区海洋科学研究吗？北极地区海洋科学研究的规制问题有哪些？如何更好地规制北极地区海洋科学研究？本章围绕上述问题展开研究。

第一节　北极地区海洋科学研究的实况及其规制现状

随着国际社会对北极的关注与重视，各国愈发注重加强在北极

[①] 张志军、刘惠荣：《当前国际法跨学科人才培养的新任务新课题——基于深海、极地、外空、网络等"战略新疆域"的思考》，载《人民论坛学术前沿》2021年第 3 期，第 108—111 页。

事务上的合作，从双边合作到区域论坛，涉及的领域包括科学研究、环境保护、航行航运等，并不断扩展。① 加强对在北极地区开展的海洋科学研究的国际法探讨，规范各国的海洋科学研究活动，构建完善的国际法机制，为各国在北极有序开展海洋科学研究活动提供国际法依据，既符合北极国家的利益，又符合全人类的利益。

一、北极地区海洋科学研究的概况

北极国家凭借地理位置的优势，积极开展海洋科学研究活动，非北极国家秉持全人类的利益和共同财产原则，积极参与北极地区的海洋科学研究。北极的区域范围，主要指北纬 66°34′ 北极圈以内的地区。② 该区域内的俄罗斯、美国、加拿大、丹麦、瑞典、芬兰、冰岛和挪威环绕着北冰洋。在上述国家中，俄罗斯、美国、加拿大、丹麦和挪威均对北极提出领土主张，参与北极地区性事务也更为积极，因此常被称为"北极五国"，然而本研究提到的北极国家在没有特别说明时，均指北极八国。

（一）北极海洋科学研究的国家实践及其概况

1. 北极国家：谋求经济与战略利益

国际社会在 1882 年至 1883 年期间，在北极地区进行了第一次大规模的科学考察，这一年被称为第一次国际极地年。③ 俄罗斯对

---

① 洪农：《北极事务的地缘政治化与中国的北极角色》，载《外交评论（外交学院学报）》2023 年第 4 期，第 76—97 页。

② 北极地区的区域范围地图详见北极理事会官网，https://iasc.info/cooperations/arctic-science-agreement，最后访问于 2023 年 11 月 30 日。

③ About IPY, available at http://www.ipy.org/about-ipy, last visited on 14-08-2023.

北极地区开展的海洋科学研究活动肇始于俄罗斯对北极的主权宣誓及开发利用。1905 年后，俄国加强了在西伯利亚东北地区及周边海域的科学考察，成立水文考察队、地质考察队、气象考察队及生物研究队等①，加强对北极地区的认知，巩固其在北极的战略地位。十月革命后，苏联组建北极科学考察队，并通过机构改革设立"全联盟北极研究院"，全面负责北极的研究、开发与建设。一战后，苏联加强对北极地区的科学研究，1938 年，苏联科学家不仅对北冰洋底地形有了突破性认知，还首次精准测量了北极点附近海洋的深度。②二战期间，北极航道在战略物资运输中发挥了重要作用。二战后，苏联加强了对北极地区科学研究的支持，增派空中考察队，取得了包括罗蒙诺索夫海岭（Lomonosov Ridge）在内的重大发现。而苏联解体后，由于资金短缺，俄罗斯对北极地区的科学研究曾短暂放缓。普京执政后，俄罗斯全面加强了对北极的科学研究、军事部署和综合开发利用。③

美国在北极的科学研究政策随着历任政府的战略部署而逐步向综合化方向发展。美国最初对北极地区的科学探索是基于经济利益的追求，无论是美国民间及政府对北极地区的"淘金热"，还是渔业捕捞，均具有较大的经济色彩。④二战后，美国意识到北极的重

① 叶艳华：《俄罗斯海洋战略研究——从沙皇俄国时期至苏联时期》，中国社会科学出版社 2021 年版，第 156—161 页。
② 徐曼：《俄罗斯北极开发及其效应研究》，吉林大学 2022 年博士学位论文，第49—162 页。
③ 叶艳华：《俄罗斯海洋战略研究——从沙皇俄国时期至苏联时期》，中国社会科学出版社 2021 年版，第 156—240 页。
④ Annika E.Nilsson, *The United States and the Making of an Arctic Nation*, Published online by Cambridge University Press, 2018, p.97, available at https://www.cambridge.org/core/journals/polar-record/article/united-states-and-the-making-of-an-arctic-nation/0143A277BC17E5E53F9A5B8A38C55302, last visited on 31-08-2023.

要战略地位，逐步加强对北极军事及科学研究的重视。1958 年，美国国家科学院成立极地研究委员会，专门向美国联邦政府机构提供专业性战略指导。[1]1971 年，尼克松总统首次在《第 144 号国家安全决策备忘录》中提出制定"美国北极政策"和建立"北极政策小组"，加强北极地区的科研活动及与其他国家的合作开发。[2] 美国历任总统均重视对北极的科学研究，1984 年，里根政府通过《北极研究和政策法案》，并于次年成立部门间北极研究政策委员会，实施北极研究政策。[3] 2009 年，布什政府签署第 66 号国家安全总统令——《美国新北极地区政策》，该总统令指导美国的北极行动，并标志着美国对北极的研究进入新阶段。[4] 奥巴马政府发布《北极地区国家战略》，提出科学家应当同决策者共同参与北极政策的制定。[5] 拜登政府的新版《北极地区国家战略》重视科学研究在北极事务中的综合影响力及其在维护美国在北极的权益中的作用。[6] 此外，拜登政府将北极科学研究视为重要的安全利益，加强了对北极

---

[1] About the Polar Research Board, available at https://www.nationalacademies.org/prb/about, last visited on 31-08-2023.

[2] National Security Decision Memorandum (NSDM-144), *United States Arctic Policy and Arctic Policy Group*, available at https://www.nixonlibrary.gov/sites/default/files/virtuallibrary/documents/nsdm/nsdm_144.pdf, last visited on 31-08-2023.

[3] Executive Order 12501—Arctic Research, available at https://www.presidency.ucsb.edu/documents/executive-order-12501-arctic-research, last visited on 31-08-2023.

[4] 王金平、刘嘉玥、李宇航、陈留林、吴秀平：《环北极国家北极研究布局及对中国的启示》，载《科技导报》2021 年第 9 期，第 9—16 页。

[5] *National Strategy for the Arctic Region (May 10, 2013)*, available at https://obamawhitehouse.archives.gov/sites/default/files/docs/nat_arctic_strategy.pdf, last visited on 31-08-2023.

[6] Kuang Zengjun, *New Developments in US Arctic Strategy and Their Implications for Arctic Governance*, 2 China International Studies 107 (2023), pp.107—125.

地区生态的科学研究，保护北极环境及生物多样性。[①] 美国在北极地区设立机构并泛化国家安全的概念，将北极科学研究在某种层面上同国家安全之间建立联系。例如，2020 年 9 月，美国在北极附近的阿拉斯加州设立北极能源办公室，该办公室可以代表国防部参与北极事务。[②] 总之，美国在北极地区的科学研究政策与本国的战略利益密切相关。

其他北极国家亦将北极地区的科学研究放在重要的战略高度，希冀通过科学研究打开本国参与北极地区事务的局面。

2009 年，加拿大政府总理史蒂芬·哈珀（Stephen Harper）发布的《北方战略：我们的北方、我们的传统、我们的未来》(*Canada's Northern Strategy: Our North, Our Heritage, Our Future*) 中，提出优先发展与气候变化及北极国家共同体的健康和幸福相关的科学研究，并将科学研究与政府决策相衔接。[③] 为应对激烈的大国竞争和严酷的外部环境，2021 年，挪威出台了第三个（第一个于 2005 年出台，第二个于 2011 年出台）北极政策，该政策提出，挪威支持同尊重挪威法律及现有北极合作框架体系的非北极国家开展科研、环境保护等合作。[④] 2020 年，瑞典对北极政策进行调整，但仍然重视北极地区的科考，同样重视北极海洋科学研究的合作，瑞典已经建立了同英国和美国在北极冰川和北冰洋底进行研究的合作，以

[①] *National Strategy for the Arctic Region*, pp.8—9.

[②] Department of Energy, *US Department of Energy Announces Establishment of Office of Arctic Energy*, available https://www.energy.gov/articles/us-department-energy-announces-establishment-office-arctic-energy, last visited on 31-07-2023.

[③] *Canada's Northern Strategy: Our North, Our Heritage, Our Future*, available at https://core.ac.uk/download/pdf/236381721.pdf, last visited on 31-08-2023.

[④] Andreas Østhagen, *Norway's Arctic policy: still high North, low tension?*, 11 The Polar Journal 75 (2021), pp.75—94.

及同美国和德国对近北极点附近大气和气候状况的合作与研究；值得一提的是，瑞典拥有全球领先的极地科研装备。①

综上所述，北极国家对北极地区的开发利用始于对北极的科学考察与研究，部分国家的科学考察与研究在某种程度上助益其扩大主权范围。例如，1913 年，俄国北冰洋水文考察队发现北地群岛，随后将其纳入版图。② 随着各国对北极战略地位的认识，以及对北极地区资源利用的需求，各国在北极地区的海洋科学研究活动日益频繁和深入，而科学研究的背后往往有着较为复杂的国家利益考量，我们很难将北极科学研究界定为单纯意义上的科学研究。

2. 非北极国家：《公约》赋予的法定权利

《公约》第 256 条规定所有国家享有在"区域"内进行海洋科学研究的权利，第 257 条规定了在专属经济区以外水体内进行海洋科学研究的权利，因此对于北极国家管辖范围外的海域，非北极国家具有进行海洋科学研究的法定权利。非北极国家极为重视自身在北极地区的权益，通过国内政策的调整，制定北极科研战略，以打破北极国家在北极地区进行科学研究的优势。

日本是第一个在北极地区建立观测站的非北极国家，也是第一个加入国际北极科学委员会的国家，其在北极进行了长达半个多世纪的观测和研究。③ 此外，日本制定了"关于北极科学研究的战

---

① *Sweden's Strategy for the Arctic,* available at https://www.government.se/content-assets/85de9103bbbe4373b55eddd7f71608da/swedens-strategy-for-the-arctic-region-2020.pdf, last visited on 01-09-2023.

② 叶艳华：《苏联时期北极地区和北方航道开发的历史考察》，载《俄罗斯东欧中亚研究》2019 年第 6 期，第 108—129 页。

③ *Japan's Arctic Policy,* available at https://www8.cao.go.jp/ocean/english/arctic/pdf/japans_ap_e.pdf, last visited on 01-09-2023.

略",以加强本国科研能力及促进科研设施研发,同时积极参与全球北极科研项目与政策的研讨。[①]

韩国在 2013 年发布《北极政策框架计划》和《北极政策综合计划》,成为第一个制定北极战略的亚洲国家。[②] 韩国对北极科学研究的重视体现在两个方面。一方面,通过设立专门性北极科学研究机构专注北极科学研究,构建北极科学研究的长效体制与机制。例如,韩国于 2001 年成立北极科学委员会,次年成立极地研究委员会,并建成"茶山"科学考察站。[③] 另一方面,韩国建造破冰船,通过工具理性[④] 的逻辑,实现对北极地区的科学观测与研究。

中国十分重视北极科学研究活动,先后实施了《北极考察活动行政许可管理条例》和《中国极地考察数据管理办法》,以规范北极科学研究活动。2018 年颁布的《中国北极政策白皮书》一方面提出与北极国家合作开展科研活动,另一方面主张各国在北冰洋公海享有科研自由。除法律法规层面的重视与保障外,在实践层面,中国积极开展北极物理、化学、生物等领域的科学考察,建立科学考察与观测站,积极参与北极气候与环境变化的观测与研究,并关注北极的可持续发展问题。

德国作为近北极国家,从资金和政策上支持致力于极地与海洋研究的"阿尔弗雷德·魏格纳极地与海洋研究所"和"基尔亥姆霍

---

① *Sakiko Hataya Japan's Arctic Policy: Status and Future Prospects*, available at https://muse.jhu.edu/pub/136/article/880919/pdf, last visited on 01-09-2023.

② 谢晓光、杜晓杰:《韩国北极航道开发:决策动机、推进路径与制约因素》,载《当代韩国》2021 年第 3 期,第 56—73 页。

③ 孙凯、李文君:《中日韩三国北极事务公共外交比较研究》,载《中国海洋大学学报(社会科学版)》2022 年第 5 期,第 45—56 页。

④ 李国和:《失衡与自觉:风险社会的理论溯源与现实诉求》,载《甘肃社会科学》2023 年第 4 期,第 168—177 页。

兹海洋研究中心"等科研机构。此外，德国政府部门对诸如国际和安全事务研究所等智库在北极地区开展环境保护与海洋科学研究的相关研究提供赞助。①

英国对北极地区的研究集中在自然科学和人文社科两个方面，在支持北极自然科学研究的同时，重视人文社科与自然科学的协同发展，这对英国科学制定北极政策具有重要作用。英国在北极建立了"英国北极研究站"，具备组织和运往位于北极偏远和难以进入的冰川、海冰和陆地上野外营地的专业知识。②

综上，非北极国家尤其是近北极国家，十分珍视《公约》赋予的在北极公海区域自由开展海洋科学研究的权利，同时注重同北极国家在科研、环境和经济方面的合作。在制度层面，非北极国家通过法律、政策、文件支持北极科学研究，在财政、人员等方面匹配合适的资源，鼓励本国的科研人员参与北极科研、发表学术成果；在实践层面，非北极国家鼓励科考船、破冰船的研发和建造，并建设北极科学考察站，形成对北极地区进行持续性海洋科学研究的机制保障。

（二）国家之间利益博弈

1. 北极国家间在科学研究领域的合作与冲突

北极国家在科学研究领域积极寻求合作，利用科学研究打开外

---

① German Arctic Office, *Raising Awareness and Building Capacity for Science-Based Policy-Making Workshop Summary*, German Arctic Office 2019, pp.15—24.

② The Rt Hon Lord Goldsmith, Minister of State responsible for the Polar Regions, *Looking North: the UK and the Arctic*, the United Kingdom's Arctic Policy Framework, available at https://www.gov.uk/government/publications/looking-north-the-uk-and-the-arctic/looking-north-the-uk-and-the-arctic-the-united-kingdoms-arctic-policy-framework, last visited on 01-09-2023.

交局面，维护本国利益。例如，挪威的一些大学和研究机构与美国的研究机构和行政机构开展了长期的、充满活力的合作项目。[①] 此外，基于利益共同体的考量，北极八国意识到其在北极地区合作开展科学研究的必要性。2017 年，北极八国达成《加强国际北极科学合作协定》，对与科学研究相关的数据和样本的获取、科研设备的布放，以及国际合作、法律法规保障、争端解决等内容进行约定。[②]

北极国家在制度层面及实践层面均积极探索，并尽力为北极地区的海洋科学研究搭建合作平台。不可否认的是，北极国家在北极地区的科学研究合作是一种路径，但合作的路径上充满重重矛盾与困难，首当其冲的是基于国家主权而产生的与海洋科学研究相关的纷争，也体现为国家领土主权原则与人类共同继承财产原则之间的冲突。具体而言，例如在北极冰上布放的科研设备与设施可能随着极冰漂浮移动，一旦设备漂浮进北极国家管辖范围内的海域，则可能产生关于科研设备的布放权、回收权及所有权的纠纷。[③]

根据《公约》第 245 条和第 246 条的规定，在沿海国领海内布放科研设备应当经过沿海国（此处应当是北极国家）事先同意或事先斟酌决定，而科研设备随着极冰漂浮进沿海国管辖海域具有偶然性，既无事先通知亦未经沿海国事先同意，因此可能造成法律

---

① *The Norwegian Government's Arctic Policy*, available at https://www.regjeringen.no/en/dokumenter/arctic_policy/id2830120/, last visited on 01-09-2023.

② *Agreement on Enhancing International Arctic Scientific Cooperation*, available at file:///C:/Users/Xiao%20Haixing/Downloads/EDOCS-4288-v2-ACMMUS10_FAIRBANKS_2017_Agreement_on_Enhancing_International_Arctic_Scientific_Cooperation.pdf, last visited on 23-08-2023.

③ Hilde Woker, Bernhard Schartmüller, Knut Ola Dølven, Katalin Blix, *The law of the sea and current practices of marine scientific research in the Arctic*, 115 Marine Policy 1 (2020), pp.1—9.

纠纷。

此外，与渔业资源研究相关的纷争时有发生，例如丹麦、挪威及俄罗斯关于渔业资源开展的科学研究，但可能由于渔业配额问题未达成一致，研究被迫中断。[①] 总之，一方面北极国家注重加强相互间的合作，增进互信；另一方面，由于主权、资源、经济等因素的相互作用，北极国家不可避免地会产生利益冲突。

2. 非北极国家在科学研究领域积极寻求合作

非北极国家通过与北极国家开展合作研究，积极参与北极事务，争取本国参与北极地区事务的功能性作用。譬如，韩国与挪威成立极地研究合作中心，推动极地科学研究的交流与发展。[②] 再如，2021年，加拿大和英国启动了加拿大—因纽特人努南加特—英国北极研究计划，该计划将在2022年至2025年期间为使因纽特人适应气候变化、加强对生态环境的复原力和可持续发展的研究等新项目，提供约1200万英镑（英国提供800万英镑）的研究资金，该计划将为因纽特人的决策提供支持。[③]2017年4月发布的《中华

[①] *MSC Suspending Certification for All Atlanto-Scandian Herring and Blue Whiting*, available at https://www.seafoodsource.com/news/environment-sustainability/msc-suspending-certification-for-all-atlanto-scandian-herring-and-blue-whiting, last visited on 23-08-2023.

[②] *Strengthening Polar Research Cooperation with The Republic of Korea*, available at https://www.nersc.no/news/strengthening-polar-research-cooperation-republic-korea, last visited on 01-09-2023.

[③] *Looking North: The UK and the Arctic*, The United Kingdom's Arctic Policy Framework, available at https://www.gov.uk/government/publications/looking-north-the-uk-and-the-arctic/looking-north-the-uk-and-the-arctic-the-united-kingdoms-arctic-policy-framework#partnering-and-collaborating-1, last visited on 30-08-2023.

人民共和国和芬兰共和国关于建立和推进面向未来的新型合作伙伴关系的联合声明》指出，加强中芬两国在"北极海洋产业、北极地质学、海洋与极地科学研究（包括北极天气和海冰监测与预报等）、环保技术、航运、海上安全（包括船舶监控及报告、信息通信技术）和旅游业等领域的经济和科技合作"①，加强对北极的环境保护和资源的可持续利用。

此外，中国与挪威、中国与丹麦、中国与瑞典、中国与冰岛均建立了科学研究合作机制。②非北极国家间亦开展了广泛的交流与合作，例如中韩两国成立了中韩海洋科学共同研究中心，加强海洋科学研究领域的合作，共同参与北极地区科学研究活动。③英国明确提出要寻求与包括北极理事会其他观察国在内的其他非北极国家间的共同利益，同时将加强与欧洲和印太地区伙伴的合作，以实现在北极的共同目标。④综上，非北极国家积极寻求同北极国家的合作，同时加强同非北极国家的共识，增强非北极国家参与北极事务的力量，拓展合作模式与机制。

---

① 《中华人民共和国和芬兰共和国关于建立和推进面向未来的新型合作伙伴关系的联合声明》，资料来源于威科先行 http://www.wkinfo.com.cn/，最后访问于 2023 年 9 月 3 日。

② 张伟鹏：《中国参与北极治理合作：政策优化、实践发展与推进思路》，载《世界地理研究》2023 年第 9 期，第 1—14 页。

③ 中韩海洋科学共同研究中心网站，http://www.ckjorc.org/cn/cnindex_mainpage.do?，最后访问于 2023 年 9 月 2 日。

④ *Looking North: The UK and the Arctic*, The United Kingdom's Arctic Policy Framework, available at https://www.gov.uk/government/publications/looking-north-the-uk-and-the-arctic/looking-north-the-uk-and-the-arctic-the-united-kingdoms-arctic-policy-framework#partnering-and-collaborating-1, last visited on 30-08-2023.

二、北极地区海洋科学研究的区域性法律规制

（一）主管国际组织有效推动海洋科学研究的开展

北极国家与非北极国家重视北极科研的开展及其成效，一方面通过本国国内法律规制北极科研活动，另一方面通过国际组织的管理与运作推动北极科学研究。实际上主管国际组织在促进北极科学研究方面起到了重要的组织、引领和促进作用。具有北极地区特色的国际组织机构有北极理事会、国际北极科学委员会，以及北太平洋海洋科学组织等。北极理事会于1996年9月成立，是一个高层次国际论坛，其宗旨是保护北极地区的环境，促进该地区在经济、社会和福利方面的持续发展，重点关注北极国家和地区所面临的问题。2013年，意大利、中国、印度、日本、韩国和新加坡成为北极理事会的正式观察员国。[①]

1990年8月，北极八国在加拿大成立国际北极科学委员会，该委员会关注大气、冰冻圈、海洋、社会与人类和陆地等领域的研究，通过制定北极科学考察研究计划与环境保护规划，协调、组织和促进北极地区的科学研究、环境保护及学术交流与合作，并接受非北极国家加入。[②] 国际北极科学委员会在协商一致的基础上，鼓励和促进从事北极研究的国家在北极地区开展各方面的研究与国际合作；国际北极科学委员会是连接科学家和其他领域专家与学者的纽带。[③] 国际北极科学委员会成立了由科学家组成的工作组，定期发布北极科学状况，发表研究成果等，促进北极科学研究与交流。根据北太

---

① *Arctic Council*, available at https://arctic-council.org/, last visited on 24-08-2023.

② *IASC*, available at https://iasc.info/, last visited on 24-08-2023.

③ *IASC State of Arctic Science Report 2022*, p.4.

平洋海洋科学组织的官方介绍，其成立于 1992 年，是政府间科学组织，旨在促进北太平洋区域海洋科学研究。其成员国包括中国、加拿大、美国、日本、韩国和俄罗斯，主要工作区域是北太平洋及其邻近海域。其主要关注气候、海洋生态及生物资源研究等领域，核心工作之一是不断更新《北太平洋海洋生态系统状况报告》，为成员国提供海洋管理与科学研究的参考。[①]北太平洋海洋科学组织的成员国与国际北极科学委员会主要成员国相同，有利于科学研究的沟通、交流与合作，从而加强和巩固北极地区的科学研究。

除此之外，正如北极八国所达成的《加强国际北极科学合作协定》中所提到的，政府间海洋学委员会、世界气象组织等世界科学研究组织对北极地区海洋科学研究的开展起到极大的促进、协调和管理作用。

（二）区域性条约与协定规制海洋科学研究

北极地区的区域性条约有《斯约》，相关协定与宣言主要有《北极海洋油污预防与应对合作协定》《北极海空搜救合作协定》《极地水域船舶作业国际规则》《北极环境保护宣言》等。上述条约、协定与宣言构成规制海洋科学研究活动的区域性法律规则体系。1920 年，英国、美国、丹麦、挪威、日本、印度等国家缔结《斯约》，1925 年条约生效，中国于 1925 年签署该条约。

《斯约》明确了挪威对斯匹次卑尔根群岛及其领海的主权，同时向其他缔约国让渡了包括科学考察在内的捕鱼、狩猎、采矿，以

---

① *The North Pacific Marine Science Organization*, available at https://meetings.pices. int/, last visited on 24-08-2023.

及进行其他商业和工业活动的权利。① 根据该条约第 5 条的规定，嗣后缔约国可以通过缔结新条约的方式设立科学考察站、开展科学考察活动。有学者认为，《斯约》确立的平等原则、主权原则及非军事化原则适用于北极科考。② 依据《斯约》嗣后制定的与北极科学研究相关的条约与协议应当将上述原则贯穿其中。《公约》明确了主权国家享有海洋科学研究的权利，《斯约》确立了缔约国在斯匹次卑尔根群岛及领海进行科学研究的权利。为进一步保护北极环境，北极八国于 1991 年通过了《北极环境保护宣言》，该宣言重视科学研究对环境保护的重要作用，倡导开展科学研究合作，共享持久性有机污染物、放射性污染、噪声污染和重金属污染等相关数据，提出应当考虑、评估科学考察活动对生态环境的影响。

《北极海洋油污预防与应对合作协定》规定了科考船进入北极地区的油污污染预防与应对规则，有利于北极海洋环境保护。《北极海空搜救合作协定》加强了北极国家在极地海空搜救方面的协作，在某种程度上为极地海洋科学研究提供后勤保障，有利于极地海洋科学研究的开展。《极地水域船舶作业国际规则》主要由航行安全和环境保护两大部分构成，兼顾经济发展水平存在差异之国家的船级社间差异化的技术标准。鉴于极地地区环境的脆弱性和高敏性，一些规则的设置标准较高，但通过指南或建议等软硬结合的方式可促进其进入规制体系。③ 该规则作为《国际海上人命安全公约》

---

① *The Svalbard Treaty*, available at http://library.arcticportal.org/1909/1/The_Svalbard_Treaty_9ssFy.pdf, last visited on 24-08-2023.

② 卢芳华:《斯瓦尔巴德群岛的科考制度研究》，载贾宇主编:《极地法律问题》，社会科学文献出版社 2014 年版，第 45—46 页。

③ 袁雪、童凯:《〈极地水域船舶作业国际规则〉的法律属性析论》，载《极地研究》2019 年第 3 期，第 334—345 页。

的一章及《国际防止船舶造成污染公约》(*International Convention
for the Prevention of Pollution from Ships, MARPOL*)的一部分，对
国际社会具有普遍约束力。①北极海洋科学研究活动应当受其规制，
遵守北极地区的航行安全与环境保护的法律与规定。

　　综上，上述条约共同构成了北极海洋科学研究的规制体系，规
定了在北极地区进行海洋科学研究的国际法权利与义务，包括权利
与义务的边界和内容。

第二节　北极地区海洋科学研究的国际法规制困境

　　北极地区海洋科学研究受到广泛的关注，其规制问题的核心主
要体现在三个方面。第一，《公约》与《斯约》对北极地区海洋科
学研究的规制存在不同之处是《斯约》缔约国和《公约》缔约国最
为关注的焦点之一。第二，新技术设备的应用给《公约》与《斯
约》等北极地区关于海洋科学研究的国际法规则体系带来挑战。第
三，北极国家与非北极国家对北极地区海洋科学研究活动表现出极
大的政治意愿，如何规制利益平衡问题至关重要。

一、《联合国海洋法公约》与《斯匹次卑尔根群岛条约》对海洋
　　　科学研究的规定不同

　　《斯约》与《公约》是北极地区海洋科学研究遵循的主要国际

---

① 王泽林：《〈极地规则〉生效后的"西北航道"航行法律制度：变革与问题》，载
《极地研究》2022年第4期，第485—493页。

法，而两者订立的时间相隔半个多世纪，国际政治、经济、科技等方面已发生了较大的变化，且参与订立的国家及其订立条约的目的存在较大差异，因此两者在北极地区的适用存在争议，从而影响了北极地区海洋科学研究的开展。有学者认为，一战后国家竞争的弱化，导致战后各国承认挪威对斯匹次卑尔根群岛及领海的主权；[1]也有学者认为，《斯约》的达成是为了保持战后欧洲均势并遏制苏联，补偿挪威商船在战争中的贡献，因此承认了挪威对斯匹次卑尔根群岛及领海的主权[2]，而条约的缔约国享有在上述领域进行捕鱼、狩猎、自由进出，以及从事一切海洋、工业、矿业和商业活动的权利。随着《公约》的生效和实施，领海的范围与《斯约》订立时的范围存在不同。此外，《公约》对专属经济区和大陆架的规制，以及对海洋科学研究的规制，与《斯约》的规定在适用过程中存在较大的不同。根据《条约法公约》第 30 条的规定，当《斯约》缔约国与《公约》缔约国相同时，两者规定一致的部分对共同缔约国继续适用，两者规定冲突的部分则存在特殊法优于一般法还是后法优于前法的争议。

聚焦海洋科学研究领域，《斯约》第 5 条的规定为北极地区科学研究留下争议空间。

一方面，《斯约》第 5 条明确规定了缔约国在斯匹次卑尔根群岛及领海进行科学研究的权利，但该海域的主权属于挪威，因此挪威是否拥有对该海域科学研究活动的管辖权成为缔约国自由行使权

---

[1] 白佳玉：《〈斯匹次卑尔根群岛条约〉公平制度体系下的适用争论及其应对》，载《当代法学》2021 年第 6 期，第 144—157 页。
[2] Geir Ulfstein, *The Svalbard Treaty: from Terra Nullius to Norwegian Sovereignty*, Scandinavian University Press, 1995, p.44.

利时的困扰。有学者认为,《斯约》确立的公平原则应当适用于科考领域,即缔约国应当公平地享有在《斯约》规定的区域内进行海洋科学研究的自由。[①]但事实并非如此,挪威 2019 年出台新奥尔松战略,限定了缔约国在新奥尔松进行科学调查的范围、参与人员、设备使用,从而影响了缔约国科学研究权利的行使。[②]

另一方面,挪威是否享有基于国家主权原则而自然取得对《公约》确认的专属经济区和大陆架的管辖权存在争议。该争议直接关涉各国在上述《斯约》规定的领海之外的海域内进行海洋科学研究的权利。一种观点认为,《斯约》约定了斯匹次卑尔根群岛及领海归属挪威,缔约国享有平等的使用权,但缔约国并未对领海之外的海域作出约定,因此挪威领海之外的海域属于公海,根据《公约》规定,各国享有在公海内自由行使海洋科学研究的权利。另一种观点认为,《斯约》已经明确了斯匹次卑尔根群岛的主权属于挪威,因此根据《公约》的规定及国家主权原则,挪威当然地获得专属经济区内和大陆架上的权利,但在该专属经济区内和大陆架上进行的海洋科学研究应当享有《斯约》规定的在领海内进行捕鱼、狩猎、自由进出,以及从事一切海洋、工业、矿业和商业活动的自由。因此,缔约国在该专属经济区内和大陆架上享有海洋科学研究的自由,无需事先获得挪威的许可。还有观点认为,挪威应当享有专属经济区和大陆架的管辖权,但该管辖权应当同《公约》保持一致,毕竟《斯约》并未对该权利归属作出约定,因此缔约国在上述海域

---

① 卢芳华:《〈斯匹次卑尔根群岛条约〉中的平等权利:制度与争议》,载《太平洋学报》2020 年第 10 期,第 14—25 页。

② 卢芳华:《斯瓦尔巴德群岛的科考制度研究》,载贾宇主编:《极地法律问题》,社会科学文献出版社 2014 年版,第 45—46 页。

开展海洋科学研究应当事先获得挪威的许可。

基于上述种种争议，挪威迅速作出应对，于 1976 年颁布《挪威经济区法令》，宣布在斯瓦尔巴群岛周围建立 200 海里渔业保护区 [①]，一方面规避了"专属经济区"和"大陆架"等敏感议题，另一方面通过制定法律的方式将本国在争议海域利益最大化。挪威的举措引发了其他北极国家和《斯约》缔约国的担忧。综上，《斯约》与《公约》的冲突，将影响北极地区海洋科学研究活动的顺利开展。

二、新技术的应用对北极地区海洋科学研究的规制带来挑战

随着无人设备和无人船在海洋科学研究领域的广泛应用，科技与法律的冲突逐渐显露。正如上文所述，科研设备的布放可能引发取回权和环境保护的纠纷，反映的正是科技与法律的冲突。新科学技术的应用给北极地区的治理带来了国际法挑战。加拿大为了将本国在北极区域的利益最大化，主张北极地区若干群岛之间的水域为内水，其通行权利与《公约》规定的群岛水域的无害通过和群岛海道通行权有较大的不同。若无人设备因故障或失去动力而随着海冰进入加拿大所主张的海域内，则增加了无人设备取回的困难，可能加剧北极地区的国际争端。

科学技术既是获取海洋环境知识的手段，又是实现海洋环境保护的路径，越来越多先进的科技方法被用来探索未知的海洋。例

[①] 白佳玉、张璐:《〈斯匹次卑尔根群岛条约〉百年回顾：法律争议、政治博弈与中国北极权益维护》，载《东亚评论》2020 年第 1 期，第 66—88 页。

如，K-Lander 被用作北冰洋海底临时观测站，实时向科学站发送数据。[1] 但当 K-Lander 电池寿命到期或回收发生故障而导致其成为海洋垃圾时，K-Lander 对海洋环境造成的污染亦难以挽回。[2] 而卫星遥感等技术的应用，让《公约》有关海洋科学研究制度的规定陷入争议。例如，科学家需要对边缘冰区的叶绿素浓度[3]进行现场测量时，必须运用卫星遥感技术实时传输数据。[4] 根据《公约》的序言、宗旨及第十三部分的规定，其规制的是领海、专属经济区、大陆架、公海，以及"区域"内的活动，而卫星遥感技术涉及太空领域，超出了《公约》规制的范围。综上所述，包括卫星遥感技术在内的新技术应用给北极海洋科学研究带来了制度性挑战。

三、北极国家与非北极国家合作开展海洋科学研究的利益平衡问题

（一）北极国家间主张的权益冲突制约海洋科学研究

北极国家提出领土主张，一方面是基于航道之争，另一方面是基于《公约》所规定的沿海国的大陆架权利。尽管北极航道早已

---

[1] Centre for Arctic Gas Hydrate, *Environment and Climate*, available at http://cage. uit.no/, last visited on 14-08-2023.

[2] Hilde Woker, Bernhard Schartmüller, Knut Ola Dølven, Katalin Blix, *The Law of the Sea and Current Practices of Marine Scientific Research in the Arctic*, 115 Marine Policy 1 (2020), pp.1—9.

[3] 通过对海洋中叶绿素浓度的测量，以评估藻类和浮游生物的状态，进而评估海洋渔业和海洋环境状况。

[4] F.H.T. Wegelein, *Marine Scientific Research: the Operation and Status of Research Vessels and Other Platforms in International Law*, Brill Academic Publication, 2005, pp.9—59.

被航海探险家所征服，北极国家也有过开拓北极航行的尝试与实践[1]，但北极航道成为真正意义上的海上航行通道是随着全球气候变暖、北极冰川融化而逐渐成为现实的。也正因如此，北极航道成为北极国家与非北极国家争相提出权利主张的底层逻辑。根据国外学者的模型计算和推演，极冰的融化与北极航道的开辟呈正相关性。[2] 实际上，在北极航道之争的背后，有复杂的领土、政治、经济、地缘及战略等因素的考量。[3] 例如，加拿大自1969年"曼哈顿"号事件后，先后出台了《北极水域污染防治法》与《加拿大北方船舶交通服务区规定》，在北极航道的西北航道建立了完整的防止船舶造成海洋污染的管控体系，要求船舶"零排放"，由加拿大海岸警卫队保障船舶在该水域内的安全航行。[4] 加拿大的权益主张无疑增加了其他国家进入北极航行的门槛，不仅将在一定程度上制约国际社会进一步认识北极环境、获取北极地区相关环境数据、预知未来气候变化情况，还将阻碍北极科学研究的国际合作与发展。而北极国家的权利主张阻滞了非北极国家在北极附近海域开展海洋科学研究活动。例如，2005年，一艘名为 Garayoa Segundo 的西班牙船舶在斯匹次卑尔根群岛附近进行比目鱼数量评估的调查研究，

---

[1] 王泽林：《北极航道航行争端的和平解决方式研究》，载《武大国际法评论》2022年第3期，第1—22页。

[2] Mokhov II, Semenov VA, Khon V C et al., *Connection between Eurasian and North Atlantic Climate Anomalies and Natural Variations in the Atlantic Thermohaline Circulation Based on Long-term Model Calculations*, 419 Doklady Earth Sciences 502 (2008), pp.502—505.

[3] 王春娟、刘大海、华玉婷、李成龙：《北极航道地缘政治格局圈层结构及其竞合关系分析》，载《世界地理研究》2023年第9期，第1—13页。

[4] 章成：《人类命运共同体视阈下的北极航道治理规则革新》，载《中国海商法研究》2022年第2期，第54—63页。

遭到挪威的干扰。[①]

《公约》生效后,沿海国根据规定,提出对专属经济区和大陆架的管辖权,使极地地区的政治、经济、军事等局势愈发繁困。而北极国家基于《公约》提出的领土主张常出现重叠而导致争端的产生。例如,俄罗斯和丹麦基于大陆架延伸而提出的主张在罗蒙诺索夫海岭附近存在重叠区域[②],从而导致两国在北极地区的海洋科学研究面临规制问题,制约着北极地区海洋科学研究的发展。

在北极国家权利主张冲突的海域内开展的海洋科学研究活动,受到一定制约和限制。这种制约和限制体现在两个方面。第一,单方面开展海洋科学研究会受到来自其他相关各方的干扰或抗议,影响海洋科学研究的效果。第二,该冲突对合作开展海洋科学研究也有一定的影响和制约。北极国家间合作开展海洋科学研究活动,会受到各国所主张的权益之间冲突的影响而被迫中断海洋科学研究。例如,挪威常年在北极海域开展海洋科学研究活动,还与俄罗斯在巴伦支海附近开展渔业合作,对毛鳞鱼在非禁渔期的储量及相关影响因素建立模型予以评估[③],但当挪威和俄罗斯由于权利主张存在冲突时,已有的合作项目会受到影响,甚至中断。

---

① Elena Conde Perez, *Marine Scientific Research,* 21 Spanish Yearbook of International Law 363 (2017), pp.363—372.

② 关于双方所主张的区域及重叠范围,请参考 https://www.science.org/doi/full/10.1126/science.349.6249.678,最后访问于 2023 年 12 月 11 日。

③ *Barents Sea Capelin-Report of the Joint Russian-Norwegian Working Group on Arctic Fisheries,* available at https://www.hi.no/en/hi/nettrapporter/imr-pinro-en-2022-8, last visited on 27-09-2023.

（二）北极国家排斥非北极国家参与北极地区海洋科学研究

北极理事会作为北极治理的重要地区性组织，在规制北极地区海洋科学研究方面具有重要作用。但北极理事会基于地理逻辑建立了封闭性的制度，对后来加入或参与北极理事会者在治理内容、话语权等方面采取了严格控制或排斥的态度。[①] 有学者认为，除自然环境的挑战外，非北极国家参与北极地区事务所面临的最大制约是北极国家的政治猜忌和排斥。[②] 非北极国家参与北极地区的海洋科学研究受到北极国家极地政策的影响，以及北极国家治理北极的制度机制的制约。北极理事会通过的《加强北极国际科学合作协定》明确了本协定遵守《公约》关于海洋科学研究申请的规定，对北极八国间的科学合作进行规制。北极八国可以同非北极国家通过双边、多边条约或协议的方式确立合作关系，但作为缔约方，北极八国应当采用与《加强北极国际科学合作协定》一致的措施。在客观上，非北极国家并未能参与制定《加强北极国际科学合作协定》，也非该协定的缔约国，但当北极国家与之合作开展海洋科学研究时，其应当继续遵守《加强北极国际科学合作协定》的规定，这在一定程度上使得非北极国家也不得不遵守相关规定。

（三）北极国家与非北极国家合作开展海洋科学研究的利益平衡点

由于地缘政治等因素，北极国家间存在竞争或利益博弈的问

---

① 陈拯：《国际制度封闭性与中国的身份叙事》，载《国际政治科学》2023 年第 3 期，第 28—58 页。

② 阮建平：《"近北极国家"还是"北极利益攸关者"——中国参与北极的身份思考》，载《国际论坛》2016 年第 1 期，第 47—52 页。

题，从而影响了北极国家间合作开展海洋科学研究。例如，当俄罗斯与其他北极国家关系紧张时，会转向非北极国家寻求包括海洋科学研究在内的事务性合作。[①] 俄乌冲突爆发后，俄罗斯在北极地区的科学研究受到严重影响，西方科学组织纷纷切断资金或资源，中断与俄罗斯科学家的合作。[②] 俄罗斯在北极地区的海洋科学研究对其本国的发展十分重要，但由于受国际局势的影响，其需要寻求同非北极国家的合作，非北极国家可以抓住时机，回应其合作需求，加强北极地区海洋科学研究的实力。《公约》第十四部分规定了海洋技术的发展与转让，因此，北极国家与非北极国家应当寻找契机，履行《公约》规定的义务，促进海洋技术的发展和转让。

北极国家在治理北极的过程中不断进行战略调整。例如，美国不断调整其北极战略，但始终十分重视北极地区海洋科学研究。[③] 非北极国家的北极政策也应当积极寻求共同利益并作出回应。《加强北极国际科学合作协定》的规定对非北极国家在海洋科学研究中的作用，以及在促进北极海洋科学研究发展方面的作用予以重视。[④] 非北极国家应当突出经济、人员保障等方面的优势，同北极国家在北极地区合作开展海洋科学研究。

[①] Nadezhda Filimonova, *Prospects for Russian-Indian Cooperation in the High North: Actors, Interests, Obstacles*, 11 Maritime Affairs: Journal of the National Maritime Foundation of India 99 (2015), p.102.

[②] 洪农：《北极事务的地缘政治化与中国的北极角色》，载《外交评论（外交学院学报）》2023 年第 4 期，第 76—97 页。

[③] 刘莹、胡瑞：《美国北极安全战略体系的演变、运行及启示》，载《情报杂志》2023 年第 10 期，第 27—32 页。

[④] 白佳玉、王琳祥：《北极理事会科学合作新规则的法律解析》，载《中国海洋大学学报（社会科学版）》2018 年第 4 期，第 42—49 页。

第三节　北极地区海洋科学研究的规制路径

根据《公约》的规定，北极国家及非北极国家均享有在北极地区开展海洋科学研究的权利。由于北极地区战略地位重要，北极国家及非北极国家均对之高度重视。

一、构建完善的规制体系

（一）构建完善的规则体系的必要性

在 2008 年的伊鲁利萨特会议上，美国、加拿大、俄罗斯、丹麦和挪威认为《公约》对海洋科学研究的规制较为全面，上述国家会遵守《公约》的法律框架，遵守《公约》对海洋科学研究的相关规定。[1]《公约》是北极国家与非北极国家在北极地区开展海洋科学研究的重要国际法渊源。根据《公约》第 240 条及第 241 条规定的语义解释，海洋科学研究应当专为和平目的，因此，海洋科学研究不能成为相关国家对海洋提出权利主张的法律依据。但 2007 年8 月，俄罗斯科学家通过海洋科学研究在北冰洋洋底的北极点插上了由钛合金制作的可以存续 100 年以上的俄罗斯国旗。[2] 该行为在事实上违反了《公约》第 241 条的规定。

《公约》第 241 条规定，海洋科学研究应当专为和平目的而非

---

[1] *2008 Ilulissat Declaration*, available at https://cil.nus.edu.sg/wp-content/uploads/2019/02/2008-Ilulissat-Declaration-1.pdf, last visited on 08-10-2023.

[2] 吴慧:《"北极争夺战"的国际法分析》，载《国际关系学院学报》2007 年第 5 期，第 36—42 页。

寻求国家权益主张的依据。俄罗斯的行为引起了北极国家的迅速回应，它们纷纷对北极地区提出权利主张。俄罗斯的插旗行动不仅搅动了北极地区的政治局势，还引起北极国家和非北极国家的广泛关注。加拿大明确反对俄罗斯，认为俄罗斯的行为不具有任何法律效力，不能构成对任何领土提出主张的依据；丹麦和挪威一方面批评俄罗斯的做法，另一方面采取措施效仿俄罗斯，加强本国对北极地区的有效管控。①

综上所述，虽然北极国家声明将遵守《公约》的规定，但其违反《公约》规定的行为时有发生，因此应当构建完善的海洋科学研究规则体系。

（二）构建完善的规则体系的特殊性

《斯约》的规定与《公约》的规定在适用方面存在一定的差异，带来诸如关于在专属经济区内和大陆架上进行海洋科学研究的国际争端。这种冲突不仅表现在缔约国主体的差异方面，还表现在《斯约》与《公约》的规制内容的差异方面。《斯约》的缔约国与《公约》的缔约国并不相同，导致《公约》缔约国无法正常行使《公约》赋予的在斯匹次卑尔根群岛的领海之外的海域内进行海洋科学研究活动的权利。一方面，挪威政府针对斯匹次卑尔根群岛领海之外的海域制定了若干法律，限制了《公约》缔约国及《斯约》缔约国赴该海域开展海洋科学研究；另一方面挪威制定法律法规限制缔约国赴斯匹次卑尔根群岛领海开展海洋科学研究。挪威的上述举措

---

① 徐庆超：《北极安全战略环境及中国的政策选择》，载《亚太安全与海洋研究》2021年第1期，第104—124页。

违反了《公约》第243条规定的应当通过双边或多边协定的缔结，为海洋科学研究提供便利。挪威作为《斯约》的最大受益者，应当积极履行《斯约》关于海洋科学研究的规定，同时其作为《公约》的缔约国，应当积极履行《公约》第十三部分关于海洋科学研究的规定。当《公约》与《斯约》的适用产生冲突时，包括挪威在内的北极国家应当积极对话、磋商或协商，达成新的协议以应对上述问题。由此可知，《公约》与《斯约》都对北极地区海洋科学研究进行规制，但《公约》与《斯约》规定的冲突导致北极海洋科学研究面临种种特殊法律问题，这些特殊法律问题成为构建完善的北极地区海洋科学研究规则体系的特殊性所在。

综上所述，首先，应当通过国际法规制的方式构建完善的规制体系，促使北极国家遵守《公约》及《斯约》等有关海洋科学研究的规定，规范北极国家在北极地区开展的海洋科学研究活动。其次，应当通过谈判或协商的方式制定多边条约或协定，以解决《斯约》与《公约》的冲突问题，这需要《斯约》缔约国和《公约》缔约国共同推动。最后，制定具有北极特色的规制北极地区海洋科学研究的多边条约，促进非北极国家平等参与北极地区海洋科学研究，这需要北极国家、非北极国家及非国家行为体（政府间国际组织、非政府间国际组织、跨国公司与原住居民组织）的共同推动。

二、加强合作与交流

北极地区海洋科学研究的合作历史悠久，早期合作与交流集中在环境保护方面。[①] 随着科技的发展，北极地区海洋科学研究的设备越来越先进，越先进的科学技术设备或设施越有利于科学家获取准确的科研数据。相反，越先进的科研设备在很大程度上越可能带来更为严重的环境问题。因为随着科研设备对北极环境研究的深入，带来的环境影响可能越大。而且随着极冰融化及破冰船功能的升级，科考船能够到达的地方更人迹罕至，其环境更加脆弱和敏感，人类可能给北极地区带来生物入侵的风险越大。[②] 北极国家及相关近北极国家都非常重视在北极合作开展科学研究，以增进国际社会对北极环境和全球气候变化的认知。因此，应当继续加强北极国家在海洋环境保护方面的合作与交流。

实际上，加强各国在北极地区海洋科学研究的合作是北极国家和非北极国家的共识。例如，瑞典的北极政策及挪威的北极政策均明确提出，应加强北极地区科学研究的合作。《中国的北极政策》白皮书亦提出，应当继续加强在北极地区开展科学研究的合作。各国应当寻求与不同国家开展多领域的合作。

第一，加强在海洋科学研究数据收集方面的合作与交流。早在 2008 年的伊鲁利萨特会议上，美国、加拿大、俄罗斯、丹麦和挪威就提出应当加强北极国家间的数据共享。[③]2017 年《加强北极国际科学合作协定》第 7 条明确规定各缔约国应支持科学数据的共

---

① 陈玉刚、陶平国、秦倩：《北极理事会与北极国际合作研究》，载《国际观察》2011 年第 4 期，第 17—23 页。

② Miller A W, Ruiz G M, *Arctic Shipping and Marine Invaders*, 4 Nature Climate Change 413 (2014), pp.413—416.

③ *2008 Ilulissat Declaration*, available at https://cil.nus.edu.sg/wp-content/uploads/2019/02/2008-Ilulissat-Declaration-1.pdf, last visited on 08-10-2023.

享，倡导数据的开放获取。① 各国应当加强在北极地区合作开展海洋科学研究，同时应当分享数据和相关技术信息，通过合作与交流加强政治互信。

第二，加强在调查活动方面的合作与交流。海洋调查活动是重要的海洋科学研究活动。北极国家与非北极国家注重海洋调查活动对北极航线开发的重要价值。例如，俄—德拉普捷夫海系统计划针对北冰洋海冰发源地开展多个航次研究，分析洋流和陆地淡水的关系，以进一步分析其对航运的影响；俄—美北极长期调查计划针对楚科奇海峡和白令海峡的生物、化学、地质等科学内容展开研究，分析极冰消融及洋流变化对航运的影响。② 上述海洋调查活动为北极航道的开发提供了决策方面的科学数据支持，有利于全球航运的发展。

第三，加强在海洋资源勘探开发方面的合作与交流。北极地区有大量的天然气资源、巨大的原油储存量、丰富的煤炭和矿产资源，其中油气资源已经成为美国、俄罗斯等国能源战略的重要组成部分。③ 海洋资源的勘探开发与海洋科学研究有着密切的关系。北极国家间应当加强在海洋资源勘探开发方面的交流与合作。此外，北极国家与非北极国家间加强海洋资源勘探开发，可以通过制定双边或多边协议，加强在资金、人员、技术等方面的合作与交

---

① *Agreement on Enhancing International Arctic Scientific Cooperation*, available at https://www.arctic.gov/agreement-on-enhancing-international-arctic-scientific-cooperation/, last visited on 11-10-2023.

② 何剑锋、吴荣荣、张芳等：《北极航道相关海域科学考察研究进展》，载《极地研究》2012 年第 2 期，第 187—196 页。

③ 柳思思：《"近北极机制"的提出与中国参与北极》，载《社会科学》2012 年第 10 期，第 26—34 页。

流，促进海洋科学研究的技术发展和转让，推动海洋科学研究的
发展。

第四，加强在破冰船建造方面的合作。俄罗斯早在冷战时期就
建造了世界上第一艘核动力破冰船。[1] 此外，俄罗斯拥有世界上最
大的破冰船队，具有强大的破冰船建造实力。例如，俄罗斯国家原
子能集团公司下属的核动力破冰船公司是一家国有企业，有着先进
的核动力破冰船造船技术。[2] 破冰船作为北极海洋科学研究最为重
要的工具，对北极地区内的海洋科学研究的水文调查、极冰冰情数
据的获取都具有重要作用。因此，应当加强北极国家与非北极国家
在海洋科学研究方面的合作，尤其是与俄罗斯等拥有先进破冰船建
造技术的国家在破冰船建造方面的合作。

三、发挥非国家行为体的作用

非国家行为体包括政府间国际组织、非政府间国际组织、跨国
集团和原住民组织，其中政府间国际组织在包括北极科学研究在内
的北极治理中具有重要作用。[3]

当前主导北极地区海洋科学研究的政府间国际组织主要为北极
理事会。

北极理事会在推动北极地区海洋科学研究等方面具有重要作

---

[1] 徐广森：《苏联北方海航道开发历史探析》，载《俄罗斯研究》2018 年第 4 期，
第 30—61 页。

[2] 郭培清：《俄罗斯北方航道的战略价值及面临的挑战》，载《人民论坛》2021 年
第 13 期，第 106—109 页。

[3] 白佳玉：《北极多元治理下政府间国际组织的作用与中国参与》，载《社会科学
辑刊》2018 年第 5 期，第 120—127 页。

用。① 北极理事会的成员结构由正式成员、永久参与者和观察员组成，其运行机制包括高官会议、部长会议、工作组和任务组，该运行机制常将政治意志落实为科研行动，因为科学研究具有"低政治"性。② 北极理事会在运行中会将具有政治性的活动转化成具有"低敏性"的研究活动，使政治意志通过科学研究转化或实现，在客观上促进北极地区海洋科学研究的发展。北极理事会 2017 年通过的《加强北极国际科学合作协定》在推动该协定缔约国间科学研究的合作与发展方面具有重要作用。

由于受俄乌冲突的影响，北极理事会于 2022 年 3 月暂停了北极理事会及其附属机构的所有会议。这意味着北极八国将缺少一个促进北极科学研究发展的北极地区事务性沟通、交流与合作的平台，北极科学研究活动的开展将受到极大的影响。在俄乌冲突后，由于北极七国对俄进行联合抵制，北极理事会一度处于停摆状态。③ 随着冲突的持续，北极理事会试图开展不涉及俄罗斯的计划或项目，有序适度恢复北极理事会的工作。④ 北极理事会在推动北极海洋科学研究的发展方面，特别是促进政治活动与科学活动的转化层面具有不可替代性，有利于协同北极国家有序开展科学研究。

国际北极科学委员会在实质上是一个非政府间国际组织，国家

① 孙凯、李文君：《角色理论视阈下的北极理事会及其作用研究》，载《边界与海洋研究》2022 年第 4 期，第 46—62 页。
② 王晨光：《路径依赖、关键节点与北极理事会的制度变迁——基于历史制度主义的分析》，载《外交评论（外交学院学报）》2018 年第 4 期，第 54—80 页。
③ 郭培清、李小宁：《乌克兰危机背景下北极理事会的发展现状及未来走向》，载《俄罗斯东欧中亚研究》2023 年第 5 期，第 143—161 页。
④ *Joint Statement on Limited Resumption of Arctic Council Cooperation,* available at https://www.state.gov/joint-statement-on-limited-resumption-of-arctic-council-cooperation, last visited on 10-10-2023.

科学组织与其他相关科学组织会参与北极科学委员会的事项。[①] 国际北极科学委员会的组成包括海洋工作组、冰冻圈工作组等众多下设科学机构，学术性较强。国际北极科学委员会在推动北极海洋科学研究方面具有重要作用。国际北极科学委员会通过与北极理事会的下设机构达成了诸如北极雪水冰、永久冻土计划，以及建立可持续的北极观察网络倡议等合作项目。值得一提的是，中国极地研究中心广泛参与国际北极科学委员会。[②] 与北极理事会相比，国际北极科学委员会在促进国际科学团体广泛参与北极科学研究方面更具有学术性，在推动北极地区海洋科学研究的发展方面具有重要作用。应当发挥国际北极科学委员会等非政府间国际组织的作用，开展国际学术合作，加强高等学府和研究机构的科研合作，发挥科学家的纽带和桥梁作用，增进互信。

跨国集团作为重要的非国家行为体，在参与北极事务特别是航运事务方面具有重要的作用。在北极航道特别是东北航道和西北航道实现开发与通航后，航运企业牵头的志愿船舶计划的实施，将有利于北极地区的海洋科学研究。志愿船舶收集传输数据的活动，对于北极地区的海洋科学研究的合作与交流，特别是数据分享与共享具有重要意义。应当发挥志愿船舶在北极地区海洋科学研究方面的重要作用。

北极原住居民因纽特人组成的原住民组织对北极地区事务的参与，对北极地区产生了广泛影响。原住民组织成为重要的利益攸关

---

① 董跃、宋欣：《有关北极科学考察的国际海洋法制度研究》，载《中国海洋大学学报（社会科学版）》2009 年第 4 期，第 11—15 页。

② 杨剑、于宏源：《中国科学家群体与北极治理议程的设定——基于问卷的分析》，载《国际关系研究》2014 年第 6 期，第 37—49 页。

方，并已经参与到北极科学研究和资源勘探开发的事务中。① 应当加强同因纽特人民间组织的联系，通过其在北极治理机制中的作用，推动北极地区海洋科学研究的发展。

综上所述，应当加强北极地区政府间国际组织、非政府间国家组织、跨国集团，以及北极原住民组织等非国家行为体在推动北极地区海洋科学研究方面的作用。

本章小结

本章对北极地区海洋科学研究的规制问题进行研究。北极八国对北极地区的海洋科学研究始于俄国、美国等北极国家对北极的探险之旅。此后，北极国家逐渐意识到北极地区具有极其重要的战略地位和经济价值。北极国家纷纷制定本国的北极战略、出台本国的北极政策，通过在北极地区开展海洋科学研究，加强对北极地区的管控，谋求本国的经济和战略利益。二战之后，北极航道的巨大价值引起了世界的关注，非北极国家开始注重参与北极事务。《公约》的通过和生效为非北极国家在北极地区开展海洋科学研究提供了更为全面的法律保障。海洋科学研究成为非北极国家参与北极事务的重要内容。日本积极加入国际北极科学委员会并参与北极事务②，韩国积极制定北极战略③，中国通过制定《北极考察活动行政许可

---

① 闫鑫淇：《信息时代原住民组织参与北极治理及对中国的启示》，载《中国海洋大学学报（社会科学版）》2023 年第 5 期，第 43—53 页。

② *2008 Ilulissat Declaration*, available at https://cil.nus.edu.sg/wp-content/uploads/2019/02/2008-Ilulissat-Declaration-1.pdf, last visited on 08-10-2023.

③ 谢晓光、杜晓杰：《韩国北极航道开发：决策动机、推进路径与制约因素》，载《当代韩国》2021 年第 3 期，第 56—73 页。

管理条例》及《中国北极政策》白皮书等，规制中国在北极地区的海洋科学研究。

实际上，一方面北极国家积极谋求在北极地区合作开展海洋科学研究，另一方面北极国家间存在战略利益冲突、领土争端等问题，限制了海洋科学研究方面的合作。非北极国家不仅注重同北极国家合作开展海洋科学研究，还重视同非北极国家合作开展海洋科学研究。北极理事会、国际北极科学委员会成为推动北极地区海洋科学研究的主要国际组织。北极地区区域性条约与协定的规制，在一定程度上推动了北极地区海洋科学研究的发展。《斯约》《北极海洋油污预防与应对合作协定》《北极海空搜救合作协定》《极地水域船舶作业国际规则》《北极环境保护宣言》，为规范北极地区海洋科学研究活动起到推动作用。但是《斯约》与《公约》的冲突抑制了北极地区建立长效合作框架机制。

随着新科学技术在北极地区海洋科学研究活动中的广泛应用，一些海洋科学研究活动开始采用卫星遥感进行实时数据传输，并对浮冰无人设备进行布放与回收，为北极地区海洋科学研究活动的规制带来了挑战。而北极国家间的权益冲突制约着北极国家及非北极国家间在北极地区合作开展海洋科学研究活动。

为应对北极地区海洋科学研究活动的规制问题，首先，应当完善在北极地区开展海洋科学研究的规制体系；其次，应当加强合作，北极国家及非北极国家应在北极地区合作开展海洋科学研究；最后，应当发挥北极地区科学组织的作用，推动北极地区海洋科学研究的发展。

第五章　海洋科学研究的环境保护规制问题

　　海洋科学研究对海洋与地球的可持续发展而言至关重要。虽然海洋环境保护一直受到全球关注，但是海洋科学研究所引发的海洋环境污染问题常被忽略。实际上，海洋科学研究是实现海洋可持续利用的科学方式，海洋可持续利用是海洋环境保护的目标之一，因此海洋科学研究是实现海洋环境保护的重要方式。2007 年，在中国青岛举行的第 21 届国际科考船运转协会通过了《海洋科学研究船舶行为准则》。该准则明确提出海洋科学研究可能带来海洋环境污染的问题，因此，应当采取预防性措施保护海洋环境；应当根据科考船舶的载重、航期、所在位置及任务类型的不同，针对个案制定海洋环境保护计划和方案；应采用最合适的工具来收集科学数据的信息，同时尽量减少对环境的影响。[①]《第一次全球海洋评估》提出应当对"海洋科学研究的主题、规模和地点以及涉及海洋科学研究技术转让的问题进行评估"。[②]《公约》第十二、十三部分，分

---

① Code of Conduct for Marine Scientific Research Vessels.
② A/68/82 Annex II Guidance for contributors.

别对海洋环境保护和海洋科学研究进行规定。使用有害化学或放射性跟踪剂试剂，或使用将光或声音引入海洋环境的设备或无人船 ① 等方法，都可能对海洋环境造成损害。

第一节　海洋科学研究的环境保护

一、海洋环境保护的发展

1882 年通过的《北海捕鱼活动监管公约》是国际社会针对海洋区域治理与合作及环境保护的早期实践。② 国际社会对海洋环境保护较为系统和全面的法律规制始于 20 世纪初，但是由于各国在海洋环境保护上受利益冲突限制，以及在科学利用海洋方面存在认识上的局限，其进程较为缓慢曲折。例如，1911 年通过了《保护和保全北太平洋海豹华盛顿公约》，1923 年通过了《保护和养护南太平洋大比目鱼公约》，随后国际社会关注到随着科技的发展，远洋航运所带来的污染问题日益严重。1926 年华盛顿会议上，美国、加拿大、日本和欧洲九国起草了防止船舶污染的协议，但最终未能签署生效。③ 早期的海洋环境保护法律规制主要集中在科学和可持续利用海洋生物资源方面，注重海洋生物资源的养护，且多为区域性治理，例如 1930 年通过的《建立国际太平洋鲑鱼渔业委员会的

---

① 本书所指无人船的概念均与国际海事组织所定义的海上自主水面船舶（MASS）的内涵一致。

② 郑凡：《从海洋区域合作论"一带一路"建设海上合作》，载《太平洋学报》2019 年第 8 期，第 54—66 页。

③ ［英］帕特莎·波尼、埃伦·波义尔：《国际法与环境》（第二版），那力、王彦志、王小钢译，高等教育出版社 2007 年版，第 335—373 页。

公约》。1931 年通过的《捕鲸管制公约》缺乏综合防护的国际法治理举措，但总体而言，人类已经在环境可持续发展方面达成共识。

二战后，国际社会对海洋环境保护问题更加重视。1954 年，在伦敦召开的海洋油污国际会议上通过的《国际防止海洋油污染公约》被视为海洋环境保护国际立法的开端。[①] 国际海事组织作为专门机构，在防止船舶所带来的海洋污染方面成效显著。"托里·堪庸"号案件后，随着第一次联合国海洋法会议上《公海渔业及生物资源保护公约》的签署，国际海事组织通过了《国际油污损害民事责任公约》《国际干预公海油污事故公约》及《设立国际油污损害赔偿基金的公约》，随后在伦敦通过了《防止倾倒废弃物及其他物质污染海洋公约》《国际防止船舶造成污染公约》《国际干预公海非油类物质污染议定书》；区域性的环境保护公约有《防止船舶和航空器倾废污染海洋的公约》(又称《奥斯陆公约》)、《防止陆源物质污染海洋公约》(已被《保护东北大西洋海洋环境公约》所取代)、《波罗的海海洋环境保护公约》《保护地中海免受污染公约》《合作防止海洋环境污染的科威特区域公约》等。[②] 总体观之，关于海洋环境保护的国际法框架机制逐步建立。值得一提的是，斯德哥尔摩人类环境会议宣言提出了科技发展给环境带来的负面影响及代际公平的理念，强调可持续发展；《〈联合国气候变化框架公约〉京都议定书》(以下简称《京都议定书》) 和《巴黎协定》关注全球气候变化，控制温室气体排放。

---

① 朱建庚：《海洋环境保护的国际法》，中国政法大学出版社 2013 年版，第 8 页。
② 葛勇平：《国际海洋权益法律问题研究》，中国政法大学出版社 2020 年版，第 111—162 页。

二、海洋环境保护与海洋科学研究:《联合国海洋法公约》的向度

　　1972 年的斯德哥尔摩人类环境会议引起了世界各国对环境保护的关注，海洋的环境保护问题成为次年召开的联合国第三次海洋法会议的重要议题。在船旗国与沿海国对海洋环境的管辖权及其地理范围问题、沿海国对海洋污染管理的内容问题，以及通过《公约》的国家与未通过《公约》的国家之间的监督管理和责任承担的界限之争等问题上，发达国家与发展中国家之间存在较大分歧。虽然最终《公约》在利益取舍维度向发展中国家倾斜，但这导致一些发达国家认为《公约》采取双重标准。[①] 从环境保护和《公约》的规定来看，首先，《公约》在内容上规定了环境保护的一般内容，各国应当从国际和国内两个层面对海洋环境进行保护，禁止转移危险物或将危险物转变成另一种污染，考虑技术因素对海洋环境造成生物入侵的危害。其次，《公约》对环境保护的全球合作与区域合作进行综合考虑，倡导通过国际组织进行合作，提高环境保护合作的便捷性和成效性。《公约》制定的立足点有结果导向的价值理念，考虑到环境保护的特点，《公约》对环境污染导致的损害通知、制定应急计划及情报资料交换等进行了规制。再次，《公约》特别规定在环境保护方面鼓励发达国家向发展中国家提供技术援助及相关优待，这种技术援助及优待使得发达国家认为《公约》采双重标准，存在过分向发展中国家倾斜的现象。本书认为，这种所谓的倾斜并非双重标准，而是与 1972 年《斯德哥尔摩宣言》首倡的"共

---

① Jose Luis Vallarta, *Protection and Preservation of the Marine Environment and Marine Scientific Research at the Third United Nations Conference on the Law of the Sea*, 46 Law and Contemporary Problems 147 (1983), pp.147—154.

同的原则"与"共同的信念""有区别的责任"①，具有内在一致性。随着《关于环境与发展里约热内卢宣言》(以下简称《里约宣言》)、《京都议定书》以及《巴黎协定》的通过，"共同但有区别的责任"成为环境保护领域的重要原则。因此，这正是《公约》立法理念先进的体现，也是国际法领域"软法"转换成"硬法"的典范。最后，《公约》对海洋环境保护的事中监管、司法诉讼及事后执行都予以考虑，进行了相应的规制。

从《公约》章节安排及条款规定分析，海洋环境保护和海洋科学研究这两章次第相接。本书前述章节对海洋科学研究的概念进行探讨，从第三次海洋法会议上相关国家关于海洋科学研究概念的提案中可以看出，有关国家已经意识到海洋环境保护与海洋科学研究的重要性和内在相关性。《公约》第196条规定，"各国应当采取必要措施以防止、减少和控制由于在其管辖或控制下使用技术而造成海洋环境污染"，虽然该条并未提及"海洋科学研究"，但实际上，海洋科学研究的过程中通常会利用先进的技术手段和方法，以获取海洋数据和样本，因此海洋科学研究的方式、手段与方法同技术紧密相连。有学者认为，国际环境法具有科学技术性强的特征，因为环境问题的认知须以科学为依据，许多以预防原则为基础的环境保护举措须以科学研究的成果为依据。②《公约》第196条规定的"技术"实际上可以理解为科学技术手段，因此，该条规定涵盖了海洋科学研究采用技术方式而造成的海洋环境污染。本书认为该条规定

---

① 刘晗：《气候变化视角下共同但有区别责任原则研究》，中国海洋大学 2012 年博士学位论文，第 66—230 页。

② 李爱年、韩广等：《人类社会的可持续发展与国际环境法》，法律出版社 2005 年版，第 42 页。

是有关海洋科学研究造成海洋环境污染的条文。一方面，用"技术"这一宽泛的词义表达，涵括了各种可能造成海洋污染的情况，"技术"的用语，将重心落在造成污染的方式与原因而非目的上；另一方面，该条规定并未提及海洋科学研究，但与《公约》第十三部分海洋科学研究章节第 246 条第 5 款（b）规定在表述上及规制的内容上前后呼应，明确了对技术性因素造成海洋污染的否定性评价。《公约》第 200 条规定，"各国应直接或通过主管国际组织进行合作，以促进研究、实施科学研究方案，并鼓励交换所得的关于海洋环境污染的情报和资料"，该条规定是《公约》唯一一条可直观解构海洋科学研究的实施与海洋环境污染之关系的条文。从该条规定可以看出，海洋科学研究的实施可能是为获取海洋环境污染的情报和资料。除以上条文外，《公约》第 240 条（d）款和第 263 条第 3 款规定分别明确了海洋科学研究应当依照《公约》规定，履行海洋环境保护的义务并承担相应的责任。

综上，在《公约》视角下，海洋科学研究与海洋环境保护紧密相关。随着科技的发展，一方面，环境保护需要通过海洋科学研究获取相关情报、数据和资料，提高环境保护的效率和效果；另一方面，海洋科学研究可能造成海洋环境污染。因此，海洋科学研究是保护海洋环境的方法，亦可能带来海洋环境污染的问题。

三、海洋科学研究的环境保护之特殊性与必要性

（一）海洋科学研究与海洋环境保护具有内在联系

海洋科学研究和海洋环境保护的内生联系体现在诸多方面。首先，《公约》虽未对海洋科学研究进行确切定义，但正如上文所述，

在《公约》筹备、讨论及制定之时，许多国家和相关团体均指出开展海洋科学研究是为增进对海洋环境的认知。海洋环境保护是海洋可持续发展及海洋科学研究持续开展的重要保障。其次，人类早期对海洋环境保护的关注多集中在海洋生物资源的保护与养护方面。有学者认为，海洋生物资源的保护与养护是海洋环境安全的内容，海洋环境安全需要海洋科学研究予以保障。[①] 再次，《公约》序言明确提出，其宗旨是为便利海洋资源的公平而有效的利用，促进海洋生物资源的养护及研究，保护和保全海洋环境。实际上，序言已经揭示出海洋科学研究与海洋环境保护之间的关系。最后，海洋科学研究的目的是增进对海洋环境的认知，但在这一认知过程中可能会出现环境污染问题，而海洋科学研究所获取的数据、样本等又可被用作海洋环境保护的科学依据。综上，海洋科学研究与海洋环境保护的联系源自海洋科学研究的目的、方式与方法，是一种天然性的内生关联，与商业航运、海洋资源开发利用等领域的海洋环境保护相比具有较大不同。

（二）完善的海洋科学研究环境保护规制体系助力全球海洋治理

全球海洋治理是多维和多元的，美国海洋与国际关系学者罗伯特·L. 弗里德海姆（Robert L. Friedheim）最早使用全球海洋治理的概念[②]，但全球海洋治理概念并无确切的定义，关于治理的主体、

---

① Edgardo D. Gomez, *Marine Scientific Research in the South China Sea and Environmental Security*, 32 Ocean Development & International Law 205 (2001), pp.205—211.

② 袁沙：《全球海洋治理逻辑缘起与实践框架建构》，载《南海学刊》2023 年第 3 期，第 67—76 页。

客体、内容、方式和手段，仁者见仁、智者见智。有研究者认为，全球海洋治理包含全球化因子，涵盖海洋环境污染、气候变化、非传统海洋安全、海洋资源的开发利用等方面。① 对海洋科学研究在环境保护方面予以规制，实质上提升了海洋科学研究的可持续性，兼具环境友好型的全球海洋治理属性。海洋环境保护及海洋资源的可持续利用是海洋科学研究的重要保障，在事实上将海洋所具备的经济属性和功能属性转化为科技动力。

全球海洋治理的逻辑随着多种因素的变化而发生变迁。人类对海洋资源的开发利用所坚守的可持续利用治理理念发生了改变，国际社会开始转向基于共同体利益管理国家管辖范围外海域的公共性治理逻辑。② 欧洲国家首倡通过构建并扩大国家管辖范围外区域海洋保护区（Marine Protected Areas in Area Beyond National Jurisdiction, MPAs in ABNJ）以推动对国家管辖范围外区域海洋生物多样性的养护和可持续利用，并与相关国际法主体共同推动该问题的国际法进程。③ 国家管辖范围外区域海洋生物多样性养护和可持续利用涉及科技、法律和政治等多方面因素 ④，国家管辖范围外区域海洋保护区环境保护亦必然与科技、法律和政治等密切相关。《公约》并未对公海保护区内海洋科学研究进行特别或明确的规定。

---

① 黄任望：《全球海洋治理问题初探》，载《海洋开发与管理》2014 年第 3 期，第 48—56 页。

② 白佳玉：《国家管辖范围外海域的国际法治演进与中国机遇》，载《学习与探索》2023 年第 2 期，第 73—85 页。

③ 施余兵：《国家管辖外区域海洋生物多样性谈判的挑战与中国方案——以海洋命运共同体为研究视角》，载《亚太安全与海洋研究》2022 年第 1 期，第 35—50 页。

④ 施余兵：《一步之遥：国家管辖外区域海洋生物多样性谈判分歧与前景展望》，载《亚太安全与海洋研究》2023 年第 1 期，第 36—50 页。

随着国家管辖范围外区域海洋科学研究活动的环境保护规制问题的日益突出和重要，构建和完善海洋科学研究环境保护的法律规制将有助于全球海洋治理。

第二节 海洋科学研究的环境问题

一、海洋科学研究的环境问题的表现形式

海洋科学研究通常采用特定的科学方法，并借助特定的科学设备、设施对海水、大气、海床及底土等特定对象进行数据采集或样品取样。海洋科学研究给海洋所带来的污染主要集中在物理、化学、生物及生态四个维度，并与海洋科学研究活动本身具有较大的关联。

（一）物理形态污染

海洋环境物理形态评价的综合指征包括海平面、海水温度、海水盐度、洋流等内容。但海洋科学研究的对象和内容并不局限于此，还包括对海床和海底的研究，以及海底地形、海底土壤、海底矿物质和海底生物等的研究。以对海底沉积物取样为例，在此过程中可能会涉及海底钻探，这一活动会对海底造成局部扰动。学者的研究表明，受到干扰的海底在约两年后才能够得到基本的恢复，但是恢复后的土壤结构、微生物种类会与之前有所不同，因此，物理形态的干扰会对海底环境带来一定程度的影响。[1] 除干扰形式的污

---

[1] Hyun, Jung-Ho, *Resource-Limited Heterotrophic Prokaryote Production and Its Potential Environmental Impact Associated with Mn Nodule Exploitation in the Northeast Equatorial Pacific*, 52 Microbial Ecology 244 (2006), pp. 244—252.

染外，海洋科学研究还可能造成钻探泥浆和碎屑污染。实际上，海洋科学研究是一项专门性科研活动，利用声、光、电等科学方式获取数据，进一步加深人类对海洋的认识，而正是上述科学手段可能会带来声、光、电、放射性物质污染。例如，海洋科学研究可能需要使用物理技术等科学手段获取科研数据，在此过程中会带来物理污染。再如，为获取海洋数据，海洋科学研究常常会辅以声呐等技术设备，而此种技术设备发出的声音会影响鱼类产卵，带来海洋噪声污染。

（二）化学形态污染

与船舶航行、海上污染事故等引起的海洋环境污染不同，海洋科学研究过程中对特殊科研工具的使用可能产生化学污染。海洋科学研究在获取科学数据和样本的过程中，可能会使用独特的化学试剂，如果不作特殊处理直接排放，可能直接造成海洋化学污染。在科考船上对科学样本进行处理或完成科学实验时，可能涉及化学试剂的添加，若未作特殊处理或不慎泄漏，则存在海洋化学试剂污染的风险，比如重金属污染、氧化物污染及其他化学物质造成的污染等。不容忽视的是，海洋科学研究所使用的工具也会带来污染。例如，科研人员投放的用于数据和样本收集的无人船艇、Argo 浮标及其他科研设备，可能会因信号不佳、设备失灵、自然损耗，而成为海洋永久性垃圾，进而造成海洋微塑料污染或有毒有害物质污染等问题。上述三种可能造成海洋化学污染的情形中，前两种污染具有直接性和可控性，最后一种情形则存在较大的偶然性，该种情况的发生多与技术故障、设备性能问题或设备的生命周期有较大的关联性。但值得注意的是，第三种情况一旦发生，那么对海洋的污染会具有长期性和不可控性。这些科研设备的材质并不易被自然降解，因而可能长期释放有毒有害物质，有些甚至会成为永久性海洋垃圾。

（三）生物入侵

船舶压载水当中携载的生物，可能造成一定程度的生物入侵，特别是对于极地地区而言。由于极地环境极为脆弱，科考船跨越洲际，穿越数万公里，极易给脆弱的极地地区造成环境损害。这种入侵也许是基于研究的需要，也许是无意为之，无论如何，其危害性都极为严重。生物入侵的方式极为多样化，风力、大气污染、气候变化等均可能成为生物入侵的重要因素。[①] 生物入侵带来的结果和危害异常严重，不仅会破坏生态平衡，还可能会对全球生态系统进行反噬，甚至危害大气圈层，加剧气候变化，影响人类生存的自然环境。

（四）生态平衡被打破

国际社会对海洋生态平衡问题的关注由来已久。1893 年，英美太平洋海豹仲裁案（Pacific Fur Seal）否定了美国对国家管辖范围外海域生物资源的财产权；为进一步保护海洋生物资源，该案还确定了禁猎季节，以及捕猎方法与工具的规格等内容。[②] 这些规定逐渐为各国所接受，成为海洋生物资源保护基本原则的源头与雏形。事实上，海洋科学研究可能造成生态失衡。为保护鲸类族群和

[①] 段梦格、冼晓青、王书平、钱程、乔慧捷、李新江：《基于国际贸易和环境气候的生物入侵风险评估综合模型研究初探》，载《植物保护》2022 年第 6 期，第 31—41 页。

[②] 许健：《国际环境法学》，中国环境科学出版社 2004 年版，第 59 页。

海洋生态环境的可持续发展,《国际捕鲸管制公约》第8条规定,缔约国应当规制本国公民为进行科学研究而对鲸类展开的捕杀和加工行为,应当保证该捕杀和加工行为维持在必要与合适的限度内,且须获得特别许可证。在澳大利亚与新西兰诉日本捕鲸案中,案件的焦点之一为日本的捕鲸行为是否在适当的限度内,是否为海洋科学研究活动。而与此紧密相关的是,将海洋科学研究的目的及何谓科学研究的概念界定清楚。该案中,达尔维尔·班达里(Dalveer Bhandari)法官认为日本的捕鲸行为是商业行为,而非海洋科学研究。日本的捕鲸行为是否违反环境保护的国际法义务是该案的另一争议点,在案件的审理中,国际法院对环境保护的代际公平问题、海洋环境的可持续发展,以及国际环境法环境保护义务等问题均予以分析,希拉里·查尔斯沃思(Hilary Charlesworth)法官对此认为,即便基于《国际捕鲸管制公约》第8条的规定,日本是以海洋科学研究为目的,亦负有环境保护的注意义务,避免环境退化、生态失衡等环境问题的出现。[①]由此可见,海洋科学研究的方法、目的和过程,可能会对海洋生态环境造成影响,进而破坏生态平衡。

二、海洋科学研究的环境问题的独特性

(一)造成污染的原因和样态更为复杂化

海洋科学研究通过特定的科学方法和手段获取样本与数据,因

---

① ICJ GL No. 148 (Official Case No) ICGJ 471 (ICJ 2014) (OUP reference), Whaling in the Antarctic, Australia and New Zealand (intervening) v. Japan, Judgment, ICJ GL No. 148, ICGJ 471 (ICJ 2014), 31st March 2014, International Court of Justice.

而其对环境带来的一些影响可能不同于普通海洋运输或海洋活动。概括而言，这些影响可分为物理影响（包括声、光影响）、化学影响、生物影响等。物理影响来自取样和钻探技术、炸药和其他专门科学设备（如无人驾驶或遥控的飞行器）的使用，可能带来海底沉积物扰动，伤害海洋物种或其栖息环境，或者破坏海洋生态系统的结构特征。就声学影响而言，海洋科学研究有时会将声音污染引入海洋环境，对海洋生物造成有害影响。使用化学跟踪剂或含有危险物质的一次性装置可能会造成化学影响。就生物污染而言，例如，引入改变当地群落结构并可能导致本地物种灭绝的外来物种或病原体，就可能会导致生物污染。生物病原体污染具有相当程度的复杂性，不仅表现为污染样态复杂，还体现在致污原因不确定等方面，基于此，根据 2010 年政府间海洋学委员会制定的《海洋科学研究导则》的规定及《公约》第 242 条的规定，沿海国可以合理地要求进行海洋科学研究的主体提供海洋环境保护的资料，该项权利的权源系沿海国的管辖权。《公约》第 200 条规定，各国应进行合作，以促进研究和实施科学研究方案。交换环境污染的情报和资料，实质上与沿海国斟酌决定时要求提供或补充更多的环境保护方面的资料相一致，都是为了应对复杂的海洋环境治理问题。

（二）带来的海洋环境损害具有隐蔽性

海洋活动常常以海洋科学研究为载体，从某种程度上讲，海洋活动中的海洋科学研究无处不在。基于此，有国家试图以海洋科学研究的名义掩盖损害海洋环境的行为。以海洋渔业捕捞为例，一些国家受到国家或国际配额的限制，无法达到理想的开发与捕获水平，特别是在海洋保护区，于是有国家试图打着"科学研究"的幌子，超过其配额限制，却想要免于承担法律责任。以日本过度捕捞为例，在科学研究捕鲸案和南部蓝鳍金枪鱼案中，日本均为被告。在科学研究捕鲸方案中，日本以科学研究为幌子，大肆捕捞鲸鱼，受到澳大利亚和新西兰的强烈反对，国际海洋法法庭围绕其是否违反《国际捕鲸管制公约》、何谓环境保护、何谓科学研究等争议点进行审理，最终多个法官均认为日本违反了《国际捕鲸管制公约》，实施了过度捕捞的违法行为。[①]该案是关于以海洋科学研究为幌子而违法过度捕捞的典型案例。无独有偶，日本在1998—2000年期间，曾试图规避对濒危物种南方洄游蓝鳍金枪鱼商业捕捞的限制，以"实验性捕捞"为名，违反太平洋南部蓝鳍金枪鱼保护委员会规定的捕捞限额规定，超出部分占规定限额的四分之一，新西兰和澳大利亚为制止日本的不法行为，明确禁止日本船只停靠其港口，同时向海洋法法庭提起诉讼，最终日本被迫放弃该"实验性捕捞计划"。[②]

上述典型案例采用了隐蔽的方式，以海洋科学研究为借口或名义，过度捕捞，公然破坏了海洋生态平衡，违反了国际条约义务。值得反思的是，泛化海洋科学研究的概念可能掩盖了海洋环境污染的问题，因此，我们在实践中应当对海洋科学研究活动予以关注。

（三）污染源来自科考设备

随着人工智能时代的到来，无人船及无人设备被广泛应用于

---

① Tim Daniel, ABLOS Conference-Monaco-10-12 October 2005, Kendall Freeman speakers notes: *Legal Aspects of Marine Scientific Research (MSR) and Part XIII of the UN Convention on the Law of the Sea (UNCLOS)*, p.3.

② Southern Bluefin Tuna Cases, New Zealand v Japan; Australia v Japan, International Tribunal of the Sea.

海洋科学研究。无人船在科考领域的应用，创造了人类探索海洋的新高度，突破了人类海洋科学研究的局限。"雅茜比尔克兰"号电动无人船在挪威投入商用，拉开了无人船时代的序幕。[1] 与无人船相比，无人设备在海洋科学研究中的应用更为广泛，无论是全球 Argo 浮标计划抑或科考中常用到的取样或观测设备等，均成为现代海洋科学研究中被普遍使用的研究工具。一方面，与传统船舶相比，无人船舶的动力来源有较大不同，以远程控制的油电混动及纯电动为主。因此，除了需要关注传统海洋环境保护领域的二氧化碳减排、氮氧化物等气体的排放，以及油污污染外，还需关注电池污染。例如，电动船舶碰撞可能导致电池损坏，导致电池中的石墨、铜、铝、镍等物质泄漏，造成环境污染，而废旧电池如果不能得到科学、合理的回收再利用，则将不可避免地带来资源浪费和环境污染等问题。[2] 传统非电动船舶在建造时常常将绿色环保的理念融入其中，强调节能环保。1973 年《防止船舶污染海洋公约》（MARPOL 73/78）明确将船舶动力燃料的生产环节纳入监管。随着实践的发展，欧洲多国建议对废气清洗系统（EGCs）排放水进行控制，并通过引入《MARPOL73/78 电子记录簿使用导则》加强对排放水的监管，在实际上进行环境保护的全流程监管。而电动船舶的环境保护监管并未被纳入其中，亦缺失完善的环境保护标准。另一方面，无人设备的广泛使用，增加了海洋塑料垃圾污染的风险。如果无人设

---

[1]《首艘电动无人驾驶货轮亮相挪威》，载新华网，http://www1.xinhuanet.com/techpro/20211123/fabee6c689cb4c3594219bd19858006a/c.html，最后访问于 2022 年 3 月 13 日。

[2] 蒋龙进、张顺、乔羽、刘臣臻、饶中浩：《废旧锂电池负极石墨失效机制及回收利用研究进展》，载《储能科学与技术》2023 年第 3 期，第 822—834 页。

备在生命周期结束前出现故障，或与控制中心失去联系，那么其将变为海洋垃圾，可能造成海洋微塑料污染，提高海洋环境保护的难度，带来管理与规制上的障碍。综上，科技的发展及新科技装备的使用，使得海洋环境的保护与管理不得不面临新的挑战。

（四）"科学"带来污染

正如联合国环境规划署所言，"科学与技术既是环境破坏的根源，又是人类建设可持续未来的最大希望"。[①] 科学与技术的发展有赖于科学研究成果的取得，归根结底，科学研究与环境破坏之间有着千丝万缕的联系。海洋科学研究的成果可能造成对海洋环境的破坏，而海洋科学研究也是人类可持续发展的源泉和希望。海洋科学研究与海洋环境保护均与"科学"紧密相关。海洋科学研究通过科学的方式与方法获取研究资料与数据，实现科学研究的目的与效果。一方面，海洋科学研究可能造成海洋环境的破坏，成为海洋环境可持续发展的风险因素；另一方面，海洋科学研究的成果有益于海洋环境保护与人类可持续发展决策的形成，海洋环境保护的开展及其实施效果有赖于海洋科学研究及其技术成果的应用。[②] 运用科学的方法和方式开展海洋环境保护项目，才能实现预期环境保护目标，达到良好的环境保护效果。海洋商业船舶航行或商业活动基于商业目的可能造成环境破坏，其活动本身或最终目的均与海洋环境

---

① *UN Environment Programme (UNEP)*, available at https://www.unep.org/explore-topics/technology, last visited on 25-07-2023.

② Anna-Maria Hubert, *The New Paradox in Marine Scientific Research: Regulating the Potential Environmental Impacts of Conducting Ocean Science*, 42 Ocean Development & International Law 329 (2011), pp.329—355.

保护无关，甚至是相互背离的，也就是说商业活动或商业船舶航行的目的与海洋环境保护的目的相悖。前者是经济目的，而后者是环境保护的公益目的，两者相互抑制，例如，为了实现经济利益而过度捕捞，造成海洋生态环境失衡。故海洋科学研究与环境保护均与"科学"紧密相关是海洋科学研究的环境保护问题的独特性所在。

第三节　海洋科学研究的环境保护框架机制问题

当前海洋环境保护与治理受到国际社会的普遍关注。关于海洋环境保护的公约体系已涵盖气体污染（例如温室气体排放标准与管控）、油类污染、有毒有害物质污染、固体废弃物污染、化学物质污染等方面，但已有的公约体系鲜有针对海洋科学研究活动造成海洋环境污染的规制。以国际海事组织、联合国环境规划署为主的主管国际组织积极倡导、引领环境保护相关公约的制定和实施，但缺乏对国际行业组织及协会造成海洋环境污染的规制，可见全球海洋治理缺乏对海洋科学研究环境保护与污染治理的法律保障。

一、海洋科学研究的环境保护缺乏专门规定

（一）温室气体排放控制缺乏标准：科考船舶以及科考活动的规制维度

以国际海事组织为代表的国际组织长期致力于绿色航运发展，在强调降低船舶能耗的同时，关注绿色能源，呼吁减少温室气体及其他有害气体的排放，规制其他污染物质对海洋环境的污染。2023年，国际海事组织第 80 次海洋环境保护会议通过并采纳了温室气体

排放战略，加强对有害气体排放的处理，明确提出到 2030 年二氧化碳的排放量争取比 2008 年下降 40%。[①] 国际海事组织在该次会议中通过的温室气体减排计划针对的是国际船舶（international ship），科考船是否属于国际船舶或科考船是否应当被涵盖其中，并不明确。国际海事组织通过对成员国的规制，倡导成员国通过国内立法的形式践行该组织机制下通过的公约或决议，但其实施效果有待评估。这里需要进一步考证和研究的问题是，国际海事组织控制温室气体排放计划下所规制的国际船舶，是否包括所有类别的船舶，也就是说是否不仅包括国际航行的商船，还包括科考船，目前并不明确。

（二）能源革命：船舶燃料绿色化发展挑战科考船及科研活动

根据国际海事组织历届海洋环境保护会议讨论的内容，不难推测，航运业的动力系统在未来将发生重大变革，绿色航运将成为世界经济发展与环境保护的重要内容。为降低温室气体和其他污染性气体的排放，碳捕获技术与系统及甲醇、液氢燃料等替代性生物燃料将广泛应用于船舶动力系统。在新技术革命和绿色航运理念的加持下，科考船航行动力及科研活动面临诸多需要改进之处。而科考船的设计建造不同于普通商船，通常其服役时间较商船长，动力系统和设施改造成本高。挪威船级社《面向 2050 年的海事展望》（*Maritime Forecast to 2050*）报告中指出，在几乎所有的情形下，

---

① International Maritime Organization (IMO), *International Maritime Organization (IMO) Adopts Revised Strategy to Reduce Greenhouse Gas Emissions from International Shipping*, available at https://www.imo.org/en/MediaCentre/PressBriefings/pages/Revised-GHG-reduction-strategy-for-global-shipping-adopted-.aspx, last visited on 07-8-2023.

燃料基础设施投资都将超过船上投资，到 2050 年，岸基每年需要
280 亿至 900 亿美元来扩大生产、燃料配送和加油等基础配套设
施建设，以提供 100% 的碳中和燃料，其中电力燃料占据最大投资
额。[1] 而其另一份关于《2022 年全球能源展望》(*Energy Transition
Outlook 2022*) 的报告中同样指出，2050 年全球非化石燃料能源将
在全球能源结构中占一半以上。[2] 在技术赋能的同时，应具体考量
技术场景。一方面，未来各国科考船船队体系将面临一系列关于船
舶绿色航行的环境问题；另一方面，各国海洋科学研究活动将面临
更为严格的环境保护标准，以避免科研活动造成环境污染。

（三）管控体系漏洞：海洋科学研究造成的有毒有害物质污染

海洋科学研究的内容涉及物理、化学及生物等方面，研究的方
式可能涉及化学试剂的使用，而在科考船上使用化学试剂可能产生
有毒有害物质，从而造成海洋有毒有害物质污染，但关于有毒有害
物质污染环境的公约体系并未明确关于海洋科学研究的规制内容。
相关公约，诸如 1973 年《防止船舶污染海洋公约》《控制危险废物
越境转移及其处置巴塞尔公约》(以下简称《巴塞尔公约》)、《国际
海上运输有毒有害物质损害责任及赔偿公约》(以下简称《HNS 公
约》)、《防止倾倒废物和其他物质污染海洋的公约》(以下简称《伦
敦公约》)，以及《防止倾倒废物和其他物质污染海洋的公约 1996
年议定书》(以下简称《伦敦公约议定书》) 等[3]，在实际上成为规制

---

[1] *Maritime Forecast to 2050*, p.15.
[2] *Energy Transition Outlook 2022*, p.2.
[3] 朱建庚：《海洋环境保护的国际法》，中国政法大学出版社 2013 年版，第 25—
    180 页。

有毒有害物质污染的主要公约，换言之，上述公约是有毒有害物质环境污染公约体系的主要内容。1973年《防止船舶污染海洋公约》及附件对船舶有毒有害物质排放进行了一定的规制，但缺失对海洋科学研究活动中有毒有害物质污染的专门化规制，也未明确是否由船旗国履行该义务并承担相应责任。审视《巴塞尔公约》可知，无论是公约本身抑或多个附件的内容，均关注对危险废物的进出口及转移处置的规制，少有对海洋科学研究的规制。虽然《巴塞尔公约》序言部分明确提出，无论在何处进行处置，深信各国对危险废物和其他废物的管理会采取环保的处置方式，其附件一还在对废物的分类中明确了"从研究和发展或教学活动中产生的尚未鉴定的和（或）新的并且对人类和（或）环境的影响未明的化学废物"[1]，从该表述分析，似乎海洋科学研究活动中产生的有毒有害物质污染应当受到该公约的规制，但是当回归到《巴塞尔公约》本身及公约的目的，却只能得到一个模棱两可的结论，因为该公约强调"越境转移"和"进出口"。与之类似，《HNS公约》规制的是对有毒有害物质的运输及其损害赔偿。《伦敦公约》及《伦敦公约议定书》亦存在规制不完全或仅就部分行为或内容进行规制的问题。因此，海洋科学研究活动过程中产生的有毒有害物质污染缺乏全面规制，现有的法律体系难以将之完全囊括。

（四）国际法规制不足：海洋科学研究潜在微塑料污染

　　海洋微塑料垃圾遍布包括北极地区在内的海洋，甚至在马里亚纳海沟中都能发现微塑料垃圾的踪迹，所造成的污染包括原生微塑

_____

①《控制危险废物越境转移及其处置巴塞尔公约》附件一Y14项分类。

料污染和次生微塑料污染，前者主要来源于生活和工业污水，后者主要来源于海洋风力、洋流，以及太阳辐射等自然力作用下所分解的含有塑料成分的物质。[①] 海洋微塑料的危害极大，不仅对位于食物链最顶端的人类身体健康造成危害，还给生态系统循环能力带来负面影响。[②] 值得肯定的是，《伦敦公约》及其 1980 年修正案附件一第（四）项明确规定，"耐久塑料及其他耐久性合成材料，如渔网和绳索，该类物质能漂浮在海面或悬浮在水中，以致严重地妨碍捕鱼、航行或对海洋的其他合法利用"。[③] 但仅此一条规定明确提出对部分塑料污染物造成的污染应予重视和规制，可谓杯水车薪。此后，联合国环境规划署力主制定《关于持久性有机污染物的斯德哥尔摩公约》（以下简称《斯德哥尔摩公约》），被认为包含了对微塑料污染进行规制的内容。尽管该公约注意同《巴塞尔公约》的内容相协调，并在最大限度上保护环境免受持久性有机物的污染，体现出环境保护的"对世义务"，但其中仍然存在诸多规制不足之处。例如，《斯德哥尔摩公约》全文并未提及"微塑料"污染物的指称，使得微塑料污染环境保护的国际法依据缺少最直接的条约依据。再如，《斯德哥尔摩公约》第 3 条第 5 款规定，"除非本公约另有规定，第 1 款和第 2 款规定不应适用于拟用于实验室规模的研究或用作参照标准的化学品"[④]。该条规定在一定程度上减轻了缔约国在

---

① 高园园、温志良、孔露露等：《海洋环境中微塑料污染：来源、分布及风险》，载《环境污染与防治》2023 年第 6 期，第 875—880 页。

② Ciera Dye, *The Pelagic Plastic Problem*, 19 Ocean and Coastal Law Journal 117 (2013), pp.117—144.

③ 1972 年《防止倾倒废物和其他物质污染海洋公约》及 1978 和 1980 修正案附则一。

④ 《关于持久性有机污染物的斯德哥尔摩公约》第 3 条。

海洋科学研究过程中的环境保护义务，降低了研究型化学品的监管标准，忽视了对海洋科学研究活动过程中可能造成的持久性海洋微塑料污染的监管。

二、《联合国海洋法公约》对海洋科学研究的环境保护问题规制不完善

《公约》第十二部分是关于海洋环境保护的专门规定，共 46 个条文，融入联合国人类环境会议（斯德哥尔摩会议）宣言所包含的诸多原则和内容，并在第 192 条明确规定"各国有保护和保全海洋环境的义务"。[①] 总体考量，该部分覆盖面较广，且自成体系，主要针对船舶可能造成的污染进行了较为系统的规制。

从微观层面探析《公约》第十二部分的具体内容可知，相关条款的规定在适用范围、主体、客体等方面存在模糊不清的问题。例如，第 194 条第 3 款（c）规定，海洋勘探或开发的设施和装置应当在设计、建造、装备、操作和人员配备等方面避免造成环境污染，但此处的海洋勘探与开发并不能涵盖或代表海洋科学研究。第 194 条第 3 款（d）规定，避免在海洋环境内操作的其他设施和装置造成的污染，海洋科学研究过程中所设计、建造或放置的设施、设备等，应当遵守《公约》的规制，最大限度减少污染。值得思考的是，船上的研究活动是否应当受《公约》的规制，《公约》并未予以明确。另一个微观层面的问题是，第十二部分的规定并未提及

① ［美］迈伦·H.诺德奎斯特：《1982 年〈联合国海洋法公约〉评注》，吕文正、毛彬译，海洋出版社 2018 年版，第 33—36 页。

对海洋科学研究的专门规制。虽然《公约》第十三部分第 240 条
（d）款规定，"海洋科学研究的进行应遵守依照本公约制定的一切
有关规章，包括关于保护和保全海洋环境的规章"，第 263 条第 3
款规定，海洋科学研究产生海洋环境污染的应依照《公约》第十二
部分第 235 条的规定承担责任。《公约》第 235 条对各国管辖海域
的海洋污染作出有关救济和补偿的规定，各国对于国家管辖范围外
的污染仅承担国际法责任，但该种国际法责任如何实现，《公约》
并未作出回应，这可能导致"公地悲剧"。值得指出的是，《公约》
第 246 条第 5 款（b）规定将有害物质引入海洋环境的情形作为沿
海国行使斟酌决定权的情形之一，但《公约》并未进一步规定相应
的救济举措。

从宏观层面研究，聚焦《公约》第十二、十三部分之间的内在
关联可知，两者缺乏联动机制和一以贯之的价值基础。《公约》第
1 条规定对海洋环境污染进行概念解释，指出"人类直接或间接把
物质或能量引入海洋的任何损害海水质量和减损环境优美的活动"，
都是《公约》所规制的海洋污染行为。《公约》第十二部分和第
十三部分的相关规定并未完全体现这一价值理念，尤其是海洋科学
研究活动方式对海洋环境而言不同于其他航行活动，因此应当更为
具体地规定海洋科学研究活动对海洋环境可能造成的污染，以及相
应的补偿机制。

三、《联合国海洋法公约》中海洋科学研究的环境保护问题争端
　　解决机制复杂

关于海洋环境保护的争端解决机制，《公约》规定了调解、有

条件地强制调解、任择性强制仲裁，以及任择性强制司法，其法律依据分别是《公约》附件Ⅴ和附件ⅩⅤ部分；其争端解决的机构为调解委员会、国际海洋法法庭、国际法院、仲裁法院，以及特别仲裁法庭。① 根据《公约》附件Ⅴ第1节的规定，联合国秘书长和争端当事国共同完成调解委员会的组建工作。由调解委员会出具关于当事国争端的事实问题和法律问题的结论、报告或建议，但其对争端当事国并无拘束力。而强制调解程序下调解委员会的结论、报告或建议是否有拘束力，《公约》并未作出明确规定。对于通过调解仍无法解决的争端，经争端任何一方的请求，应当提交具有管辖权的国际海洋法法庭、国际法院、仲裁法院或特别仲裁法庭②，上述具有管辖权的任何机构所作出的裁判均具有普遍拘束力。

　　值得说明的是，国际海洋法法庭更为关注海洋环境问题，除具备"定分止争"功能外，其致力于维护海洋环境保护的基本原则在实践中的运用，故其所审理的关涉海洋环境保护的案件数量居四个机构之首；而国际法院具有较高的权威性，因此一些国家选择将与主权相关的海洋划界争端提交国际法院，但其所审理的案件较少涉及海洋环境保护问题；仲裁法院所受理的案件中一半以上均与海洋环境保护相关；特别仲裁法庭因案件多涉及海洋科学研究及海洋环境的保护等专业性问题，需请相关组织提名的专家来解决此类问题，因此至今零受案率。应当注意的是，仲裁法院和特别仲裁法庭相较于国际法院其司法地位和权威性较低，其专业性亦不如国际海

---

① 《联合国海洋法公约》第284条、第285条、第286条、第287条。
② 《联合国海洋法公约》第286条。

洋法法庭。[1]

与海洋环境保护争端解决机制不同的是,《公约》关于海洋科学研究在解释和适用上的争端解决机制排除了调解,也就是说在《公约》语境下,关于海洋科学研究的争端解决机制为强制调解、任择性强制仲裁,以及任择性强制司法。且《公约》第297条第2款（a）规定排除了对沿海国行使在专属经济区内和大陆架上进行海洋科学研究管辖权利和斟酌决定权,以及要求他国暂停或停止在其专属经济区内和大陆架上进行的任何海洋科学研究活动情况的强制仲裁或司法,即上述情况下,沿海国并无义务同意将其提交国际法院或仲裁法院接受强制司法行为。[2]

除此之外,《公约》第298条第1款（b）规定了在军事活动中,以及第297条第2款和第3款规定的不属于法院或法庭管辖的涉及海洋科学研究和海洋生物资源养护与管理的关于行使主权权利或管辖权的法律执行活动的争端中,一国可以在任何时间书面声明不接受强制仲裁或司法。[3]目前,作出此种声明的国家有:加拿大、智利、法国、葡萄牙、韩国、俄罗斯、突尼斯、中国、厄瓜多尔、泰国、阿根廷、墨西哥、白俄罗斯、英国、佛得角、乌拉圭。[4]概言之,当海洋科学研究符合《公约》规定的情形时,强制调解程序启动,该程序不受一方不答复或不接受调解的影响,一旦启动,调

---

[1] Jiang Xiaoyi, Zhang Jianwei, *Marine Environment and the International Tribunal for the Law of the Sea: Twenty Years' Practices and Prospects*, 5 China Legal Science 84 (2017), pp.84—110.

[2]《联合国海洋法公约》第246条、第253条、第297条。

[3]《联合国海洋法公约》第298条。

[4] 高健军:《〈联合国海洋法公约〉争端解决机制研究》（修订版）,中国政法大学出版社2014年版,第388—394页。

解委员会便可行使职权；而《公约》第297条第2款（a）规定可被视为强制仲裁或司法的例外，第298条第1款（b）规定则可被视为例外之例外。这在某种程度上体现了《公约》对沿海国主权权利和管辖权的尊重，换言之，这是一种权力让渡，究其考量因素，莫过于国家主权权利和国家利益，但这将削弱《公约》的规范效力和执行效果。

海洋环境保护和海洋科学研究存在密切的内在关联性，实践中的涉海洋案件往往关涉多方面的争议和法律问题，可能包含了海洋环境保护、海洋科学研究、海洋划界、航行，以及渔业等方面的争端。例如，孟加拉国和缅甸关于孟加拉湾海洋划界争端案关涉海洋环境保护等问题，加纳和科特迪瓦在大西洋海洋划界纠纷案涉及资源开发与利用和环境保护的问题，关于养护和可持续利用东南太平洋箭鱼种群的案件涉及海洋环境保护与公海捕鱼自由等问题。海洋环境保护与海洋科学研究在争端解决机制方面存在的不同，使得争端案件解决程序复杂化，可能会影响实体公正的实现。

第四节　海洋科学研究的环境保护规制路径

无论是海洋科学研究还是海洋环境问题的解决，都离不开科学技术的支持，在很多情况下，海洋科学研究的环境问题是一个综合性问题。海洋科学研究是人类认识海洋环境的方式与方法，海洋环境问题的解决离不开海洋科学研究成果给予的科学保护。从某种程度上讲，海洋科学研究的目的在于掌握海洋环境的知识，而已获取的海洋环境知识是海洋环境保护的科学依据。

一、运用外交途径解决海洋科学研究环境保护争端

"外交"一词最早出现于 1645 年的英国，但关于外交的概念并无确切的定义，有学者认为外交的本质是以和平手段处理国家间的关系。[①] 国家间关系的理论包括现实主义、自由主义、新现实主义，以及新自由主义。修昔底德陷阱、马基雅维利主义，以及霍布斯的理论均是现实主义的典型理论。经典自由主义以洛克（John Locke）、边沁（Jeremy Bentharm）和康德（Immanuel Kant）为代表，核心思想是"自由""合作""进步"；新现实主义呈现出两极与对峙的趋势；新自由主义呈现出制度自由主义、自由民主国家和平相处的特点。[②] 而当代外交的方式包括多边外交、首脑外交、经济外交，以及公众外交。[③] 通过外交途径和平解决争端有助于构建良好的国际经济、社会发展环境。但在国家交往中应当求同存异，积极寻求合作，避免"零和博弈"，共商保护海洋环境之策，共建海洋科学研究与海洋环境保护的平台，共享美丽蓝色海洋。

在《公约》第十二部分关于海洋环境保护的 46 个条文中，共 14 次[④] 提及"外交会议"，提出应当鼓励、支持各主管国际组织或外交会议采取行动，制定全球性区域性规则、标准和建议的办法及

---

① 杨闯：《外交学》，世界知识出版社 2010 年版，第 1 页。

② ［加］罗伯特·杰克逊：《国际关系学理论与方法》，吴勇、宋德星译，天津人民出版社 2008 年版，第 59—64 页，第 82—91 页，第 133—152 页。

③ 鲁毅、黄金祺等：《外交学概论》，世界知识出版社 2008 年版，第 151 页。

④ 由作者统计分析；详见《联合国海洋法公约》第 207 条第 4 款、第 208 条第 5 款、第 210 条第 4 款、第 211 条第 1、2、5 款、第 212 条第 3 款、第 213 条、第 214 条、第 216 条第 1 款、第 217 条第 1、4 款、第 218 条第 1 款，以及第 222 条规定。

程序，同时应当结合区域特点并考虑发展中国家的经济能力和经济发展需要进行调整。由此可见，《公约》尊重各主管国际组织或外交会议制定的可适用的国际规则和标准，这些国际规则和标准同时适用。外交会议亦是会议外交，包括谈判和协商等方式。国际会议当中常隐含会议外交，实际上，会议外交是多边外交的一种方式，常被称为"走廊外交"，在现代外交关系中占有重要的地位。[①]"相互交往是国际社会成员所必要的……促进和便利国际交往是许多国际法规则的基础"[②]，各国应当尽最大善意用和平方式解决海洋环境保护争端，促进和便利国际交往。"国际争端可以由争端各当事国的协议取得解决……协议可以经由各当事国的直接谈判或由一个或几个第三国的友好干预——斡旋或调停——而达成"[③]，斡旋和调停是解决国际争端的重要外交途径。海洋科学研究环境保护问题本身的专业性及争端内容的复杂性，使得一个争端可能涉及多个问题，例如科学研究、海洋环境保护、海洋划界、资源开发与经贸合作，等等。

通过外交途径解决国际争端，不但有助于当事方的互动、沟通与交流，使争端向良性方向发展，而且有利于提高争端解决的效率。例如，2007年中日两国政府代表在日本东京达成的《中华人民共和国政府和日本国政府关于进一步加强环境保护合作的联合声明》中提出，两国将加强河流、湖泊与海洋等领域的海洋环境

---

① 鲁毅、黄金祺等：《外交学概论》，世界知识出版社2008年版，第210页。

② ［英］詹宁斯、瓦茨修订：《奥本海国际法》（第一卷第一分册），王铁崖、陈公绰译，中国大百科全书出版社1995年版，第324页。

③ ［美］汉斯·凯尔森：《国际法原理》，王铁崖译，华夏出版社1989年版，第307—308页。

保护合作，推动技术交流与转让的合作研发。双方通过协商与谈判的外交途径发表联合声明。一方面，以文字的形式将两国合作意向、内容记录下来，作为两国进一步深入合作的指南，有利于海洋科学研究的环境保护；另一方面，用联合声明的方式缓解两国在海洋争端方面的紧张局势，平息国际舆论压力，减少国际关注，避免相关国家利用非法手段插手两国事务，将区域局部矛盾升级。

二、推进海洋科学研究环境保护规制体系不断完善

美国学者汉斯·凯尔森（Hans Kelsen）认为国际法的渊源是创造国际法的方法，其法有二，一种是条约，另一种则是习惯，法律的渊源也可理解为适用法律的方法。[①] 条约和习惯分别对应约定国际法和习惯国际法，当两者均无法得以使用时，应当适用"为文明各国所承认的一般法律原则"。[②] 关于国际法的法律位阶，《国际法院规约》第 38 条早已进行明确规定，即国际法院在审理各项争端时，其审理依据分别为约定国际法、习惯国际法、一般法律原则、国际司法判例或权威公法学家的学说。习惯法（又称"一般国际法"）被认为是国家间约定俗成的法律秩序，在国际法领域是早已有之的法律渊源。值得说明的是，国际社会对海洋环境保护，特别是对海洋科学研究的海洋环境保护问题的关注要晚于国际法的发展。

---

① ［美］汉斯·凯尔森：《国际法原理》，王铁崖译，华夏出版社 1989 年版，第253—254 页。
② 同上注，第 256 页。

在海洋环境问题进入国际社会的视野后，与之相关的公约或协定等相继制定，但受政治、历史及科技等因素影响，发达国家往往主导公约的制定，无论是公约制定的法律程序、内容、议程，抑或公约生效或实施的方式，均由发达国家掌握话语权。发展中国家亦意识到海洋科学研究环境保护的问题，例如，1973年中国与墨西哥两国发表《关于墨西哥合众国总统访问中华人民共和国的联合公报》，强调"双方承认各沿海国家有权支配邻接其领海的一定范围的海域、海底和海底下层的海洋资源，有权安排科学研究和采取必要的措施避免海洋环境的污染"。但是，受经济、科技发展水平等限制，发展中国家的海洋科学研究能力与实力均与发达国家有较大差距，关于海洋科学研究环境保护的知识较为缺乏，关于海洋科学研究的海洋环境保护相关国际法规制的法律意识不强，诸多因素制约着发展中国家在该领域的发展，影响其话语权的提升。

有学者认为，海洋环境保护是一项"对一切义务"，二者的实质内核一致。[①]海洋环境保护问题是全人类共同面临的一项课题，如何在和平且友好利用海洋的同时，履行海洋环境保护的义务，维护海洋环境的可持续发展，是每个国际法主体都应当思考的问题。《公约》规定了四种具有约束力的争端解决方式，但由于执行程序机制不完善，导致《公约》生效以来，不仅各争端解决机构受理案件的数量有限，其中得到执行的案件数量更是稀少。以国际法院为例，在其审结的13件案件中，有6件未得到充分善意执行，联合

---

① 曲波、喻剑利:《论海洋环境保护——"对一切义务"的视角》，载《当代法学》2008年第2期，第94—98页。

国安理会也未启动执行程序。^①

此外，涉及海洋环境保护的争端在进入仲裁或法院司法管辖程序后，可能引起不同争端解决机构之间管辖权的竞合。例如，欧共体和智利剑鱼案中，两国都采取了对己方有利的方式，分别提交争端至世界贸易组织（WTO）与国际海洋法法庭，以期对应机构作出的裁决对己方最有利。^② 实际上，从该案最终被撤销的结果来分析，经济和政治领域的争端交互影响。因此，可以考虑通过争端双方达成协议的方式，或者修改《公约》的方式，又或者在新的执行协定中作出相关规定，来实现管辖权转移，有利于争端的解决。

有学者提出，当前全球海洋治理的规则体系处于变革期。^③ 变革之中必孕育新的机遇，海洋科学研究的海洋环境保护问题在国际法规制方面的话语权的重构与落地适逢发展良机。因此，应当在此背景下继续推进国际法治，规制海洋科学研究环境保护问题，保护海洋环境。

三、发挥国际组织参与保护的优势

《公约》全文共有 80 处提及"主管国际组织"，这表明国际社会已经意识到国际组织在参与全球海洋治理中的重要性。《公约》中有关海洋科学研究与海洋环境保护的规定中涉及"各主管国际组

---

① 罗国强、文鑫:《海洋争端法律解决机制执行比较研究》，载《中国海洋大学学报（社会科学版）》2019 年第 4 期，第 44—57 页。

② *International Tribunal for the Law of the Sea,* available at https://www.itlos.org/en/main/cases/list-of-cases/, last visited on 31-07-2023.

③ 薛桂芳:《海洋命运共同体构建:条件准备与现实路径》，载《上海交通大学学报（哲学社会科学版）》2023 年第 3 期，第 1—14 页。

织"的条文共有58处，占《公约》全文涉"各主管国际组织"条文数量的72.5%。[①] 由此可见，在海洋科学研究和海洋环境保护方面，主管国际组织的参与十分重要。国际组织在推动全球海洋科学研究的发展与海洋环境的保护方面起着举足轻重的作用。

实际上，主管国际组织在海洋科学研究国际法规则体系中的角色经历了一个发展演变的过程。有学者认为，主管国际组织逐渐由进行或主持海洋科学研究的参与者，成为促进海洋科学研究国家合作的推动者，再到促进和制定海洋科学研究一般准则和方针的引导者。[②] 本书认为主管国际组织在海洋环境保护国际规则体系中的角色与定位的发展、演变，与海洋科学研究的历程大致同步。此外，各类环保组织、海事组织、科学组织等均在环境保护领域发挥作用，而《公约》对国际组织参与海洋环境保护及海洋科学研究的法律地位、权利、义务等内容亦有所规定。国际组织在推动全球海洋治理，特别是海洋科学与可持续发展方面的作用巨大。[③]

根据联合国教科文组织发表的《海洋十年进程报告（2021—2022）》显示，国际组织在区域海洋科学研究环境保护项目、计划当中的贡献巨大。例如，由联邦德国经济合作与发展部发起成立的米尔维森（Meer Wissen）非洲—德国海洋科学研究伙伴组织，接

---

① 上述数据由作者根据《公约》文本整理、统计和计算得出。

② 陈海波：《"主管国际组织"与海洋科学研究国际法规则体系的发展》，载《交大法学》2023年第1期，第35—58页。

③ Chao Zhang, *The Role of International Organisations in the Promotion of Marine Scientific Research in Pacific Small Island Developing States*, in Seokwoo Lee, Keyuan Zou, Maritime Cooperation in East Asia, Koninklijke Brill NV, 2021, pp.189—190.

受相关计划的资金支持①，其在海洋环境保护、气候变化、新科学技术在海洋领域的应用、海洋科学研究在决策制定中的应用，以及非洲国家海洋科学研究的知识和技术应用等方面取得了一定成果。② 相关国际组织也是海洋科学研究与海洋可持续发展等项目和计划的受益者。譬如，西印度洋海洋科学协会在相关国家资金、技术和实物的资助下，已经完成了涉及海洋资源养护、珊瑚礁保护及生态韧性研究在内的 14 个项目。③

此外，应当激发海洋科学研究组织的环境保护作用。海洋科学研究组织与协会作为学术共同体，不仅直接参与海洋科学研究活动，还对获取的研究资料和数据信息进一步分析研究，从而对世界海洋环境保护的决策产生影响。正如美国学者在《公约》通过之时指出，应当发挥政府间海洋学委员会的作用，该组织将会在促进国家间海洋研究与合作方面提供极大便利。④ 联合国教科文组织政府间海洋学委员会是世界上重要的海洋科学研究组织，该组织不仅在促进发达国家与发展中国家海洋科学技术的交流和转让等方面具有引领作用，还在协调全球性海洋观测与研究计划方面具有核心的指导作用。

世界气象组织、海洋科学研究委员会、北太平洋海洋科学组织等都是海洋科学研究的重要参与者，具有世界影响力。在已有的公

① *Ocean Decade Progress Report (2021—2022)*, pp.2—19.

② *Meer Wissen African-German Partners for Ocean Knowledge*, available at https://meerwissen.org/about, last visited on 27-07-2023.

③ *Western Indian Ocean Marine Science Association*, available at https://www.wiomsa.org/research-support/masma-2/completed-projects/, last visited on 27-07-2023.

④ Don Walsh, "The Law of the Sea: Where Now?", in *Law and Contemporary Problems*, Spring, 1983, pp.167—173.

约基础之上，制定海洋科学研究组织或行业协会环境保护标准，有
利于激发海洋科学研究组织的环境保护作用。海洋科学组织自身注
重环境保护，履行环境保护相关公约和标准，并规制海洋科学研究
活动中的海洋环境问题，有利于海洋环境保护。除此之外，应当加
强同环境保护组织的合作与交流，激发海洋环境保护组织在海洋科
学研究过程中对环境保护的监督和监管职能。譬如，联合国环境规
划署的《西北太平洋行动计划》提出，应加强环境监测与评价，实
现信息数据共享，并促进海岸区的综合管理、协调与合作机制的构
建。综上，一方面，应当发挥海洋科学研究组织自身的优势，激发
其在海洋环境保护中的作用；另一方面，应当加强其与海洋保护组
织的交流与合作，用科学研究获取的海洋环境知识推动全球海洋环
境保护。

　　由此可见，一方面，国际组织在海洋科学研究与海洋环境保护
方面具备必要的知识储备和丰富经验，其优势显而易见。另一方
面，国际组织在海洋科学研究中的环境保护的相关问题上，可能成
为主要实施者与被规制的对象。基于以上论证可以认为，国际组织
是海洋科学研究中环境保护的重要主体，且其具备诸多相较于国
家、个人等其他国际法主体在智识与实施方面的比较优势。

　　综上所述，国际组织既是海洋科学研究中环境保护问题的受益
者，又是其推动者。国际组织特别是海洋科学研究组织与环境保护
组织，在促进各国合作、达成共识方面，具有无可比拟的天然优
势。因此，在海洋科学研究的海洋环境国际规制中，应继续发挥国
际组织的作用，突出治理优势，并继续坚持关于环境保护的既有原
则，例如共同保护海洋原则、可持续发展原则、风险预防原则、不
损害国外环境原则、国际合作原则、污染者付费原则等。

四、倡导多元化保护与治理路径

（一）环保要素融入科考船舶：科学设计与建造

环境保护的公约体系及各国的法律法规对船舶设计和建造阶段的环境保护要求予以规定。

首先，随着全球对航运业温室气体减排的关注，以及国际海事组织海洋环境保护委员会会议提出的以甲醇等生物燃料替代化石燃料的方案的逐步完善，未来新能源船舶将逐步替代传统燃油船舶。在船舶动力燃料和系统改革的助推下，科考船舶的动力系统势必也将进行一场能源革新，以此降低温室气体和其他有毒有害气体的排放。因此，科考船在设计与建造的环节中应当使用更为环保节能的技术，适应新能源应用的大趋势，以符合环境保护的要求。

其次，减少噪声污染是海洋科学研究环境保护中需要解决的另一个环保问题。针对科考船舶的噪声污染问题，有学者提出，应当设计、建造环保型静音科考船进行海洋调查等科学研究活动。① 如果用于海洋科学研究的科考船能够实现静音模式，那么将对海洋环境保护，特别是海洋渔业资源的保护起到重要作用。

最后，外来生物入侵也是海洋科学研究不得不面对的环保问题。与普通商船不同，科考船的航程较为漫长，涉及海域更广。在跨区域航行的科考活动中，特别是途经热带地区时，生物物种极有可能随科考船"航行"，造成外来生物入侵。因此，在设计和建造科考船时，应当将外来生物入侵带来的环保问题纳入建造流程，利

---

① 吴立新、荆钊、陈显尧等：《我国海洋科学发展现状与未来展望》，载《地学前缘》2022 年第 5 期，第 1—12 页。

用科技手段减少外来生物入侵。

随着科技的发展，无人科考船及无人设备已经成为海洋科学研究的重要方式。其设计和建造环节应当考虑到减少噪声污染的环保要求。特别是无人设备在海洋水文及海底地形、地质和地貌数据的获取方面广泛应用了声、光和电相关技术，对于此类科考设备，应当针对性给予环境影响评价与评估，考虑是否可以在生态环境脆弱和敏感的海域开展研究。还应当将设备的自动回收功能考虑在设计和建造方案当中，避免设备因技术故障或动能耗尽而无法回收，产生包括海洋塑料污染在内的危害，甚至造成海洋永久性垃圾。

（二）共同行动：推动环保型研究项目落地

国家作为主要国际法主体，一方面应当积极履行相关公约规定的环境保护义务，参与并推动环保型科学研究项目的实施，促进国际交流与合作；另一方面应当通过国内立法程序制定法律法规，促进并约束其管辖范围内的海洋科学研究活动，在鼓励和保障海洋科学研究活动的同时，制定使其符合环境保护要求的法律法规，将科学研究活动对海洋环境的损害程度降至最小，并通过国内法律程序追究海洋科学研究活动造成的海洋污染责任，包括污染损害赔偿和特定情况下的刑事责任。

海洋科学研究项目往往与环境保护项目具有较大关联性。国际组织尤其是海洋科学研究组织及环境保护组织共同合作，将推动大型海洋科学研究项目落地，有利于海洋科学研究从专业角度提供环境保护的策略。环境保护组织能够为海洋科学研究提供环境保护方面的专业指导和帮助。此外，科学家群体是不容忽视的专业力量。科学家作为海洋科学研究的直接参与者，其目的是完成既定的科学研究计划，但也应当在科学研究计划中融入道德因素和环保要素。① 在尽可能减少对环境干扰的同时，应收集必要的研究信息，为人类系统了解海洋环境并制定海洋可持续发展战略奠定基础。因此海洋科学家应始终尽可能从保守的角度评估其研究计划，并选择最环保的研究方法，兼顾环境保护与科学研究。

综上，国家、国际组织及科学家的共同参与，有利于减少海洋科学研究活动造成的海洋污染，促进海洋环境的保护。

（三）海洋命运共同体理念提供理论指导：共商、共建与共享

海洋命运共同体理念是中国为全球海洋治理贡献的中国智慧和中国方案。将海洋命运共同体理念所蕴含的共商、共建与共享价值理念运用到海洋科学研究环境保护中，并结合海洋科学研究环境保护的特点，具体应当从共商、共建与共享三个层面展开（如图5-1）。

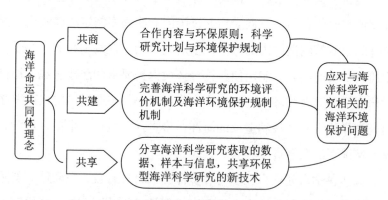

图 5-1　海洋命运共同体理念在海洋科学研究环境保护中的应用 ②

---

① Alexander Gillespie, *Whaling under a Scientific Auspice: The Ethics of Scientific Research Whaling Operations*, 3 Journal of International Wildlife Law and Policy 1 (2000), pp.1—49.

② 该图由作者根据海洋命运共同体理念在海洋科学研究的环境问题中的应用逻辑绘制。

第一，共商。一方面，通过协商的方式加强全球、区域、次区域，以及国家间的海洋科学研究的合作，以促进海洋环境保护领域的协作、技术交流等机制的建立。从全球化的视角出发，加强南南合作，通过为发展中国家提供科学研究的技术支持，协助其获取技术环保型研究工具，特别是在环境脆弱的地区，通过协商的方式建立标准，确保在收集、分析和使用数据等方面采用环保技术，力图将海洋科学研究可能对环境造成的影响降到最低。另一方面，鼓励和倡导建立有效的合作伙伴关系，促进海洋科学研究领域的海洋环境保护。

第二，共建。世界各国应当通过相应的机制实现对海洋科学研究中环境保护问题的共同治理。区域共治是实现小范围海洋环境保护的可行路径，例如通过区域海洋项目实现共同治理的地中海地区模式、波罗的海模式等。上述模式均以实现区域海洋环境保护的共同目标为重点，建立协调机制与监督机构，以确保各国履行公约义务。海洋科学研究的海洋保护问题应当借鉴上述模式，建立二者之间的制度联系，共同构建海洋科学研究环境保护的治理机制。[①] 此外，海洋环境保护自身的特点决定了合作保护的方式是应对环境问题的良策。

第三，共享。即以海洋命运共同体理念为指导，共享海洋科学研究海洋保护的信息、数据等海洋环境信息。例如，通过世界海洋环流实验和热带海洋—全球大气研究等项目，获取全球气候变化的数据，并在海洋科学研究委员会成员国及相关科学家群体中进行共享。这将为共同应对气候变化及海洋环境破坏等问题带来便利，避

---

① 张晏瑲、初亚男：《地中海区域海洋生态环境治理模式及对我国的启示》，载《浙江海洋大学学报（人文科学版）》2020 年第 6 期，第 30—35 页。

免重复研究，以及资金、人力等资源浪费，从而有利于人类共享优
美的海洋环境。

五、构建主观与客观层面的保护与治理体系

海洋科学研究的环境保护问题的解决，不仅与研究人员的主观
环保法律意识相关，还与海洋环境保护法律机制的完善程度相关。
只有科研人员具备环保意识，完善和健全的环境保护国际法规制体
系正常运作，才能有效解决海洋科学研究中的环境保护问题。

（一）强化发展中国家与发达国家在海洋环境保护方面的共识

海洋科学研究活动主要由科学家及具备海洋研究专业知识的专
家等人员组成。提升海洋科学研究参与人员对环境保护的主观意识
并使他们形成共识，将有利于降低海洋科学研究造成海洋环境污染
发生的概率。共识的形成与强化，有赖于海洋环境保护意识的培养
及与之相关的法律知识的学习。2015 年，联合国教科文组织政府
间海洋学委员会在韩国釜山对相关发展中国家的科学家进行培训，
宣贯《公约》的规定与内容，以及相关国家对海洋科学研究相关的
具体政策、法律规定、实践，以及科学研究工具等内容；此类宣贯
与培训又先于 2017 年和 2019 年分别在圣卢西亚的卡斯特里和比
利时的奥斯坦德举行。① 鉴于该类宣贯与培训在提升参加国的海洋
科学研究能力方面的效果，本书建议在培训内容方面增加关于海洋

---

① *Enhancing Ocean Capacity, Capacity-building Programme of the Division for Ocean Affairs and the Law of the Sea,* 2022, p.10.

环境保护的内容，例如有关海洋环境保护的公约规定，相关国家关于海洋环境影响评估的政策与法律规定，以及生物资源多样性养护、海洋微塑料污染、温室气体污染、噪声污染及有毒有害物质污染等与海洋科学研究相关的环境保护知识与国际法规则等。

通过上述方式，可以使发达国家与发展中国家在海洋科学研究的海洋环境保护问题上达成共识。一方面，发展中国家通过参加国际组织培训增加了海洋科学研究与环境保护的知识，提升了海洋治理能力；另一方面，发展中国家与发达国家携手，共同应对海洋科学研究的海洋环境保护问题，将有利于人类共同应对全球海洋环境保护问题。

（二）突出环境影响评价与报告制度的效用

现有的海洋环境保护公约体系包含履约义务执行情况的程序性报告和履约效果的实质性报告制度，程序性报告和实质性报告属于环境保护公约体系监督机制的运行模式。有学者认为，程序性报告易受缔约国经济发展及政治制度的影响，其报告的评价内容往往与实际情况存在偏颇；实质性报告除受上述因素的影响外，还受到缔约国科技发展水平、海洋科学研究能力及环境保护意愿等因素的影响。经济水平低的发展中国家为了本国经济发展，往往隐瞒环境污染的事实情况，披露不实数据，导致海洋环境保护报告的透明度欠缺。[1]但海洋环境保护公约体系的运转和海洋环境保护的实现有赖于监督机制的有效运行。

---

[1] Yoshifumi Tanaka, *Reflections on Reporting Systems in Treaties Concerning the Protection of the Marine Environment,* 40 Ocean Development & International Law 146 (2009), pp.146—170.

海洋科学研究活动的环境保护问题有其自身的独特性，研究活动可以为海洋环境保护提供真实的数据，从而为科学地评估环境状况提供依据，但不可忽视的是，研究活动也可能带来环境污染。海洋环境保护公约体系实质性报告制度与海洋科学研究活动之间存在密切联系，在一些情况下，二者属于目的和手段的关系。海洋科学研究活动通过科学研究活动获取海洋环境信息、生物资源数量变化及其他数据等，为科学、客观地评价海洋环境状况提供依据。应当注意的是，如果多个公约均要求缔约国提供环境影响评价与报告，则应当避免重复、多次研究，以免为海洋环境带来重复性伤害。换言之，应当最大限度地利用科学研究的成果并及时公布之，此举将有助于避免重复或过量的研究活动所造成的不必要的损害。海洋科学研究获取的信息与数据亦应当在缔约国之间共享，从而有利于发展中国家海洋环境保护义务的履行和海洋科学研究能力的提升。

本章小结

本章对海洋科学研究的环境保护规制问题进行研究。从《公约》的视角分析海洋科学研究与海洋环境保护的关系可知，实际上，《公约》制定时相关国家及代表团对海洋科学研究的提案足以表明，参加第三次联合国海洋法会议的国家已经意识到海洋科学研究与海洋环境的关系。而且《公约》将海洋环境保护与海洋科学研究分别放在第十二章和第十三章，也说明了海洋科学研究与海洋环境保护具有内在联系。海洋科学研究可能造成物理、化学和生物污染，且海洋科学研究造成污染的原因和表现更为复杂，带来的海洋环境损害更具有隐蔽性，科学研究的工具也可能带来污染问题。但由于传统的海洋环境保护公约体系忽视对海洋科学研究的专门规制，海洋科学研究可能带来有毒有害物质污染和微塑料污染这一点有待得到进一步重视。在船舶燃料绿色化发展的趋势下，海洋科学研究的环境保护问题愈加突出。

虽然《公约》第十二章关于海洋环境保护的规定适用于海洋科学研究，但并没有针对海洋科学研究可能造成的污染问题进行规制，忽视了海洋科学研究环境保护的重要性和特殊性。《公约》对海洋科学研究及海洋环境保护的争端问题规定了相应的解决机制，但是由于两者存在较大的不同，导致国际司法机构在审理案件时，需要解决同一案件涉及的海洋科学研究与海洋环境保护两个不同的争端解决程序的问题。

海洋科学研究活动的开展需要事先通过外交途径申请，用外交途径解决海洋科学研究的环境保护问题相较于司法程序具有更高效、更便捷的优点。此外，应当发挥国际组织参与保护海洋环境的优势，深入发展国际法治，构建完善的国际法律秩序。多元化的保护与治理路径要求我们，应当将环保要素融入科考船的设计与建造，推动国际环保项目的落地；应当以人类命运共同体理念为指导，强化发展中国家与发达国家在海洋环境保护方面的共识，突出环境影响评价与报告制度的效用。

结　语

　　海洋科学研究对于人类认识海洋环境、认知人类及地球的历史与发展具有重要意义。第三次联合国海洋法会议将海洋科学研究纳入议题。然而，由于发达国家与发展中国家间存在利益博弈与妥协，最终《公约》并未规定海洋科学研究的概念。本书通过回顾海洋科学研究活动的发展历程，回归海洋科学研究的本质，从语义解释的角度分析海洋科学研究的内容与范畴，并通过条约解释理解海洋科学研究的概念，通过与军事测量、水文测量等概念进行辨析，使海洋科学研究的概念明晰化。本书认为海洋科学研究指通过科学的方式搜集信息进而提高人类对海洋环境的认知水平的行为，海洋科学研究的学科分类包括海洋化学、海洋物理、海洋生物、海洋地理及海洋大气与环境等内容。

　　《公约》对不同海域的海洋科学研究予以规定，沿海国根据《公约》的规定主张本国的海洋权益。但专属经济区内和大陆架上的海洋科学研究是否应当经过沿海国的事先明示同意，存在较大争议。通过对相关国家国内法律和法规的研究，本书发现许多国家通过国内立法加强对专属经济区内和大陆架上海洋科学研究的管控，事先申请并获得沿海国的明示同意的制度被规定在沿海国的国内法中。实际上，这种经沿海国事先明示同意的规定要严于《公约》所规定的事先同意与特定情形下的斟酌同意制度。

随着全球科技的发展，以及世界各国对海洋经济、海洋管辖权及国家战略利益的重视，相关国家颁布了海洋法律法规或出台海洋政策来加强对海洋的管理。《公约》生效后，167个缔约国依据《公约》的规定主张专属经济区和大陆架的经济利益和管辖权利，引发了许多争端，一些缔约国将争端诉诸国际法院及海洋法法庭等国际司法机构。一方面，国际司法机构作为第三方介入争端，有利于各相关国家"和平解决争端"，这与《联合国宪章》的宗旨与相关原则相一致；另一方面，国际司法机构在对争议海域争端案件进行审理的过程中通过对条约的解释和适用，促进了嗣后共同惯例的形成。《公约》第84条第3款及第73条第3款规定，划界协议达成前，各相关国家应"尽一切努力达成临时安排"。此外，《公约》规定了适当顾及义务，该义务贯穿于《公约》条文之中，无论是在领海、专属经济区和大陆架，还是在公海和海底区域，各相关国家均负有适当顾及义务，这种义务来源于国际法中的善意原则，即各国在享有《公约》赋予的权利的同时，应当适当顾及他国利益。有学者认为，《公约》第240条规定蕴含了海洋科学研究的适当顾及义务。而争议海域海洋科学研究具有程序启动复杂、受国际政治环境因素影响大，以及与当事国的政治意愿具有较大相关性等特征，为进一步解决争议海域的冲突与争端，各相关国家应当以海洋命运共同体理念为指导，和平解决争端，并促进临时安排与划界协议的达成，各相关国家应当保持克制，在争议海域内冷静应对，避免对科考人员尤其是科学家造成人身伤害。依据《公约》第240条的规定，争议海域各相关国家及在争议海域内开展海洋科学研究的国家应适当顾及他国利益。

北极地区海洋科学研究对于人类进一步认识北极、开发北极具有重要意义。北极地区在地理方面具有特殊性，不但常年被冰川覆盖，而且被北极八国环绕。早在一战之前，北极国家的破冰船就开启了北极科学探索之旅，众多北极国家纷纷展开角逐，加强对北极的科学研究和战略控制。一战后《斯约》的签订，赋予了非北极国家在该岛及其领海开展科学研究的权利。《公约》的通过和生效赋予了更多非北极国家参与北极海洋科学研究的权利。但是北极国家之间在北极地区存在重重利益冲突，北极国家对非北极国家也存在排斥，致使北极地区海洋科学研究合作与发展的难度不断增加。北极八国成立的北极理事会通过的《加强北极国际科学合作协定》，对于推动北极地区海洋科学研究具有重要意义。但随着俄乌冲突爆发，北极理事会的运作受影响，推动国际合作开展北极海洋科学研究面临重重困难。应当通过构建完善的北极科学研究规制体系，加强合作与交流，发挥非国家行为体的作用，来推动北极地区海洋科学研究的发展。

海洋环境保护成为二战后国际社会关注的重大国际问题之一，《公约》第十二章对海洋环境保护问题进行专门规定。2007 年通过的《海洋科学研究船舶行为准则》对科考船海洋科学研究的行为进行规范。该准则明确了海洋科学研究的环境保护中的注意义务和其他应当履行的环保义务。但海洋科学研究的海洋环境保护问题具有造成污染的原因和样态更为复杂的特征，且存在以海洋科学研究为幌子掩盖环境破坏的事实。随着无人船及无人设备的广泛应用，海洋环境保护与治理面临新的困境。在新时期和新科技背景下，海洋科学研究的海洋环境保护不得不面对能源革命带来挑战、海洋环境保护管控体系漏洞，以及国际法规制不足等问题。本书认为，《公约》对海洋环境的保护缺乏同海洋科学研究的内在联动机制，《公约》中海洋环境保护的争端解决机制同海洋科学研究争端解决机制兼容性欠佳，各国应当凝聚共识，发挥国际组织参与保护和治理的优势，构建完善的国际法律秩序，合理使用外交途径解决海洋科学研究环境保护领域中的问题。国际司法机构审理的涉海洋科学研究的海洋环境保护案件程序复杂，外交途径具有简化程序的优点。在实践治理与理论智识层面分而治之，应当科学设计与建造科考船，将环境保护的要素融入其中，推动国际性环境保护项目的落地和实施，发挥国际法主体合作的力量，突出环境影响评价与报告制度的效用，激发海洋科学研究组织的环境保护作用。此外，应以海洋命运共同体理念为指导保护海洋环境，强化发展中国家与发达国家在海洋环境保护方面的共识，并完善《公约》相关争端解决机制。

综上，本书从海洋科学研究的概念界定切入，辨析海洋科学研究与数据收集、军事测量、水文测量及海洋勘探开发等概念的关系，可知军事测量与水文测量均属于海洋科学研究的范畴，海洋勘探开发若目的是资源的开发与利用，则不属于海洋科学研究的范畴，若目的是科学研究，则属于海洋科学研究的范畴。《公约》根据国家主权原则及陆地决定海洋原则，对不同海域内的海洋科学研究进行规定，领海、专属经济区、大陆架、公海和国际海底区域的规定皆不同。在《公约》通过后，多数缔约国通过本国的立法规制海洋科学研究，并倾向于根据国家主权原则加强对专属经济区内和大陆架上海洋科学研究的管辖。关于争议海域的海洋科学研究，《公约》并未作出规定。争议海域不仅涉及领海，还涉及专属经济区和大陆架，因此，在争议海域开展海洋科学研究时，启动程序复杂，受地缘政治影响较大，为了保障争议海域海洋科学研究的顺利开展，各相关国家应当"尽一切努力达成临时安排"，并适当顾及他国利益。北极地区海洋科学研究受北极国家政策影响较大，北极理事会通过的《加强北极国际科学合作协定》进一步推动了北极国家在北极开展海洋科学研究活动，但北极国家的权益和领土争端阻碍了北极海洋科学研究的开展，故应当加强北极国家与非北极国家的合作，并完善北极治理体系。海洋科学研究的海洋环境保护应倡导多元化保护与治理路径，突出环境影响评价与报告制度的效用。

参考文献

一、中文类

（一）著作及译著类

［1］刘楠来：《国际海洋法》，海洋出版社 1986 年版。

［2］魏敏：《海洋法》，法律出版社 1987 年版。

［3］陈致中：《国际法教程》，中山大学出版社 1989 年版。

［4］叶自成：《地缘政治与中国外交》，北京出版社 1998 年版。

［5］端木正：《国际法》，北京大学出版社 1999 年版。

［6］蒋国盛、王达、叶建良：《天然气水合物的勘探与开发》，中国地质大学出版社 2002 年版。

［7］李浩培：《条约法概论》，法律出版社 2003 年版。

［8］高健军：《中国与国际海洋法：纪念〈联合国海洋法公约〉生效 10 周年》，海洋出版社 2004 年版。

［9］许健：《国际环境法学》，中国环境科学出版社 2004 年版。

［10］栾维新：《海陆一体化建设研究》，海洋出版社 2004 年版。

［11］李爱年、韩广：《人类社会的可持续发展与国际环境法》，法

律出版社 2005 年版。

[12] 鲁毅、黄金祺：《外交学概论》，世界知识出版社 2008 年版。

[13] 薛桂芳、胡增祥：《海洋法理论与实践》，海洋出版社 2009 年版。

[14] 于宜法、李永祺：《中国海洋基本法研究》，中国海洋大学出版社 2010 年版。

[15] 杨闯：《外交学》，世界知识出版社 2010 年版。

[16] 梁西：《国际法（第三版）》，武汉大学出版社 2011 年版。

[17] 薛桂芳：《〈联合国海洋法公约〉与国家实践》，海洋出版社 2011 年版。

[18] 刘惠荣、董跃：《海洋法视角下的北极法律问题研究》，中国政法大学出版社 2011 年版。

[19] 朱建庚：《海洋环境保护的国际法》，中国政法大学出版社 2013 年版。

[20] 高健军：《〈联合国海洋法公约〉争端解决机制研究》（修订版），中国政法大学出版社 2014 年版。

[21] 国家海洋局海洋发展战略研究所：《联合国海洋法公约》，海洋出版社 2014 年版。

[22] 金永明：《海洋问题时评》，中央编译出版社 2015 年版。

[23] 张晏瑲：《国际海洋法》，清华大学出版社 2015 年版。

[24] 王泽林：《极地科考与海洋科学研究问题》，上海交通大学出版社 2015 年版。

[25] 江红义：《国家与海洋权益》，人民出版社 2015 年版。

[26] 王琪：《公共治理视域下海洋环境管理研究》，人民出版社 2015 年版。

［27］金永明：《中国海洋法理论研究》，上海社会科学院出版社 2016 年版。

［28］全永波：《海洋法》，海军出版社 2016 年版。

［29］管松：《争议海域内航行权与海洋环境管辖权冲突之协调机制研究》，厦门大学出版社 2017 年版。

［30］杨振姣：《中国海洋生态安全治理的理论与实践》，海洋出版社 2018 年版。

［31］董世杰：《争议海域既有石油合同的法律问题研究》，武汉大学出版社 2019 年版。

［32］陈晓平：《土力学与地基基础》，武汉理工大学出版社 2019 年版。

［33］金永明：《新中国的海洋政策与法律制度》，知识产权出版社 2020 年版。

［34］马得懿：《海洋航行自由的秩序与挑战：国际法视角的解读》，上海人民出版社 2020 年版。

［35］叶艳华：《俄罗斯海洋战略研究——从沙皇俄国时期至苏联时期》，中国社会科学出版社 2021 年版。

［36］杨泽伟：《国际法析论（第五版）》，中国人民大学出版社 2022 年版。

［37］郭萍：《邮轮运输可持续发展的法治保障》，知识产权出版社 2022 年版。

［38］张海文主编：《〈联合国海洋法公约〉释义集》，海洋出版社 2006 年版。

［39］黄瑶主编：《国际法》，北京大学出版社 2007 年版。

［40］贾宇主编：《极地法律问题》，社会科学文献出版社 2014

年版。

［41］杨泽伟主编:《〈联合国海洋法公约〉若干制度评价与实施问题研究》，武汉大学出版社 2018 年版。

［42］傅崐成主编:《弗吉尼亚大学海洋法论文三十年精选集1977—2007（第一卷）》，傅崐成等译，厦门大学出版社2010 年版。

［43］傅崐成主编:《弗吉尼亚大学海洋法论文三十年精选集1977—2007（第二卷）》，傅崐成等译，厦门大学出版社2010 年版。

［44］傅崐成主编:《弗吉尼亚大学海洋法论文三十年精选集1977—2007（第三卷）》，傅崐成等译，厦门大学出版社2010 年版。

［45］傅崐成主编:《弗吉尼亚大学海洋法论文三十年精选集1977—2007（第四卷）》，傅崐成等译，厦门大学出版社2010 年版。

［46］张海文、张桂红、黄影主编:《世界海洋法译丛：欧洲卷Ⅰ》，张桂红、白雪等译，青岛出版社 2017 年版。

［47］张海文、张桂红、黄影主编:《世界海洋法译丛：欧洲卷Ⅱ》，张桂红、白雪等译，青岛出版社 2017 年版。

［48］张海文、张桂红、黄影主编:《世界海洋法译丛：欧洲卷Ⅲ》，张桂红、白雪等译，青岛出版社 2017 年版。

［49］张海文、李红云主编:《世界海洋法译丛：美洲卷Ⅰ》，李杨、赵晓静等译，青岛出版社 2017 年版。

［50］张海文、李红云主编:《世界海洋法译丛：美洲卷Ⅱ》，李杨、赵晓静等译，青岛出版社 2017 年版。

［51］张海文、李红云主编：《世界海洋法译丛：亚洲卷》，李杨、
张逸等译，青岛出版社2017年版。

［52］张海文、李红云主编：《世界海洋法译丛：大洋洲卷》，李杨、
张逸等译，青岛出版社2017年版。

［53］卢芳华：《斯瓦尔巴德群岛的科考制度研究》，载贾宇主编：
《极地法律问题》，社会科学文献出版社2014年版。

［54］［美］汉斯·凯尔森：《国际法原理》，王铁崖译，华夏出版社
1989年版。

［55］［英］詹宁斯、瓦茨修订：《奥本海国际法》（第一卷第一分
册），王铁崖、陈公绰译，中国大百科全书出版社1995年版。

［56］［美］约翰R.克拉克：《海岸带管理手册》，吴克勤等译，海
洋出版社2000年版。

［57］［英］戴维·米勒：《布莱克维尔政治学百科全书》（修订版），
邓正来译，中国政法大学出版社2002年版。

［58］［德］卡尔·拉伦茨：《法学方法论》，陈爱娥译，商务印书馆
2003年版。

［59］［美］E.博登海默：《法理学：法律哲学与法律方法》，邓正来
译，中国政法大学出版社2004年版。

［60］［英］帕特莎·波尼、埃伦·波义尔：《国际法与环境》（第二
版），那力、王彦志、王小钢译，高等教育出版社2007年版。

［61］［加］罗伯特·杰克逊：《国际关系学理论与方法》，吴勇、宋
德星译，天津人民出版社2008年版。

［62］［法］卢梭：《社会契约论》，何兆武译，商务印书馆出版
2008年版。

［63］［美］斯塔夫里阿诺斯：《全球通史：从史前史到21世纪》，

陈继静译，北京大学出版社 2013 年版。

［64］［美］迈伦·H. 诺德奎斯特：《1982 年〈联合国海洋法公约〉评注》，吕文正、毛彬译，海军出版社 2018 年版。

［65］［加］马克·撒迦利亚：《海洋政策——海洋治理和国际海洋法导论》，邓云成等译，海军出版社 2019 年版。

［66］［美］杰弗里·萨克斯：《全球化简史》，王清辉、赵敏君译，湖南科学技术出版社 2021 年版。

（二）论文类

［1］裴丽生：《为完成年海洋研究任务而努力——在一月八日中国科学院海洋工作会议上讲话》，载《科学通报》1959 年第 4 期。

［2］陈振国：《〈联合国海洋法公约〉第十三讲 海洋科学研究》，载《海洋与海岸带开发》1988 年第 4 期。

［3］邵津：《新的海洋科学研究国际法制度——导论、一般原则、领海、公海》，载《中外法学》1994 年第 5 期。

［4］邵津：《新的海洋科学研究国际法制度——专属经济区和大陆架、国际海底区域、结论》，载《中外法学》1995 年第 2 期。

［5］张海文：《沿海国海洋科学研究管辖权与军事测量的冲突问题》，载《中华海洋法评论》2006 年第 2 期。

［6］魏静芬：《海洋科学研究之法规范研究》，载《军法专刊》2006 年第 4 期。

［7］吴慧：《"北极争夺战"的国际法分析》，载《国际关系学院学报》2007 年第 5 期。

［8］金永明：《专属经济区内军事活动问题与国家实践》，载《法

学》2008 年第 3 期。

［9］曲波、喻剑利：《论海洋环境保护——"对一切义务"的视角》，载《当代法学》2008 年第 2 期。

［10］王泽林：《论专属经济区内的外国军事活动》，载《法学杂志》2010 年第 3 期。

［11］杨泽伟：《〈联合国海洋法公约〉的主要缺陷及其完善》，载《法学评论》2012 年第 5 期。

［12］戴宗翰：《由联合国海洋法公约检视北极航道法律争端——兼论中国应有之外交策略》，载《比较法研究》2013 年第 6 期。

［13］王佳迪：《从北太平洋海洋科学组织年会看海洋科学的发展变化》，载《海洋开发与管理》2013 年第 3 期。

［14］金永明：《论中国海洋强国战略的内涵与法律制度》，载《南洋问题研究》2014 年第 1 期。

［15］黄任望：《全球海洋治理问题初探》，载《海洋开发与管理》2014 年第 3 期。

［16］祁冬梅、于婷等：《IODE 海洋数据共享平台建设及对我国海洋信息化进程的启示》，载《海洋开发与管理》2014 年第 3 期。

［17］杨锦坤、杨扬等：《国际海洋资料管理现状与趋势》，载《海洋开发与管理》2014 年第 4 期。

［18］肖洋：《北极海空搜救合作：成就、问题与前景》，载《中国海洋大学学报（社会科学版）》2014 年第 3 期。

［19］毛汉英：《中国周边地缘政治与地缘经济格局和对策》，载《地理科学进展》2014 年第 3 期。

［20］张卫华：《专属经济区中的"适当顾及"义务》，载《国际法研究》2015 年第 5 期。

［21］金永明：《中国海洋强国战略的内涵与法律保障》，载《人民法治》2015 年第 6 期。

［22］何海榕：《争议海域油气资源共同开发的五要素及其对中国的启示》，载《武大国际法评论》2016 年第 2 期。

［23］董世杰：《争议海域单方面石油活动的合法性研究》，载《边界与海洋研究》2016 年第 3 期。

［24］张丽娜：《海洋科学研究中的适当顾及义务》，载《社会科学辑刊》2017 年第 5 期。

［25］张新军：《划界前争议水域油气开发的国家责任问题——以加纳/科特迪瓦海域划界案为素材》，载《国际法研究》2018 年第 3 期。

［26］张景全：《海洋安全危机背景下海洋命运共同体的构建》，载《东亚评论》2018 年第 1 期。

［27］张小勇、郑苗壮：《论国家管辖范围以外区域海洋遗传资源适用的法律制度——以海洋科学研究制度的可适用性为中心》，载《国际法研究》2018 年第 5 期。

［28］林家骏、李志文：《深海技术商业化机制初探》，载《太平洋学报》2018 年第 7 期。

［29］白佳玉：《北极多元治理下政府间国际组织的作用与中国参与》，载《社会科学辑刊》2018 年第 5 期。

［30］徐贺云：《我国涉外海洋科学研究管理实践和对法规修订的思考》，载《边界与海洋研究》2019 年第 4 期。

［31］吴尚尚、李阁阁、兰世泉等：《水下滑翔机导航技术发展现状

与展望》，载《水下无人系统学报》2019 年第 5 期。

［32］白佳玉、李恩庆、密晨曦：《志愿船的国际法律规制及中国应
对》，载《边界与海洋研究》2019 年第 1 期。

［33］邹克渊：《国际海洋法对构建人类命运共同体的意涵》，载
《中国海洋大学学报（社会科学版）》2019 年第 3 期。

［34］李国选：《海洋命运共同体对西方海权论的超越》，载《浙江
海洋大学学报（人文科学版）》2019 年第 5 期。

［35］姚莹：《"海洋命运共同体"的国际法意涵：理念创新与制度
构建》，载《当代法学》2019 年第 5 期。

［36］陈连增、雷波：《中国海洋科学技术发展 70 年》，载《海洋学
报》2019 年第 10 期。

［37］黄瑶：《论人类命运共同体构建中的和平搁置争端》，载《中
国社会科学》2019 年第 2 期。

［38］袁雪、童凯：《〈极地水域船舶作业国际规则〉的法律属性析
论》，载《极地研究》2019 年第 3 期。

［39］叶艳华：《苏联时期北极地区和北方航道开发的历史考察》，
载《俄罗斯东欧中亚研究》2019 年第 6 期。

［40］郑凡：《从海洋区域合作论"一带一路"建设海上合作》，载
《太平洋学报》2019 年第 8 期。

［41］罗国强、文鑫：《海洋争端法律解决机制执行比较研究》，载
《中国海洋大学学报（社会科学版）》2019 年第 4 期。

［42］陈云伟、曹玲静、陶诚、张志强：《科技强国面向未来的科技
战略布局特点分析》，载《世界科技研究与发展》2020 年第
1 期。

［43］卢芳华：《〈斯匹次卑尔根群岛条约〉中的平等权利：制度与

争议》，载《太平洋学报》2020 年第 10 期。

[44] 白佳玉、张璐：《〈斯匹次卑尔根群岛条约〉百年回顾：法律争议、政治博弈与中国北极权益维护》，载《东亚评论》2020 年第 1 期。

[45] 张晏瑲、初亚男：《地中海区域海洋生态环境治理模式及对我国的启示》，载《浙江海洋大学学报（人文科学版）》2020 年第 6 期。

[46] 张卫彬、朱永倩：《海洋命运共同体视域下全球海洋生态环境治理体系建构》，载《太平洋学报》2020 年第 5 期。

[47] 何海榕：《论"适当顾及"的国际法义务及其对中国的启示》，载《武大国际法评论》2020 年第 4 期。

[48] 全永波、盛慧娟：《海洋命运共同体视野下海洋生态环境法治体系的构建》，载《环境与可持续发展》2020 年第 2 期。

[49] 杨剑：《建设海洋命运共同体：知识、制度和行动》，载《太平洋学报》2020 年第 1 期。

[50] 欧水全：《争议海域划界前的临时安排与中国实践》，载《大连海事大学学报（社会科学版）》2020 年第 4 期。

[51] 郭萍：《我国邮轮污染海洋环境监管问题研究》，载《法治论坛》2021 年第 4 期。

[52] 张志军、刘惠荣：《当前国际法跨学科人才培养的新任务新课题——基于深海、极地、外空、网络等"战略新疆域"的思考》，载《人民论坛学术前沿》2021 年第 3 期。

[53] 谢晓光、杜晓杰：《韩国北极航道开发：决策动机、推进路径与制约因素》，载《当代韩国》2021 年第 3 期。

[54] 李光辉：《英国特色海洋法制与实践及其对中国的启示》，载

《武大国际法评论》2021 年第 3 期。

[55] 王金平、刘嘉玥、李宇航等：《环北极国家北极研究布局及对中国的启示》，载《科技导报》2021 年第 9 期。

[56] 白佳玉：《〈斯匹次卑尔根群岛条约〉公平制度体系下的适用争论及其应对》，载《当代法学》2021 年第 6 期。

[57] 秦亮亮：《无人船在水下地形测量中的应用》，载《科技创新与应用》2021 年第 15 期。

[58] 余敏友、周昱坼：《专属经济区海洋科学研究与测量活动的国际法分析》，载《时代法学》2021 年第 3 期。

[59] 叶泉：《谁之权利？何种义务？——当事国在争议海域单边行动之边界探究》，载《当代法学》2021 年第 5 期。

[60] 殷昭鲁：《竺可桢对我国海洋事业发展和海洋权益维护所做的贡献》，载《太平洋学报》2021 年第 8 期。

[61] 杨泽伟：《中国与〈联合国海洋法公约〉40 年：历程、影响与未来展望》，载《当代法学》2022 年第 4 期。

[62] 张海文：《〈联合国海洋法公约〉开放签署四十周年：回顾与展望》，载《武大国际法评论》2022 年第 6 期。

[63] 傅梦孜、王力：《海洋命运共同体：理念，实践与未来》，载《当代中国与世界》2022 年第 2 期。

[64] 吴立新、荆钊、陈显尧等：《我国海洋科学发展现状与未来展望》，载《地学前缘》2022 年第 5 期。

[65] 白佳玉：《〈联合国海洋法公约〉缔结背后的国家利益考察与中国实践》，载《中国海商法研究》2022 年第 2 期。

[66] 王璐：《全球海洋治理新态势下的中日韩海洋合作：机遇、挑战与路径》，载《中国海洋大学学报（社会科学版）》2022

年第 6 期。

［67］黄瑶、杨文澜：《论国家适当顾及义务在新型私人公海活动中的适用》，载《学术研究》2022 年第 5 期。

［68］周江：《论国际海底管理局在"区域"资源开发机制中的角色定位——国际组织法的视角》，载《武大国际法评论》2022年第 6 期。

［69］罗刚：《海洋科学研究中无人船艇运用的国际法律规制》，载《大连海事大学学报（社会科学版）》2022 年第 6 期。

［70］王泽林：《〈极地规则〉生效后的"西北航道"航行法律制度：变革与问题》，载《极地研究》2022 年第 4 期。

［71］王泽林：《北极航道航行争端的和平解决方式研究》，载《武大国际法评论》2022 年第 3 期。

［72］章成：《人类命运共同体视阈下的北极航道治理规则革新》，载《中国海商法研究》2022 年第 2 期。

［73］孙苗等：《海洋科学数据共享政策法规与标准规范研究及启示》，载《科技导报》2022 年第 10 期。

［74］张海文：《百年未有之大变局下的国家海洋安全及其法治应对》，载《理论探索》2022 年第 1 期。

［75］吴立新、荆钊、陈显尧等：《我国海洋科学发展现状与未来展望》，载《地学前缘》2022 年第 5 期。

［76］施余兵：《国家管辖外区域海洋生物多样性谈判的挑战与中国方案——以海洋命运共同体为研究视角》，载《亚太安全与海洋研究》2022 年第 1 期。

［77］段梦格、冼晓青、王书平、钱程、乔慧捷、李新江：《基于国际贸易和环境气候的生物入侵风险评估综合模型研究初探》，

载《植物保护》2022 年第 6 期。

［78］孙凯、李文君：《中日韩三国北极事务公共外交比较研究》，载《中国海洋大学学报（社会科学版）》2022 年第 5 期。

［79］陈海波：《"主管国际组织"与海洋科学研究国际法规则体系的发展》，载《交大法学》2023 年第 1 期。

［80］洪农：《北极事务的地缘政治化与中国的北极角色》，载《外交评论（外交学院学报）》2023 年第 4 期。

［81］李国和：《失衡与自觉：风险社会的理论溯源与现实诉求》，载《甘肃社会科学》2023 年第 4 期。

［82］张伟鹏：《中国参与北极治理合作：政策优化、实践发展与推进思路》，载《世界地理研究》2023 年第 9 期。

［83］王春娟、刘大海、华玉婷、李成龙：《北极航道地缘政治格局圈层结构及其竞合关系分析》，载《世界地理研究》2023 年第 9 期。

［84］袁沙：《全球海洋治理逻辑缘起与实践框架建构》，载《南海学刊》2023 年第 3 期。

［85］白佳玉：《国家管辖范围外海域的国际法治演进与中国机遇》，载《学习与探索》2023 年第 2 期。

［86］施余兵：《一步之遥：国家管辖外区域海洋生物多样性谈判分歧与前景展望》，载《亚太安全与海洋研究》2023 年第 1 期。

［87］蒋龙进、张顺、乔羽、刘臣臻、饶中浩：《废旧锂电池负极石墨失效机制及回收利用研究进展》，载《储能科学与技术》2023 年第 3 期。

［88］高园园、温志良、孔露露等：《海洋环境中微塑料污染：来源、分布及风险》，载《环境污染与防治》2023 年第 6 期。

［89］薛桂芳:《海洋命运共同体构建：条件准备与现实路径》，载《上海交通大学学报（哲学社会科学版）》2023 年第 3 期。

［90］康文中:《大国博弈下的北极治理与中国权益》，中共中央党校 2012 年博士学位论文。

［91］刘晗:《气候变化视角下共同但有区别责任原则研究》，中国海洋大学 2012 年博士学位论文。

［92］张禄禄:《中国和主要极地国家极地科技体制研究及其启示》，中国科学技术大学 2017 年博士学位论文。

［93］吕琪:《国家管辖范围外海域海洋遗传资源利用法律问题研究》，大连海事大学 2019 年博士学位论文。

［94］王传良:《国家管辖范围以外区域海洋遗传资源获取与惠益分享制度研究》，山东大学 2020 年博士学位论文。

［95］徐曼:《俄罗斯北极开发及其效应研究》，吉林大学 2022 年博士学位论文。

二、外文类

（一）著作类

［1］R. Langer, *Seizure of Territory: The Stimson Doctrine and Related Principles in Legal Theory and Diplomatic Practice*, Princeton University Press, 1947.

［2］Alfred A. Soons, *Marine Scientific Research and the Law of the Sea*, Kluwer Law and Taxation Publishers, 1982.

［3］David Kennedy, *International Legal Structures*, Nomos Verlagsgesellschaft, 1987.

［4］Satya N. Nandan and Shabtai Rosenne, Neal R. Grandy, *United Nations Convention on the Law of the Sea 1982 a Commentary*, Martinus Nijhoff, 1993.

［5］Geir Ulfstein, *The Svalbard Treaty: from Terra Nullius to Norwegian Sovereignty*, Scandinavian University Press, 1995.

［6］J. Ashley Roach, *United States Responses to Excessive Maritime Claims*, Brill Publisher, 1996.

［7］Nordquist M., *United Nations Convention on the Law of the Sea 1982: A Commentary*, Martinus Nijhoff Publishers, 2002.

［8］Florian H. Th Wegelein, *Marine Scientific Research: The Operation and Status Research Vessels and Other Platforms in International Law*, Martinus Nijhoff Publishers, 2005.

［9］Malcolm. N. Shaw (ed.), *Title to Territory*, Ashgate, 2005.

［10］Malcolm N. Shaw, *International Law*, sixth edition, Cambridge University Press, 2008.

［11］Mark E. Villiger, *Commentary on the 1969 Vienna Convention on the Law of Treaties*, Martinus Nijhoff Publishers , 2009.

［12］Kraska, James, *Maritime Power and the Law of the Sea: Expeditionary Operations in World Politics*, Oxford University Press, 2011.

［13］James Harrison, *Making the Law of the Sea: A Study in the Development of International Law*, Cambridge University Press, 2011.

［14］George K. Walker, *Definitions for the Law of the Sea: Terms not Defined by the 1982 Convention*, Martinus Nijhoff Publishers,

2012.

[15] Tiroch K. (eds.), *Arctic Science, in Beiträge zum Ausländischen Öffentlichen Recht und Völkerrecht*, International Law and Climate Change, Springer, 2012.

[16] Zhiguo Gao, Yu Jia, Haiwen Zhang and Jilu Wu (eds.), *Cooperation and Development in the South China Sea*, China Democracy Legal Publishing House, 2013.

[17] Yonggang Liu, Heather Kerkering, Robert H. Weisberg, *Coastal Ocean Observing Systems*, Academic Press, 2015.

[18] Hance D. Smith, Juan Luis Suárez de Vivero, and Tundi S. Agardy, *Handbook of Ocean Resources and Management*, Routledge, 2015.

[19] Yoshifumi Tanaka, *The International Law of the Sea*, 2th edition, Cambridge University Press, 2015.

[20] Seokwoo Lee, Hee Eun Lee, Lowell Bautista and Keyuan Zou, *Asian Yearbook of International Law*, Koninklijke Brill NV, 2016.

[21] Anne Orford and Florian Hoffmann, eds., *The Oxford Handbook of the Theory of International Law*, Oxford University Press, 2016.

[22] Marcelo G. Cohen (ed.), *Territoriality and International Law*, Edward Elgar, 2016.

[23] Alexander Proelss. München, *United Nations Convention on the Law of the Sea: A Commentary*, Nomos Verlagsgesellschaft, 2017.

[24] Andreone G. (eds.), *The Future of the Law of the Sea*, Springer, 2017.

［25］Clive R. Symmons, *Historic Waters in the Law of the Sea: A Modern Re-Appraisal*, Martinus Nijhoff Publishers, 2019.

［26］J. Ashley Roach, *Excessive Maritime Claims*, Brill, 2021.

［27］Robin Churchill, Vaughan Lowe and Amy Sander, *The Law of the Sea*, 4th edition, Manchester University Press, 2022.

（二）论文类

［1］"The Republic of El Salvador v. The Republic of Nicaragua", in *the American Journal of International Law*, Cambridge University Press, 1917.

［2］Charles Fairman, *Some Disputed Applications of the Principle of State Immunity*, 22 American Journal of International Law 566 (1928).

［3］Groustra, F., *Legal Problems of Scientific Research in the Oceans*, 4 Journal of Maritime Law and Commerce 603 (1970).

［4］Thomas John Scotto, *Marine Scientific Research Amid Troubled Political Waters*, 1 Hastings International and Comparative Law Review 139 (1977).

［5］Lucius Caflisc, Jacques Piccard, *The Legal Regime of Marine Scientific Research and the Third United Nations Conference on the Law of the Sea*, 38 Heidelberg Journal of International Law 848 (1978).

［6］M. D. Blecher, *Equitable Delimitation of Continental Shelf*, 73 American Journal of International Law 60 (1979).

［7］P. K. Mukherjee, *The Consent Regime of Oceanic Research in the*

New Law of The Sea, 5 Marine Policy 98 (1981).

[8] Mark B. Feldman, David Colson, *The Maritime Boundaries of the United States*, 75 American Journal of International Law 729 (1981).

[9] A. H. A. Soons, *Marine Scientific Research and the Law of the Sea*, 31 Netherlands International Law Review 277 (1982).

[10] Jose Luis Vallarta, *Protection and Preservation of the Marine Environment and Marine Scientific Research at the Third United Nations Conference on the Law of the Sea*, 46 Law and Contemporary Problems 147 (1983).

[11] Don Walsh, "The Law of the Sea: Where Now?", in *Law and Contemporary Problems*, Spring, 1983.

[12] Rainer Lagoni, *Interim Measures Pending Maritime Delimitation Agreements*, 78 American Journal of International Law 345 (1984).

[13] John A. Knauss, *The Effects of the Law of the Sea on Future Marine Scientific Research and of Marine Scientific Research on the Future Law of the Sea*, 45 Louisiana Law Review 1201 (1985).

[14] Erik Franckx, *Marine Scientific Research and the New USSR Legislation on the Economic Zone*, 1 International Journal of Estuarine and Coastal Law 367 (1986).

[15] Leonard Lukaszuk, *Settlement of International Disputes concerning Marine Scientific Research*, 16 Polish Yearbook of International Law 39 (1987).

[16] Yann-Huei Billy Song, *Marine Scientific Research and Marine*

Pollution in China, 20 Ocean Development and International Law 601 (1989).

[17] Bernard Herbert Oxman, *The High Seas and the International Seabed Area*, 10 Michigan Journal of International Law 540 (1989).

[18] L. D. M. Nelson, *The Roles of Equity in the Delimitation of Maritime Boundaries*, 84 American Journal of International Law 837 (1990).

[19] Daniel J. Dzurek, *Marine Scientific Research and Policy Issues in East Asia*, 9 Ocean Yearbook 157 (1991).

[20] Lee G. Cordner, *The Spratly Islands Dispute and the Law of the Sea*, 25 Ocean Development & International Law 61 (1994).

[21] Patricia Birnie, *Law of the Sea and Ocean Resources: Implications for Marine Scientific Research*, 10 International Journal of Marine and Coastal Law 229 (1995).

[22] Rosenne, Shabtai, *The United Nations Convention on the Law of the Sea, 1982*, 29 Israel Law Review 491 (1995).

[23] James Kraska, *Oceanographic and Naval Deployments of Expendable Marine Instruments under U.S. and International Law*, Ocean 26 Development & International Law 311 (1995).

[24] J. Ashley Roach, *Marine Scientific Research and The New Law of the Sea*, 27 Ocean Development & International Law 59 (1996).

[25] David Ong, *Joint Development of Common Offshore Oil and Gas Deposits: "Mere" State Practice or Customary International Law*, 4 American Journal of International Law 771 (1999).

[26] Lyle Glowka, Genetic Resources, *Marine Scientific Research and the International Seabed Area, Review of European*, 8 Comparative & International Environmental Law 56 (1999).

[27] Rogelio Cabrera Camaya, *The Consent Regime for Marine Scientific Research in the Philippines*, 4 Ocean Law and Policy Series 17 (2000).

[28] Alexander Gillespie, *Whaling under a Scientific Auspice: The Ethics of Scientific Research Whaling Operations*, 3 Journal of International Wildlife Law and Policy 1 (2000).

[29] Edgardo D. Gomez, *Marine Scientific Research in the South China Sea and Environmental Security*, 32 Ocean Development & International Law 205 (2001).

[30] George K. Walker, John E. Noyes, *Definitions for the 1982 Law of the Sea Convention*, 32 California Western International Law Journal 343 (2002).

[31] Zou Keyuan, *Governing Marine Scientific Research in China*, 34 Ocean Development and International Law 1 (2003).

[32] Kakuta S., Sasaki Y., Nakata K., *Japanese Application for Consent to Conduct Marine Scientific Research in Foreign Exclusive Economic Zones: Tendency of Each State*, 9 Journal of Advanced Marine Science and Technology Society 2 (2004).

[33] S. Bateman, *Hydrographic Surveying in the EEZ: Differences and Overlaps with Marine Scientific Research*, 29 Marine Policy 163 (2005).

[34] Andrew H. Henderson, *Murky Waters: The Legal Status of*

Unmanned Undersea Vehicles, 53 Naval Law Review 55 (2006).

[35] Yong-Hee Lee, *Marine Scientific Research Regime in the UNCLOS and Emerging Issues*, 28 Ocean and Polar Research 259 (2006).

[36] Hyun, Jung-Ho, *Resource-Limited Heterotrophic Prokaryote Production and Its Potential Environmental Impact Associated with Mn Nodule Exploitation in the Northeast Equatorial Pacific*, 52 Microbial Ecology 244 (2006).

[37] Atsuko Kanehara, *Marine Scientific Research in the Waters Where Claims of the Exclusive Economic Zones Overlap between Japan and the Republic of Korea*, 49 Japanese Annual of International Law 98 (2006).

[38] Soons, A., *The Legal Regime of Marine Scientific Research: Current Issues*, 2007.

[39] Mokhov II, Semenov V. A., Khon V. C. et al., *Connection between Eurasian and North Atlantic Climate Anomalies and Natural Variations in the Atlantic Thermohaline Circulation based on Long-term Model Calculations*, 419 Doklady Earth Sciences 502 (2008).

[40] Yoshifumi Tanaka, *Reflections on Reporting Systems in Treaties Concerning the Protection of the Marine Environment*, 40 Ocean Development & International Law 146 (2009).

[41] Raul Pedrozo, *Preserving Navigational Rights and Freedoms: The Right to Conduct Military Activities in China's Exclusive Economic Zone*, 9 Chinese Journal of International Law 9 (2010).

〔42〕 Boerger C. M., Lattin G. L., Moore S. L., et al. *Plastic Ingestion by Planktivorous Fishes in the North Pacific Central Gyre,* 60 Marine Pollution Bulletin 2275 (2010).

〔43〕 Zhang Haiwen, *Is It Safeguarding the Freedom of Navigation or Maritime Hegemony of the United States Comments on Raul (Pete) Pedrozo's Article on Military Activities in the EEZ,* 9 Chinese Journal of International Law 31 (2010).

〔44〕 Marko Pavliha, Norman A. Martinez Guiterrez, *Marine Scientific Research and the 1982 United Nations Convention on the Law of the Sea,* 16 Ocean and Coastal Law Journal 115 (2010).

〔45〕 Eric A. Posner, Alan O. Sykes, *Economic Foundation of the Law of the Sea,* 104 American Journal of International Law 569 (2010).

〔46〕 Dromgoole, S., *Revisiting the Relationship between Marine Scientific Research and the Underwater Cultural Heritage,* 25 International Journal of Marine and Coastal Law 33 (2010).

〔47〕 Anna-Maria Hubert, *The New Paradox in Marine Scientific Research: Regulating the Potential Environmental Impacts of Conducting Ocean Science,* 42 Ocean Development & International Law 329 (2011).

〔48〕 Philomene Verlaan, *Marine Scientific Research: Its Potential Contribution to Achieving Responsible High Seas Governance,* 27 International Journal of Marine and Coastal Law 805 (2012).

〔49〕 Raul Pedrozo, *Military Activities in the Exclusive Economic Zone,* in U.S. Naval War College, the Stockton Center for the Study of International Law, 2014.

［50］Ramses Amer, *China, Vietnam, and the South China Sea: Disputes and Dispute Management*, 45 Ocean Development & International Law 21 (2014).

［51］Gragl, P., "Marine Scientific Research", in D. Attard, M. Fitzmaurice and N. Martinez (eds.), *IMLI Manual on International Maritime Law*, The Law of the Sea, Oxford University Press, 2014.

［52］Miller A. W., Ruiz G. M., *Arctic Shipping and Marine Invaders*, 4 Nature Climate Change 413 (2014).

［53］Yoshifumi Tanaka, *Unilateral Exploration and Exploitation of Natural Resources in Disputed Areas: A Note on the Ghana/Côte d'Ivoire Order of 25 April 2015 before the Special Chamber of ITLOS*, 46 Ocean Development & International Law 315 (2015).

［54］Bernal, P. & A. Simcock, "Marine Scientific Research", in *Assessment of Other Human Activities and the Marine Environment*, Cambridge University Press, 2016.

［55］Xuechan Ma, *The Intertemporal Principle in International Judicial Practice and Its Implications for the South China Sea Dispute*, 3 Edinburgh Student L. Rev 102 (2016).

［56］Gemma Andreone, "The Future of the Law of the Sea Bridging Gaps Between National, Individual and Common Interests", in Gemma Andreone, *The Future of the Law of the Sea*, Springer Nature, 2017.

［57］Elena Conde Perez, *Marine Scientific Research*, 21 Spanish Yearbook of International Law 363 (2017).

［58］Jiang Xiaoyi; Zhang Jianwei, *Marine Environment and the International Tribunal for the Law of the Sea: Twenty Years' Practices and Prospects*, 5 China Legal Science 84 (2017).

［59］Charlotte Salpin, Vita Onwuasoanya, Marie Bourrel, Alison Swaddling, *Marine Scientific Research in Pacific Small Island Developing States*, 95 Marine Policy 363 (2018).

［60］Constantinos Yiallourides, *Protecting and Preserving the Marine Environment in Disputed Areas: Seismic Noise and Provisional Measures of Protection*, 36 Journal of Energy & Natural Resources Law 141 (2018).

［61］Youri van Logchem, *The Rights and Obligations of States in Disputed Maritime Areas: What Lessons Can Be Learned from the Maritime Boundary Dispute between Ghana and Cote d'Ivoire*, 52 Vanderbilt Journal of Transnational Law 121 (2019).

［62］Krasnyak, Olga, *Science and Diplomacy. A New Dimension of International Relations*, 14 The Hague Journal of Diplomacy 505 (2019).

［63］Ioannides, N., *The Legal Framework Governing Hydrocarbon Activities in Undelimited Maritime Areas*, 2 International & Comparative Law Quarterly 345 (2019).

［64］Hilde Woker, Bernhard Schartmüller, Knut Ola Dølven, Katalin Blix, *The Law of the Sea and Current Practices of Marine Scientific Research in the Arctic*, 115 Marine Policy 1 (2020).

［65］Andreas Østhagen, *Norway's Arctic Policy: Still High North, Low Tension?*, 11 The Polar Journal 75 (2021).

［66］Chao Zhang, "The Role of International Organisations in the Promotion of Marine Scientific Research in Pacific Small Island Developing States", in Seokwoo Lee, Keyuan Zou, *Maritime Cooperation in East Asia, Koninklijke Brill NV*, 2021.

［67］Yen-Chiang Chang, Sirong Xin & Xu (John) Zhang, *A Proposal for Joint Marine Scientific Research Activities in the Disputed Maritime Areas of the South China Sea*, 50 Coastal Management 215 (2022).

［68］Chuxiao Yu, *Operational Oceanography as a Distinct Activity from Marine Scientific Research under UNCLOS? — An Analysis of WMO Resolution 45 (Cg-18)*, 143 Marine Policy 1 (2022).

［69］Kuang Zengjun, *New Developments in US Arctic Strategy and Their Implications for Arctic Governance*, 2 China International Studies 107 (2023).

附件：英国及其海外领土所辖海域海洋科学研究申请表

Foreign &
Commonwealth
Office

The Ocean Policy Unit of the Foreign Commonwealth and Development Office presents its compliments to the applicant seeking to conduct marine scientific research (MSR) in UK, Crown Dependencies, and Overseas Territories waters.

Completed applications, containing **all** requested information, should be submitted at **least <u>six months</u> prior to the proposed start date of the cruise**.

Although late applications may be considered, we cannot guarantee that a decision will be made before the proposed start date of the cruise. In the interests of fairness between applications, and to ensure compliance with relevant international obligations, applications will only be expedited in exceptional circumstances, which should be stated and explained as part of the application.

- **General Information**

1.1.a Cruise name and/or number:		
1.1.b Name of Vessel:		
1.1.c Flag State of Vessel:		
1.1.d Dates of first entry and final departure from the research area by the research vessel and/or other platforms:	Start date:	End date:
1.1.e Port call(s) including dates, if any:		

1.2 Particulars of proposed research project:				
1.2.a Using the map provided in section 12 of this form as reference, please mark which geographic area(s) the vessel will conduct its research in (mark as many as appropriate)				
England	Wales	Scotland	N. Ireland	Crown Dependencies/ Overseas Territories
1.2.b If entering the Exclusive Economic Zone/Territorial Sea of any Crown Dependencies or Overseas Territories please state them below:				
1.2.c Will any aspect of research involve/impact the seabed, including, but not limited to, dredging, trawling or dragging on the seabed:				
Yes		No		
1.2.d Will any of the proposed research take place within Territorial Sea/ Internal Waters:				
Yes		No		

1.3 Sponsoring Institution(s):	
Name:	
Address:	
Name of Director:	

1.4 Scientist in charge of the Project:	
Name:	
Country:	
Affiliation:	
Address:	
Telephone:	
Email:	
Website (for CV and photo):	

1.5 Entity(ies)/Participant(s) from coastal State involved in the planning of the project:	
Name:	
Affiliation:	
Address:	
Telephone:	
Fax:	
Email:	
Website (for CV and photo):	

- **Description of Project**

2.1 Nature and objectives of the project:

2.2 If designated as part of a larger scale project, then provide the name of the project and the Organisation responsible for coordinating the project:

2.3 Relevant previous or future research projects:

2.4 Previous publications relating to the project:

- **Geographical Areas**

3.1 Please indicate geographical areas in which the project is to be conducted (with reference in Latitude and longitude in decimal degrees, including coordinates of cruise/track/way points/sampling stations). Please provide coordinates in a separate excel spreadsheet.

3.2 Attach chart(s) at an appropriate scale (1 page, high-resolution) showing the geographical Areas of the intended work and, as far as practicable, the location and depth of sampling Stations, the tracks of survey lines, and the locations of installations and equipment.

- ## Methods and means to be used

4.1 Particulars of vessel	
Name:	
Type/Class:	
Nationality (Flag State):	
Identification Number (IMO/Lloyds No.):	
Owner:	
Operator:	
Overall length (metres):	
Maximum draught:	
Displacement/Gross Tonnage:	
Propulsion:	
Cruising & maximum speed:	
Call sign:	
INMARSAT number and method and capability of communication (including emergency frequencies):	
Name of Master:	
Number of Crew:	
Number of Scientists on board:	

4.2 Particulars of Aircraft	
Name:	
Make/Model:	
Nationality (flag State):	
Website for diagram & Specifications:	
Owner:	
Operator:	
Overall Length (metres):	
Propulsion:	

Cruising & Maximum speed:	
Registration No.:	
Call Sign:	
Method and capability of communication (including emergency frequencies):	
Name of Pilot:	
Number of crew:	
Number of scientists on board:	
Details of sensor packages:	
Other relevant information:	

4.3 Particulars of Autonomous Underwater Vehicle (AUV)

Name:	
Manufacturer and make/model:	
Nationality (Flag State):	
Website for diagram & Specifications:	
Owner:	
Operator:	
Overall length (metres):	
Displacement/Gross tonnage:	
Cruising & Maximum speed:	
Range/Endurance:	
Method and capability of communication (including emergency frequencies):	
Details of sensor packages:	
Other relevant information:	

4.4 Other craft in the project, including its use:

4.5 Particulars of methods and full description of scientific instruments to be used (for fishing gear specify type and dimension)

Types of samples and measurements:	Methods to be used:	Instruments to be used:	Carried out within (nm):		
			0—12	12—200	200+

4.6 Indicate nature and quantity of substances to be released into the marine environment:

4.7 Indicate whether drilling will be carried out. If yes, please specify:

4.8 Indicate whether explosives will be used. If yes, please specify type and trade name, Chemical content, depth of trade class and stowage, size, depth of detonation, frequency of Detonation, and position in latitude and longitude:

● **Installations and Equipment**

Details of installations and equipment (including dates of laying, servicing, method and Anticipated timeframe for recover, as far as possible exact locations and depth, and Measurements):

● **Port Calls**

6.1 Dates and Names of intended ports of call:

6.2 Any special logistical requirements at ports of call:

6.3 Name/Address/Telephone of shipping agent (if available):

- **Participation of the representative of the coastal State**

7.1 Modalities of the participation of the representative of the coastal State in the research project:

7.2 Proposed dates and ports for embarkation/disembarkation:

- **Access to Data, Samples and Research Results**

8.1 Expected dates of submission to coastal State of preliminary report, which should include the expected dates of submission of the data and research results:

8.2 Anticipated dates of submission to the coastal State of the final report:

8.3 Proposed means for access by coastal State to data (including format) and samples:

8.4 Proposed means to provide coastal State with assessment of data, samples and research results:

8.5 Proposed means to provide assistance in assessment or interpretation of data, samples and research results:

8.6 Proposed means of making results internationally available:

- **Other permits submitted**

9.1 Indicate other types of coastal state permits anticipated for this research (received or pending):

10. List of Supporting Documentation

11.1 List of attachments, such as additional forms/licences and/or permits required by the coastal State:

致　谢

感谢为本书的出版提供支持和帮助的导师、各界朋友和家人；感谢南方海洋科学与工程广东省实验室（珠海）提供的科研平台，感谢海洋战略与法律创新团队的首席科学家和研究人员给予的支持，感谢中山大学号科考船上的科学家、工程师和船长为调研提供的支持；感谢为本书的出版给予支持的编辑和责编；感谢河南科技大学各位领导和同事的支持；感谢河南科技大学知识产权学院资助；感谢为本书的出版给予支持的所有人。

图书在版编目(CIP)数据

海洋科学研究的国际法规制 / 李雅洁著. -- 上海：
上海人民出版社，2024. -- ISBN 978 - 7 - 208 - 19085 - 6

Ⅰ. D993.5

中国国家版本馆 CIP 数据核字第 20245CF700 号

责任编辑　冯　静　宋　晔
封面设计　一本好书

海洋科学研究的国际法规制

李雅洁　著

出　　版	上海人民出版社	
	（201101　上海市闵行区号景路 159 弄 C 座）	
发　　行	上海人民出版社发行中心	
印　　刷	上海商务联西印刷有限公司	
开　　本	635×965　1/16	
印　　张	17.5	
插　　页	3	
字　　数	194,000	
版　　次	2024 年 11 月第 1 版	
印　　次	2024 年 11 月第 1 次印刷	

ISBN 978 - 7 - 208 - 19085 - 6/D · 4381

定　　价　88.00 元